JN293707

いっしょに進む、いっしょにわかる

語りかける中学英語

東後 幸生
YUKIO TOGO

Let's enjoy learning English!
英語を楽しく学びましょう！

まえがき

　この本は中学で習う英語を、読者のみなさまに簡単に説明し理解していただけるように書かせていただきました。

　難しい言葉、専門用語の使用をできる限りひかえました。

　当然ながら5文型もこの本には出てきません。5文型は決して簡単なものではありません。それは英語を学んでいくうちにわかっていきます。

　それがなくても、本書のやり方なら英語を十分ご理解いただけると思います。

　みなさまの横にいて話しかける、あるいは本の中から語りかけてくるように感じていただけたなら幸いです。この本を読んでいただいている時、私はあなただけの先生ということになります。どうぞよろしくお願い致します。

　この本を読み終えるころには、「英語はこんなに簡単だったのか」と言いたくなるかもしれませんね。

　それでは肩の力をぬいて、進めてまいりましょう。

語りかける中学英語
CONTENTS

まえがき……3

白の扉のコーナー

STAGE 1　名詞 …………………………………………10
STAGE 2　形容詞 ………………………………………17
STAGE 3　形容詞のついた名詞 ………………………18
STAGE 4　代名詞 ………………………………………19

青の扉のコーナー

STAGE 5　be 動詞の文（現在）………………………26
STAGE 6　be 動詞の否定文 ……………………………42
STAGE 7　be 動詞の疑問文 ……………………………45
STAGE 8　Yes, No, で答えられない疑問文 …………50
STAGE 9　過去の be 動詞の文 ………………………56
STAGE 10　過去の be 動詞の否定文 …………………63
STAGE 11　過去の be 動詞の疑問文 …………………66
STAGE 12　未来の be 動詞の文 ………………………69
STAGE 13　未来の be 動詞の否定文 …………………74
STAGE 14　未来の be 動詞の疑問文 …………………76
　▶ be 動詞の文を時制で整理……78
　▶ be 動詞の文を主格ごとに整理……80

赤の扉のコーナー

- STAGE 15　一般動詞の文（現在）……84
- STAGE 16　一般動詞の疑問文……101
- STAGE 17　一般動詞の否定文……109
- STAGE 18　もう少し長い一般動詞の文……115
- STAGE 19　さらに長い一般動詞の文……118
- STAGE 20　5W1Hの一般動詞の疑問文……122
- STAGE 21　一般動詞の過去の文……131
- STAGE 22　一般動詞の過去の疑問文……136
- STAGE 23　一般動詞の過去の否定文……140
- STAGE 24　不規則動詞の文……143
- STAGE 25　一般動詞の未来の文……158
- STAGE 26　一般動詞の未来の疑問文……163
- STAGE 27　一般動詞の未来の否定文……169
  - ▶一般動詞の文を時制で整理……172
  - ▶一般動詞の文を主格ごとに整理……174
- STAGE 28　be going to の文……176
- STAGE 29　一般動詞の do ……189

銅の扉のコーナー

- STAGE 30　助動詞の文［一般動詞の場合］……194
- STAGE 31　助動詞の文［be 動詞の場合］……199
- STAGE 32　助動詞の疑問文……206

STAGE 33	助動詞の否定文	213
STAGE 34	［しなければならない］の文	217
STAGE 35	have to（has to）の疑問文	220
STAGE 36	have to（has to）の否定文	224
STAGE 37	be able to の文	228
STAGE 38	be able to の疑問文	230
STAGE 39	be able to の否定文	233
STAGE 40	［しなければならなかった］の文	235
STAGE 41	［するつもりでした］の文	237
STAGE 42	［することができた］の文	240
STAGE 43	等級の文	242
STAGE 44	等級の疑問文	246
STAGE 45	等級の否定文	248
STAGE 46	比較級の文	250
STAGE 47	比較級の疑問文	256
STAGE 48	最上級の文	262
STAGE 49	最上級の疑問文	269
STAGE 50	不定詞の文Ⅰ	274
STAGE 51	want to be の文	286
STAGE 52	不定詞の文Ⅱ	290
STAGE 53	動名詞の文	296
STAGE 54	命令文	299
STAGE 55	Be の命令文	306

銀の扉のコーナー

STAGE 56	進行形	314
STAGE 57	進行形の否定文・疑問文	321
STAGE 58	過去の進行形	325
STAGE 59	過去進行形の否定文・疑問文	330
STAGE 60	受動態（受け身）	335
STAGE 61	受動態の否定文・疑問文	341
STAGE 62	現在完了形［継続］	346
STAGE 63	現在完了形［経験］	360
STAGE 64	現在完了形［完了］	370
STAGE 65	現在完了形［結果］	376

金の扉のコーナー

STAGE 66	接続詞［that］の文	380
STAGE 67	接続詞［when］の文	386
STAGE 68	接続詞［if］の文	391
STAGE 69	間接疑問文	395

白金(プラチナ)の扉のコーナー

| STAGE 70 | 関係代名詞［パターン 1］ | 404 |
| STAGE 71 | 関係代名詞［パターン 2］ | 419 |

| STAGE 72 | 関係代名詞の that | 433 |
| STAGE 73 | 目的格の関係代名詞 | 434 |

虹の扉のコーナー

STAGE 74	There is, There are の文	440
STAGE 75	不可算名詞	445
STAGE 76	You look happy. の文	452
STAGE 77	頻度を表す言葉	456
STAGE 78	I will give him a card. の文	460
STAGE 79	We call him Mike. の文	464
STAGE 80	This book made me happy. の文	466
STAGE 81	感嘆文 I	468
STAGE 82	感嘆文 II	471
STAGE 83	It is easy for Ann to speak English. の文	475
STAGE 84	2つ以上で意味を表す言葉	478
STAGE 85	依頼する Will you ～? の文	481
STAGE 86	ちょっと長い決まり文句の文	483
STAGE 87	so that の文	489
STAGE 88	too to の文	491

▶特別授業……494

[英作文にチャレンジ] 遊の扉のコーナー……495

あとがき……533

白の扉のコーナー

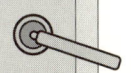

今までの考えや心を
真っ白にして、この扉を
開いてみてください。
心の準備はいいですか。
では、はじめましょう。

STAGE 1
名　詞

　英語をはじめる時、私が必ずする質問が 2 つあります。よろしければお答えくださいね。わかる範囲で結構ですから。

😊 質問 1、[日本] を英語で何と言うでしょうか？

　これは簡単だったようですね。答えは [Japan]、正解です。これをまちがえた人は今のところいません。

　では次の質問です。

😊 質問 2、[日本] の複数形は何でしょうか？

　[Japanese] と答えてしまう人が意外と多いんですよ。大丈夫でしたか？
　[Japanese] は日本人とか日本語という意味ですから、日本という国ではないですよね。
　答えを言う前に、単数と複数について確認しておきましょう。

単数は 1 つ、1 人という意味
複数は 2 つ以上、2 人以上という意味

ここまでは OK ですね。

　日本の複数形というのは、日本の 2 つ以上の形ということですよね。
　もう 1 つだけ質問をします。

日本は世界にいくつあるでしょうか？

1つ、1つに決まってる。アッ！もうわかりましたか。そう、日本は1つしかありません。

質問2の［日本］の複数形は何？の答えは［日本の複数形はありません］。これが正解です。

日本に限らず、国は世界に1つなので単数のみです。複数形はありません。したがって

アメリカ **America**、イングランド **England**、フランス **France**、ドイツ **Germany**、イタリア **Italy**、オーストラリア **Australia**、オーストリア **Austria**、中国 **China**、韓国 **Korea**、単数です。

世界に1つというのは自慢できる、大きな顔ができる、だから大文字ではじまる と覚えておきましょう。

国名だけでなく、地名も単数で、大文字ではじまります。

パリ **Paris**、ロンドン **London**、ニューヨーク **New York**、東京 **Tokyo**、大阪 **Osaka**、京都 **Kyoto**

同じ地名があっても単数で大文字です。
その地名の場所は同じところではなく、そこだけだからとお考えください。

人名はどうでしょう。人名も大文字です。その人物はその人だけですから、

トム **Tom**、メアリー **Mary**、太郎 **Taro**、花子 **Hanako**、スミスさん（男性）**Mr. Smith**、スミスさん（女性）**Ms. Smith**、スミス夫人 **Mrs. Smith**、スミスさん（未婚の女性）**Miss Smith**

* Miss のあとには［.］はつきません。
* 米国では結婚している、していないの区別を避けて共通の Ms. を用いる傾向にあります。

ここで名詞についておさらいしておきましょう。国名、地名、人名も名詞ですが、その他にもたくさんあります。名詞と書きますから、名前のあるものは名詞です。また目で見えるものも名詞です。ちょっと周りを見回してください。それらすべてが名詞です。簡単ですね。ペンも本も机もピアノもりんごも名詞です。

［日本］と［ペン］、どちらも名詞ですが、ちがいは何だと思われます？

日本は大文字ではじまり、ペンは小文字ではじまる。それも正しい。
日本は 1 つしかないけど、ペンはたくさんある。それも正しい。
いろんな意見があると思いますが、

［日本］が世界に 1 つだけ、それに対し「ペン」はどこにでもある
と思ってください。

ところで、［ペン］を英語で何と言うでしょう？

「**pen** に決まってるじゃないか。」そう答えた人は多いでしょうね。もちろん正解です。しかしながら英語では **pen** だけで動くことはありません。

たとえば、[これはペンです。]を英語になおす場合

　×　This is pen. 　はまちがいということです。
　○　[This is a pen.] が正解です。

> be 動詞の文章は P26 あたりで詳しく見ていきます。お楽しみに。

[これ]が[This]、[です]が[is]、残る[ペン]は[a pen]、見ての通り[a pen]として動いているんです。ですから[ペン]は[a pen]と、[本]は[a book]と考えてください。そしてこれが、どこにでもある名詞の特徴です。

ちなみに世界に1つの名詞の場合は、たとえば[日本]ならば[Japan]でしか動きません。[これは日本です。]を英語になおすと、○[This is Japan.]にしかなりません。

もうおわかりかと思いますが、まとめておきましょう。

世界に1つ、大文字ではじまる名詞はそれのみで動く。1つである。
どこにでもある名詞は、それの前にaなどがつく。1つではない。
（a pen の場合、a と pen）

どこにでもある名詞［1つの場合、1人の場合］

机　a desk、カバン　a bag、車　a car、ピアノ　a piano、少年　a boy、少女　a girl

apple のように母音（a, i, u, e, o）ではじまる名詞の場合、a ではなく an を使います。

りんご　an apple、みかん　an orange、オルガン　an organ、雨がさ　an umbrella、こういうルールがあるわけです。

だから［これはりんごです。］の場合
　○［This is an apple.］となります。

なぜ×a apple ではなく○an apple なのかですって!? この方が発音しやすいみたいですよ。

× This is a apple.　○ This is an apple.

なるほど、確かに発音しやすいですね。そうかな〜？と思われた方、英会話が上手になったら納得していただけるかもしれません。でも今はこの本にそって進めてまいりましょう。

　さて、次はどこにでもある名詞［1つの場合、1人の場合］で、持ち主を言う場合です。
　実はこちらの方が簡単です。そのまま見たままを書いてもらえればOKです。

　　私の机　my desk、あなたのカバン　your bag、彼の車　his car、
　　彼女のピアノ　her piano、私たちの学校　our school、
　　彼らの家　their house

［これは私の机です。］の場合 ○［This is my desk.］、
［あれは私たちの学校です。］の場合 ○［That is our school.］となるわけです。簡単ですね。

どこにでもある名詞［2つ以上、2人以上の場合］

机 desks、カバン bags、車 cars、ピアノ pianos、少年 boys、少女 girls、りんご apples、みかん oranges、オルガン organs、雨がさ umbrellas、となります。

複数なので単語の最後に複数を表す s がつきます（机の場合 desk + s で desks）。

複数は単数ではないので、単数を表す単語の前の a は当然なくなります。つけてはいけません。× a desks（× 1つの2つ以上の机）はありません。

複数の数がある場合は、数を前につけてください。

2つの机 two desks、3つのカバン three bags、4台の車 four cars、5台のピアノ five pianos、6人の少年 six boys、7人の少女 seven girls、8個のりんご eight apples、9台のオルガン nine organs、10本の雨がさ ten umbrellas

となるだけです。簡単ですね。

［何冊かの本］は［some books］となります。［たくさんの本］は［many books］、some や many は複数を表す言葉ですから、複数の単語の前につきます。

時々ですが some と many どっちがどっちだっけ？という人に出会います。レストランに行ってメニューを開くと［たくさん］載っていますね。［たくさん］の方が［many］です。

次はどこにでもある名詞［2つ以上、2人以上の場合］で、持ち主を言う場合です。こちらの方が簡単です。持ち主と複数の名詞を書いてもらえばOKです。

　　私の机（複数）**my desks**、あなたのカバン（複数）**your bags**、彼の自転車（複数）**his bikes**、彼女のえんぴつ（複数）**her pencils**、私たちの息子（複数）**our sons**、彼らの娘（複数）**their daughters**、彼女たちの本（複数）**their books**

［これらは私の机です。］の場合　○　［**These are my desks.**］、［あれらは私たちの犬です。］の場合　○　［**Those are our dogs.**］となるわけです。簡単ですね。

STAGE 2
形容詞

次に押さえておきたい言葉が、**形容詞**です。
簡単に言うと、物の**形やようす**などを言い表す言葉です。

  大きい　**big**、小さい　**small**、高い　**high**、低い　**low**、
  長い　**long**、短い　**short**

その他に色なども形容詞です。

  赤い　**red**、白い　**white**、青い　**blue**、黒い　**black**、などなど。

ところでみなさん、これまで出てきた形容詞を見て何か気づきませんか？
そうです、それです。言葉の**最後が[い]**で終わっていますね。

  [い]で終わる言葉といえば、

  美しい　**beautiful**、かわいい　**pretty**、やさしい　**easy**、
  むずかしい　**difficult**、おもしろい・興味深い　**interesting**

などもそうですね。これらも形容詞です。

さて、ここで質問です。形容詞は数えられるでしょうか、数えられないでしょうか？

  答えは**数えられない**。形容詞だけの場合、そのままの形で使います。

  [この絵は美しい。]の場合 ○ [**This picture is beautiful.**]
  [これらの絵は美しい。]の場合 ○ [**These pictures are beautiful.**]

  形容詞の **beautiful** は数えられないのでそのまま使います。**OK** ですね。

STAGE 3
形容詞のついた名詞

次は名詞（単数）を形容詞で説明した場合です。

［人形　a doll］を［かわいい　pretty］と言った場合、［かわいい人形　a pretty doll］になるということです。

名詞が基本なので［a］がつく場合、忘れないようにしましょう。

　　古い机　an old desk、素敵なカバン　a nice bag、新しい車　a new car、白いピアノ　a white piano、背の高い少年　a tall boy、幼い少女　a little girl、大きいりんご　a big apple

のようになります。古い机が×a old desk ではなく○an old desk になるのは、old が母音の［o］ではじまるからです。もうおわかりですよね。

次は名詞（複数）を形容詞で説明した場合です。

［人形　dolls］を［かわいい　pretty］と言った場合、［かわいい人形　pretty dolls］になるということです。こちらの方が簡単かもしれませんね。

複数の名詞ですので、名詞を複数の形にしましょう。

　　古い机　old desks、素敵なカバン　nice bags、新しい車　new cars、白いピアノ　white pianos、背の高い少年　tall boys、幼い少女　little girls、大きいりんご　big apples

STAGE 4
代名詞

　ここでは代名詞についてふれておきます。

　まず、英語でよく出てくる人といえば［I］［私］、文のどこでも大文字という特別な言葉です。
　発音も［アイ］ということで、日本人には快いひびきかも。

［愛］みたい

　次に［You］［あなた］または［あなた方］、1人の場合と2人以上の場合がある、やはり特別な言葉です。発音は［ユー］。

　IとYouを説明しましたが、このIとYouも代名詞です。
代名詞はこの他に

［We　私たち］、［They　彼ら、彼女たち］
［He　彼］、［She　彼女］

人を表す代名詞は6つあります。

物を表す代名詞は2つです。

［They　それら］
［It　それ］

Theyは人と物とがあります。

英語では同じ人名や物の名をくり返し使うのをきらいます。同じ名詞の反復をさけるために代名詞というのを使います。名詞の代わりになる詞なので代名詞と呼ばれています。そのままですね。

　いくつかルールがあるので押さえておきましょう。
　代名詞には［人の場合］と［物の場合］とがあります。まずは［人の場合］を見ておきましょう。

［人の場合］

　<u>1人の場合（単数）</u>は［he］と［she］のどちらかになります。
男性なら［he］、女性なら［she］です。簡単ですね。

<u>男性なら **he**</u> ということですから、次のような場合

Mike　マイク、**Mr. Smith**　スミス氏、**My father**　私の父、
Your brother　あなたのお兄さん（弟）、**His uncle**　彼のおじさん、
Our son　私たちの息子、**Her nephew**　彼女のおい

などは、代名詞が **He** になるということです。

<u>Mike</u> is a student.
　<u>He</u> is a student.

<u>女性なら **she**</u> ということですから、次のような場合

Mary　メアリー、**Ms. Smith**　スミスさん、**My mother**　私の母、
Your sister　あなたのお姉さん（妹）、**His aunt**　彼のおばさん、
Our daughter　私たちの娘、**Her niece**　彼女のめい

などは、代名詞が She になるということです。

　Mary is a student.
　　She is a student.

2人以上の場合（複数）は［we］と［you］と［they］のどれかになります。

2人以上の中に I があれば［we］、
I がなくて you があれば［you］、
I も you もなければ［they］です。

2人以上の中に I があれば［we］ということですから、次のような場合

Mike and I、Mary and I、Your brother and I、
My friend and I、You and I

などは、代名詞が［We］になるということです。

Mike and I are friends.
　　　We are friends.

2人以上の中に I がなくて you があれば［you］（あなたたち、あなた方）ということですから、次のような場合

You and Mike、You and Mary、You and my sister、
You and your friend

などは、代名詞が［You］になるということです。

You and Mike are good players.
　　　You are good players.

2人以上の中に I も you もなければ [they] ということですから、次のような場合

Mike and Mary、Your friends、His parents、Boys and girls、People

などは、代名詞が [They] になるということです。

<u>Mike and Mary</u> are students.
　　　　<u>They</u> are students.

[物の場合]

物の場合は [it] か [they] のどちらかになります。
1つ（単数）なら [it]、2つ以上（複数）なら [they] です。

1つなら [it]（それ）ということですから、次のような場合

That book、This flower、The piano、Your cat、Emi's bike、Your father's pen

などは、代名詞が [It] になるということです。

<u>That book</u> is big.
　　<u>It</u> is big.

2つ以上なら [they]（それら）ということですから、次のような場合

Those books、These flowers、The pianos、Your cats、Emi's bikes、Your father's pens

などは、代名詞が [They] になるということです。

<u>Those flowers</u> are beautiful.
　　　<u>They</u> are beautiful.

表で見る代名詞			
[人] 2人以上			[物] 2つ以上
I がある	⇨	we	they
I はない you がある	⇨	you	
I も you もない	⇨	they	
1人			1つ
男性	⇨	he	it
女性	⇨	she	

質問されて Yes か No で答えられる時、<u>Yes のあとや No のあとには必ず代名詞がきます。</u>

> 疑問文は P45 あたりで詳しく見ていきます。

Is Mike a student?
Yes, he is.
No, he isn't.

Is your sister busy now?
Yes, she is.
No, she isn't.

Are Tom and Fred brothers?
Yes, they are.
No, they aren't.

Are your friends kind?
Yes, they are.
No, they aren't.

英語では I と You は特別だと前に言いましたね。

Are you a pilot?　［あなたはパイロットですか。］と聞かれたら、
Yes, I am.　　　　［はい、（私は）そうです。］
No, I am not.　　　［いいえ、（私は）ちがいます。］と答えます。

Are you pilots?　　［あなた方はパイロットですか。］と聞かれたら、
Yes, we are.　　　 ［はい、（私たちは）そうです。］
No, we aren't.　　 ［いいえ、（私たちは）ちがいます。］と答えます。

チョット一息のコーナー

ここでは［Am I a pilot?］という文についてふれておきましょう。
さて、みなさんどういう意味だと思われますか。

［I am a pilot.］が［私はパイロットです。］だから［Am I a pilot?］は［私はパイロットですか。］なんて思っていませんよね。
×［私はパイロットですか。］これでは記憶喪失です。
正しくは、○［私がパイロットかですって。］となります。

［Are you a pilot?］と聞かれた時、文法としては［Yes, I am.］か［No, I am not.］と答えればOKですが、驚きのあまり［私がパイロットかですって。］［Am I a pilot?］という場合に使われる言葉です。知っておくといいですね。

青の扉のコーナー

青の扉のむこうには、動きの少ない
言葉が待っています。

STAGE 5
be 動詞の文（現在）

> I am ～．（私は～です。）
> You are ～．（あなたは～です。）
> He is ～．（彼は～です。）

という文を見ていきましょう。

英語では主語（～は）によって次の言葉 am, are, is などが決まっています。

> いつも大文字でいる I は am を使います。 私は（I）の場合は am
> You の場合は are を使います。　あなたは（You）の場合は are
> 　　　　　　　　　　　　　　　　　　あなたたちは（You）の場合も are

ですから

　[私は山田太郎です。] の場合には
　I am Taro Yamada. あるいは
　I am Yamada Taro. になります。

　[あなたは中国の出身です。] の場合には
　You are from China. になりますね。

— 26

英語では言いたいことから言うようになっています。つまり「だれが」「どうした」あるいは「だれが」「何だ」といった感じです。

先ほどの文だと［私は］［です］がそれにあたりますね。あとは残った［山田太郎］を加えるだけですね。

「あなたは」「です」の場合も、あとに［中国の出身］from China を加えるだけなので簡単ですね。

これらの **am, are, is** などの動詞は **be** 動詞と呼ばれています。

I am と You are はもうわかっていただけたと思います。

am は I だけ。これはとても大事。私は（I）は am、am は I。特別、例外です。

We（私たちは）は are なので気をつけましょう。

<u>am</u> は I だけの時に使えます。

さあ、are と is について見ていきましょう。何か使い分けの決まりとかあるのでしょうか？　どう思われますか？　ハイ、あります。簡単な決まりがあります。それは何かと言いますと

2人以上（2つ以上）の場合、複数の場合は必ず are
1人（1つ）の場合、単数の場合は必ず is

ということです。

> I と You は
> 入れずに考えよう。

複数と単数、多い方は複数。are と is とでアルファベットの多い方は are ですから、主語が複数だと are を使う。

複数と単数、少ない方は単数。are と is とでアルファベットの少ない方は is ですから、主語が単数だと is を使う。

ここまでは大丈夫ですね。とてもシンプルですよね。

それではここで、複数の主語を見ておきましょう。2 人以上なので

> あなたと私　**You and I**、ボブと私　**Bob and I**、あなたとメアリー　**You and Mary**、トムとケン　**Tom and Ken**、僕の兄たち　**My brothers**、君のご両親　**Your parents**、私たちの先生（たち）　**Our teachers**、私たち　**We**、彼ら　**They**、彼女たち　**They**

これらは **are** を使う主語なので

> **Bob and I are** 〜．**You and Mary are** 〜．**My brothers are** 〜．**We are** 〜．**They are** 〜． となるわけです。

単数の主語も見ておきましょう。1 人なので

> 私の父　**My father**、あなたのお母さん　**Your mother**、彼の弟　**His brother**、彼女の妹　**Her sister**、フレッド　**Fred**、ジェーン　**Jane**、彼　**He**、彼女　**She**、私たちの先生　**Our teacher**

これらは **is** を使う主語なので

My father is 〜．**Jane is** 〜．**He is** 〜．**Our teacher is** 〜．となるわけです。ここまでは **OK** ですね。

（先生は1人です。）

物の主語も複数と単数があります。複数から見ていきましょう。

あれら　Those、これら　These、それら　They（They は人の場合と物の場合があります）、私のえんぴつ（複数）　My pencils、その本（複数）　The books

複数なので are を使います。

These are 〜．　My pencils are 〜．

単数の主語も見ておきましょう。

あれ　That、これ　This、それ　It、
私のえんぴつ　My pencil、その本（単数）　The book

単数なので is を使います。

That is 〜．　My pencil is 〜．　となります。簡単でしたね。

☞ ここをまちがえる、ここをまちがえやすいのコーナー

彼はトムです。
○ ［彼は］ は ［He］
○ ［トム］ は ［Tom］
○ ［です］ は ［is］

英語では「だれが」「何だ」からはじまりますので、この場合
［彼は］［です］［He］［is］となります。
残っているのが［トム］［Tom］です。ですから答えは
○ He is Tom.　となります。

彼女は美しいです。

○ **She is beautiful.** となります。

彼女はとても美しい。

× **She very beautiful.** これはまちがいです。

○ ［彼女は］は ［**She**］
○ ［とても］は ［**very**］
○ ［美しい］は ［**beautiful**］
× ［です］［**is**］が文中で省略されています。

彼女はとても美しい（です）。

○ **She is very beautiful.**

私は今、いそがしい。

× **I busy now.**

私は今、いそがしい（です）。

○ **I am busy now.** これが正解です。

［いそがしい］というのを動きがあるように思い、動詞とまちがえる人がいるようですが、［い］で終わる形容詞です。形容詞は動詞ではありません。

美しい、いそがしい、高い、長い、白い、など［い］で終わるのが形容詞でしたね。

形容詞の文では［です］が省略されていることがしばしばあります。しかし本当はあるのです。［です］を文の終わりにつけてみると、よくわかります。

　形容詞は動詞ではないと言いました。文には必ず動詞があります（ないと文になりません）。

　形容詞の文では **be** 動詞がその役目をしています。

　［**am, are, is**］などのあとに、形容詞［やさしい］［大きい］などが並びます。

　彼はやさしい（です）。
　○ **He is kind.**

　私のカバンは大きいです。
　○ **My bag is big.**

　文には必ず動詞があると言いました。
　英語は **be** 動詞［**am, are, is**］の文か、一般動詞［**play, go, study** など］の文に分かれます。**必ずどちらか**です。

　和文で［です］が省略されるのは **be** 動詞の文です。

　be 動詞はその左右が同じことを言っています。
　たとえば、［彼は私の兄です。］の場合、

　○ **He is my brother.**

［is］の左の［He］と、右の［my brother］は同じ人です。
He = my brother

［彼女は彼のお姉さんです。］の場合も、
　○ She is his sister.　　She = his sister

では質問です。
　○ He is a boy. の a boy を boys に変えるとどうなるでしょうか？

　× He is boys.　としてしまった人はいませんか？　大丈夫でしたか。
　○ They are boys.　これが正解。

　He が 1 人なら a boy も 1 人です。**He = a boy（イコールの関係）**
boys に変えた場合、He は 1 人ですが boys は 2 人以上でイコールの関係になりません。
　そこで 1 人の He を 2 人以上の They に変えてイコールにするわけです。主語が複数の They に変わったので、be 動詞も are に変わります。

単数の場合	複数の場合
He　is a boy. 1 － 1 － 1	They are boys. 2 ＝ 2 ＝ 2

　これらが be 動詞の文の特徴です。**名詞の数はしっかり合わせましょう。**

形容詞は数えられないので、次のようになります。

彼女は美しい。	彼女たちは美しい。
She is beautiful.	They are beautiful.
1 - 1 - 0	2 = 2 = 0

ここで形容詞のついた名詞の文を見ておきましょう。

名詞があるので数は数えられます。形容詞はおまけです。

彼はやさしい少年です。	彼らはやさしい少年です。
He is a kind boy.	They are kind boys.
1 - 1 - 1	2 = 2 = 2

彼女は美しい少女です。　　彼女たちは美しい少女です。

She is a beautiful girl.　　They are beautiful girls.

念のため、物の方も見ておきましょう。まったく同じルールです。

これは絵です。	これらは絵です。
This is a picture.	These are pictures.
1 - 1 - 1	2 = 2 = 2

あれはピアノです。　　あれらはピアノです。

That is a piano.　　Those are pianos.

それはレモンです。　　それらはレモンです。

It is a lemon.　　They are lemons.

せっかくですから、もう少し見ておきましょう。

私は先生です。
I am a teacher.

私たちは先生です。
We are teachers.

私は英語の先生です。
I am an English teacher.

私たちは英語の先生です。
We are English teachers.

彼はテニスの選手です。
He is a tennis player.

彼らはテニスの選手です。
They are tennis players.

彼女は生徒です。
She is a student.

彼女たちは生徒です。
They are students.

彼女はこの学校の生徒です。
She is a student in this school.

彼女たちはこの学校の生徒です。
They are students in this school.

1つ前の文に［この学校］in this school がカタマリでついているだけですね。英語はカタマリで押さえるといいですよ。おすすめです。

あなたは歌手です。
You are a singer.

あなた方は歌手です。
You are singers.

You は be 動詞の are を使います。You は1人の場合と2人以上の場合がありますが、どちらも are を使います。特別、例外です。

1人だと a singer、2人以上だと singers　これは同じです。

あなたはとてもよい歌手です。
× You are very good singer.

時々こういうまちがいを見かけます。どこがちがうのかわかりますか？

前の文［あなたは歌手です。］が基本ですよね。そう、**a singer** の **a** が抜けていますね。正解は

あなたはとてもよい歌手です。　　　あなた方はとてもよい歌手です。
○ You are a very good singer.　　You are very good singers.

さあ、おわかりいただけたでしょうか。

まず、**I** と **You** は特別、例外。
I は **am** を使う、**You** は **are** を使う（単数と複数の場合がある）。
名詞の数を数えて、主語の数、**be** 動詞、名詞の数を合わせる。
（1 − 1 − 1）（2 = 2 = 2）

ここで今一度、**be** 動詞の文の作り方を別の角度から見ておきましょう。
たとえば、［あれは大きいネコです。］という文の場合、［あれは］が主語で、次に［です］を英作するわけです。［〜は］から［です］までとびこえる（ワープ）する。したがって、英作すると、**That is a big cat.** になるわけです。

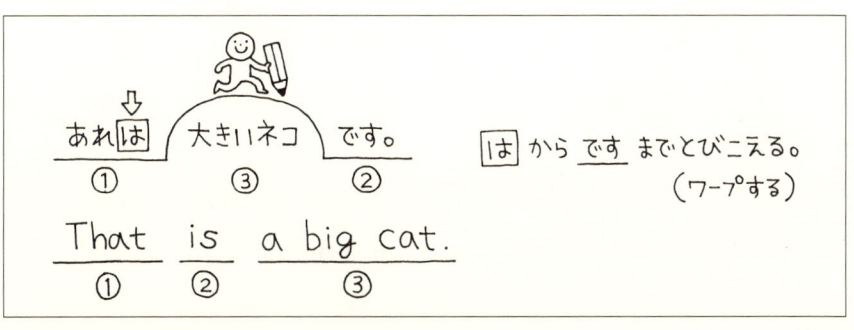

```
   ↓        ☺
あれは   大きいネコ   です。        は から です までとびこえる。
 ①        ③         ②                （ワープする）
That   is   a big cat.
 ①    ②      ③
```

35

では「あのネコは大きいです。」の場合はどうでしょう。［〜は］までなので［あのネコは］が主語で、次に［です］を英作ですから、**That cat is big.** になります。［大きい］は形容詞なので数は数えられません。数を表す <u>a</u> はつきません。

見比べてみましょう。

あれは大きいネコです。
That is a big cat.

あのネコは大きいです。
That cat is big.

こちらは形容詞だから a はつかない！

［です］までワープ（とびこえる）する。［は］でワープするこのルール通りにやれば、簡単で、このようにしかなりませんね。ではもう少し見ておきましょう。

これは小さいアルバムです。
This is a small album.

このアルバムは小さいです。
This album is small.

あれはよい車です。
That is a good car.

あの車はよいです。
That car is good.

あれはとても美しい絵です。
That is a very beautiful picture.

あの絵はとても美しいです。
That picture is very beautiful.

これらはとても美しい写真です。
These are very beautiful pictures.

これらの写真はとても美しい（です）。
These pictures are very beautiful.

次に持ち主が出てくる文を見ておきましょう。

これは私のえんぴつです。
This is my pencil.

このえんぴつは私のものです。
This pencil is mine.

あれはあなたのノートです。
That is your notebook.

あのノートはあなたのものです。
That notebook is yours.

あれは私たちの学校です。
That is our school.

あの学校は私たちの（もの）です。
That school is ours.

これは彼らの家です。
This is their house.

この家は彼らの（もの）です。
This house is theirs.

これは彼女の定規です。
This is her ruler.

この定規は彼女のものです。
This ruler is hers.

あれは彼のホチキスです。
That is his stapler.

あのホチキスは彼のものです。
That stapler is his.

これはトムの自転車です。
This is Tom's bike.

この自転車はトムのものです。
This bike is Tom's.

> point　このような be 動詞の文、［〜は］から［です］までワープするので、**ですワープの法則** と私は呼んでいます。

be 動詞の文はこれが便利です。

ここで英語を学校で習った時に出てきた表をおさらいしておきましょう。

主格	所有格		目的格	所有代名詞
I	my	＋ 名詞	me	mine
You	your	＋ 名詞	you	yours
We	our	＋ 名詞	us	ours
They	their	＋ 名詞	them	theirs
He	his	＋ 名詞	him	his
She	her	＋ 名詞	her	hers
Tom	Tom's	＋ 名詞	Tom	Tom's

　my の位置は my book というように［だれの］＋［名詞］の関係になっています。my だけで終わることはありません。
　もっている、所有している人を指しているので、**所有格**と呼ばれています。そのままですね。

　mine の位置は「だれのもの」を指しています。my book を一言で言ったのが mine です。

my book ＝ mine の関係です。

　所有格 my と名詞 book を一言で表しているので、**所有代名詞**と呼ばれています。納得ですね。

his stapler の **his** は所有格、**his** だけだと所有代名詞というわけです。
ルール通りにやれば、正しい英文になりますのでご安心ください。

念のため、もう少しだけ見ておきましょう。

あれは私の辞書です。　　　　　　あの辞書は私のです。
That is my dictionary.　　　**That dictionary is mine.**

あれらは私の辞書です。　　　　　あれらの辞書は私のです。
Those are my dictionaries.　**Those dictionaries are mine.**

単数の **my dictionary** が複数では **my dictionaries** に変わります。
a dictionary は **dictionaries** になります。

dictionary の最後が **y** です。気をつけて見てほしいのは、**y** の前が母音（**a, i, u, e, o**）か、それとも子音（母音以外、**a, i, u, e, o** 以外）かです。
y の前が子音の場合、**y** を **i** に変えて **es** をつけて複数にします。
y を **ies** に変えると考えても **OK** です。
国 **a country** も、複数では **countries** になりますね。

ここで少し **and** についてもふれておきましょう。
［トムとケンは］というように、名詞をつないでくれる便利な言葉です。
いくつか文にしてみましょう。

　　トムとケンは兄弟です。　　　**Tom and Ken are brothers.**
　　アキラとメナイは双子です。　**Akira and Menai are twins.**

では［ノゾミとカナエとタマエ］のような場合はどうなるのでしょうか？
そのまま英語になおすと **Nozomi and Kanae and Tamae** になりますが、英語ではこのような場合○ **Nozomi, Kanae and Tamae** とします。**and** のくり返しをしないで、最後の **and** だけを書きます。前の省略した **and** の位置には［,］を打ちます。省略したしるしです。

［〜と］が 10 回あっても同じです。**and** は最後の 1 回のみです。

ノゾミとカナエとタマエは仲のよい友人です。
Nozomi, Kanae and Tamae are good friends.

チョット一息のコーナー

ここでは［大物］、あるいは［要人］（重要な地位についている人）について見ておきましょう。

早い話が、［とても重要な人］ということです。

彼は大物です。	**He is a very important person.**
彼らは要人です。	**They are very important persons.**

このようになります。そして **very** と **important** と **person** の頭文字を大文字にすると、**VIP** あるいは **V.I.P.** になるわけです。

ここで、短縮形を見ておきましょう。

be 動詞の短縮形
I am a teacher.　　　を　　I'm a teacher.
You are a teacher.　　を　　You're a teacher.
We are teachers.　　　を　　We're teachers.
He is a teacher.　　　を　　He's a teacher.

と書くこともできます。be 動詞を省略した形です。

省略した位置に［'］を打った形になります。それだけのことです。

［彼は先生です。］は［He is a teacher.］でしたね。

次に［彼女もまた先生です。］あるいは［彼女も先生です。］の場合を見ておきましょう。

［She is a teacher, too.］となります。

［She is a teacher.］に［, too］がつくだけです。簡単ですね。

STAGE 6
be 動詞の否定文

　否定をする文です。［〜です］を否定するので［〜ではありません］という文になります。［です］は［am, are, is］でしたね。否定の［ありません］は［not］になります。したがってbe動詞にnotがついた形、am not, are not, is not になります。文で見ておきましょう。

　［私は山中太郎ではありません。］の場合には
　　I am not Yamanaka Taro.　あるいは
　　I am not Taro Yamanaka.　になります。

　［あなたはフランスの出身ではありません。］の場合には
　　You are not from France.

　［これはりんごではありません。］の場合には
　　This is not an apple.　になります。
　　not が入るだけです。簡単ですね。

　ここで be 動詞の否定の短縮形というのを見ておきましょう。先ほどの文と合わせて見てみましょう。

I am not Yamanaka Taro.

I'm not Yamanaka Taro.

> be 動詞 am の a が短縮されます。
> 消した a の位置に ' を打ちます。
> I の場合は特別です。

You are not from France.

You aren't from France.

> are と not をつないで not の o を消しています。
> 消した o の位置に ' を打ちます。

This is not an apple.

This isn't an apple.

> is と not をつないで not の o を消しています。
> 消した o の位置に ' を打ちます。

それではいろんな否定文を見ておきましょう。

私はパイロットではありません。

I am not a pilot.

I'm not a pilot.

私たちはパイロットではありません。

We are not pilots.

We aren't pilots.

彼は先生ではありません。

He is not a teacher.

He isn't a teacher.

彼らは先生ではありません。

They are not teachers.

They aren't teachers.

彼女はテニスの選手ではありません。

She is not a tennis player.

She isn't a tennis player.

彼女たちはテニスの選手ではありません。

They are not tennis players.

They aren't tennis players.

あれは小さいトラではありません。

That is not a small tiger.

That isn't a small tiger.

あれらは小さいトラではありません。

Those are not small tigers.

Those aren't small tigers.

あれは悪い車ではないです。

That is not a bad car.

That isn't a bad car.

あの車は悪くはないです。

That car is not bad.

That car isn't bad.

これは私の日記ではありません。

This is not my diary.

This isn't my diary.

この日記は私のではありません。

This diary is not mine.

This diary isn't mine.

これらはあなたの辞書ではない。

These are not your dictionaries.

These aren't your dictionaries.

これらの辞書はあなたのではない。

These dictionaries are not yours.

These dictionaries aren't yours.

否定文も単数や複数には気をつけてくださいね。
文の作り方は普通の文と同じなので簡単でしたね。

STAGE 7
be 動詞の疑問文

疑問文なので質問をする文です。
　[〜です] を疑問の形にすると [〜ですか] という文になります。
　[です] は [am, are, is] でしたね。疑問の [ですか] は [Am, Are, Is] になります。
　英文の最初に来ます。ですから大文字になるんですね。ちなみに疑問文の終わりは [？] です。人をたずねる疑問文から見ておきましょう。

　[あなたはグリーンさんですか。] の場合には
Are you Ms. Green?　になります。

あなたは今いそがしいですか。
Are you busy now?

あなたは音楽の先生ですか。　　　　はい、（私は）そうです。
Are you a music teacher?　　**Yes, I am.**

あなたはカナダの出身ですか。　　　いいえ、（私は）ちがいます。
Are you from Canada?　　　**No, I am not.**

あなたたちは音楽の先生ですか。　　はい、（私たちは）そうです。
Are you music teachers?　　**Yes, we are.**

あなた方はカナダの出身ですか。　　　いいえ、（私たちは）ちがいます。

Are you from Canada?　　　**No, we aren't.**

> point
> ［あなた］（単数）と聞かれたら［私］[**I**]で答えます。
> ［あなたたち］（複数）と聞かれたら［私たち］[**we**]で答えます。
> わかってしまえばもっともなことですが、気をつけましょう。

もう少し見ておきましょう。
単数複数にも気をつけてくださいね。

彼は親切ですか。　　　　　　　　　彼らは親切ですか。

Is he kind?　　　　　　　　　　**Are they kind?**

彼女は学生ですか。　　　　　　　　彼女たちは学生ですか。

Is she a student?　　　　　　　**Are they students?**

彼は医者ですか。　　　　　　　　　彼らは医者ですか。

Is he a doctor?　　　　　　　　**Are they doctors?**

トムは野球の選手ですか。　　　　　はい、（彼は）そうです。

Is Tom a baseball player?　　　**Yes, he is.**

アンはテニスの選手ですか。　　　　いいえ、（彼女は）ちがいます。

Is Ann a tennis player?　　　　**No, she isn't.**

君のお兄さんたちはパイロットですか。　はい、（彼らは）そうです。
Are your brothers pilots?　**Yes, they are.**

君のお姉さんたちは看護士ですか。　いいえ、（彼女たちは）ちがいます。
Are your sisters nurses?　**No, they aren't.**

彼のご両親は先生ですか。　はい、（彼らは）そうです。
Are his parents teachers?　**Yes, they are.**

物をたずねる疑問文も見ておきましょう。

これはノートですか。　はい、（それは）そうです。
Is this a notebook?　**Yes, it is.**

これらはノートですか。　はい、（それらは）そうです。
Are these notebooks?　**Yes, they are.**

あれはあなたの辞書ですか。　いいえ、（それは）ちがいます。
Is that your dictionary?　**No, it isn't.**

あれらはあなたの辞書ですか。　いいえ、（それらは）ちがいます。
Are those your dictionaries?　**No, they aren't.**

> それらも they になります。they には［彼ら、彼女たち、それら］の３つの意味がありますよ。

be 動詞の疑問文は、普通の文〔肯定文〕から be 動詞だけが文の前に出た形になります。
　では次の 2 つの文を疑問文にしてみましょう。

〔肯定文〕　**That is your book.**　　あれはあなたの本です。
〔疑問文〕　**Is that your book?**　　あれはあなたの本ですか。

〔肯定文〕　**That book is yours.**　　あの本はあなたのものです。
〔疑問文〕　**Is that book yours?**　　あの本はあなたのものですか。

　〔〜は〕までが主語なので上の文は〔あれは〕**That** が主語、次の文では〔あの本は〕**That book** が主語になりますね。主語は 1 つのカタマリと考えてください。
　That book の場合、**That** と **book** が分かれることはありません。
　もう少し文を見ておきましょう。

あれは新車ですか。
Is that a new car?

はい、新車です。（はい、そうです。）
Yes, it is.

あの車は新しいですか。
Is that car new?

いいえ、新しくないです。（いいえ、ちがいます。）
No, it isn't.

あれは彼らの学校ですか。
Is that their school?

はい、そうです。
Yes, it is.

あの学校は彼らの（もの）ですか。　　いいえ、ちがいます。
Is that school theirs?　　　　　　**No, it isn't.**

これらは彼女の人形ですか。　　　　はい、そうです。
Are these her dolls?　　　　　　　**Yes, they are.**

これらの人形は彼女の（もの）ですか。　いいえ、ちがいます。
Are these dolls hers?　　　　　　　**No, they aren't.**

　英語は肯定文が基本なので、疑問文を作る時、まず肯定文を考えるというのも1つの手ですね。

STAGE 8
Yes, No, で答えられない疑問文

　これまで見てきた疑問文は

Is this a book?　といったものでした。当然ながら

Yes, it is.　あるいは

No, it isn't.

It is a dictionary.

といったように、**Yes,** または **No,** で答えられるものでした。

　［これは本ですか。］と聞かれれば［はい、そうです。］［いいえ、ちがいます。］と、答えられます。

　ここからは **Yes, No,** で答えられない［これは何ですか。］という疑問文を見ていきます。

　［これは何ですか。］と聞かれ × ［はい、そうです。］ × ［いいえ、ちがいます。］はおかしいですよね。

　［これは～です。］は［**This is ～ .**］、［これは～ですか。］は［**Is this ～ ?**］、そして一番聞きたい［何］は、［**what**］です。

　英語は言いたいこと、聞きたいことからはじまる（前に来る）ので、［これは何ですか。］の場合、まずは［何］、次に残った［これは～ですか。］。したがって、○［**What is this?**］になります。

　［これは本ですか。］が［**Is this a book?**］ならば

— 50

[これは何ですか。] は [Is this what?] になるのでは？と思う人がもしいたら、英語は言いたいこと、聞きたいことからはじまるのを思い出していただいて、[Is this what?] の [what] を文の前にもっていってください。
○ [What is this?] になりますね。そういうことです。

　[これは何ですか。] [What is this?] や [あれは何ですか。]
[What is that?] の文の答えは、物の単数の代名詞 [It] を使います。

| What is this? | これは何ですか。 |
| It is an album. | （それは）アルバムです。 |

| What is that? | あれは何ですか。 |
| It is a bird. | （それは）鳥です。 |

| What is it? | それは何ですか。 |
| It is a rabbit. | （それは）うさぎです。 |

| What's that? | あれは何ですか。 |
| It's a book. | （それは）本です。 |

> What's は What is の短縮形です。
> It's は It is の短縮形です。

　[これらは何ですか。] [What are these?] や [あれらは何ですか。]
[What are those?] の文の答えは、物の複数の代名詞 [They] を使います。

| What are these? | これらは何ですか。 |
| They are albums. | （それらは）アルバムです。 |

What are those?	あれらは何ですか。
They are birds.	（それらは）鳥です。

それではもう少し見ておきましょう。

これは何ですか。	（それは）コンピュータです。
What is this?	It is a computer.
あれは何ですか。	（それは）富士山の写真です。
What is that?	It is a picture of Mt. Fuji.

　［これは］［あれは］の他にも［この動物は］や［あなたのお気に入りの教科は］何か？なども聞けますよ。見ていきましょう。

あの動物は何ですか。	（それは）クマです。
What is that animal?	It is a bear.
あなたのお気に入りの教科は何ですか。	（それは）英語です。
What's your favorite subject?	It's English.
あなたのお気に入りのアイスクリームは何ですか。	（それは）バニラです。
What is your favorite ice cream?	It is vanilla.

　時間や曜日やだれの持ち物か、あるいは［どこ］や［いつ］ということも聞けます。だんだん楽しくなってきましたね。どんどん見ていきましょう。

今、何時ですか。	10時です。
What time is it now?	It is ten o'clock.
	7時25分です。
	It is seven twenty-five.
今日は何曜日ですか。	水曜日です。
What day is it today?	It is Wednesday.
曜日は大文字。	木曜日です。
	It is Thursday.
今日の日付は何ですか。	7月4日です。
What date is it today?	It is July 4th.
月も大文字。	
これはだれのペンですか。	（それは）私のです。
Whose pen is this?	It is mine.
	（それは）トムのです。
	It is Tom's.
トイレはどこですか。	（それは）店の近くです。
Where is the toilet?	It is near the shop.
私の切符はどこですか。	（それは）机の上です。
Where is my ticket?	It is on the desk.

あなたの誕生日はいつですか。　　2月7日です。
When is your birthday?　　**It is February 7th.**

人を聞くこともできますよ。ただし人なので○ **He** や○ **She** など、人の代名詞で答えます。

> 人に対して物の代名詞
> × It は使えません。

あの少年はだれですか。　　彼はトムです。
Who is that boy?　　**He is Tom.**

この幼い少女はだれですか。　　彼女はミヨです。
Who is this little girl?　　**She is Miyo.**

今まで見てきた、[何][**What**]、[だれ][**Who**]、[なぜ][**Why**]、[どこ][**Where**]、[いつ][**When**]、[どうやって][**How**] などを **5W1H** の疑問詞と言います。

　That is a plane.（あれは飛行機です。）の **a plane**（飛行機）を、聞きたい **What**（何）にして残りを疑問の形にすると、
　What is that?（あれは何ですか。）になります。

　Taro is in the library.（タローは図書館にいます。）の **in the library**（図書館に）を、聞きたい **Where**（どこに）にして残りを疑問の形にすると、
　Where is Taro?（タローはどこにいますか。）になります。

That is her bag.（あれは彼女のカバンです。）の her（彼女の）を、聞きたい Whose bag（だれのカバン）にして残りを疑問の形にすると、Whose bag is that?（あれはだれのカバンですか。） になります。

This bag is hers.（このカバンは彼女のものです。）の hers（彼女のもの）を、聞きたい Whose（だれのもの）にして残りを疑問の形にすると、Whose is this bag?（このカバンはだれのものですか。） になります。

チョット一息のコーナー

次の文を英作してみましょう。

① あれはバットです。　② あれはコウモリです。

① **That is a bat.**　② **That is a bat.**

なんと野球で使うバットとあのコウモリは同じスペリングの **bat**（バット）なんですよ。

ここでもう1つ英作してみましょう。

③ これは寺です。　④ これはこめかみです。

③ **This is a temple.**　④ **This is a temple.**

これまた意外ですが、お寺と耳の上のこめかみ、これが同じスペリングの **temple** です。

英単語にはこんなのもあるんですね。

STAGE 9
過去の be 動詞の文

　日本語に過去を表す言葉があるように、英語にも過去を表す言葉があります。次の文を見比べてください。

　　トムは少年です。　　　［現在］の文　Tom is a boy.
　　トムは少年でした。　　［過去］の文　Tom was a boy.

日本語のちがいは
　　［現在］が［す］で終わっているのに対し、
　　［過去］は［た］で終わっていることです。

英語のちがいはこの場合
　　［現在］が**［is］**になり、
　　［過去］が**［was］**になるということです。

　この場合と書きましたが、何かルールがあるのでしょうか？
　もちろんあります。
　その前に、今からとてもとても大事なことをお話ししますので、しっかりと押さえてくださいね。

　それは、英語で［1人］を［single］（シングル）と言い、頭文字が［s］だということです。
　さあ、ここまではOKですか？　OKですね。

be 動詞は［現在］で使う［am, are, is］と
［過去］で使う［were, was］があります。

［s］がつくのは［is］と［was］

文の主語が 1 人（1 つ）だったら［現在］なら［is］、［過去］なら［was］を使う、これがルールです。

彼はいそがしい。	［現在］の文	He is busy.
彼はいそがしかった。	［過去］の文	He was busy.

私は英語の先生です。	［現在］の文	I am an English teacher.
私は英語の先生でした。	［過去］の文	I was an English teacher.

［現在］では特別に am を使う I ですが、［過去］では was を使います。

あなたは学生です。	［現在］の文	You are a student.
あなたは学生でした。	［過去］の文	You were a student.

では、2 人以上の場合はどうなるのでしょう。［現在］で使う be 動詞は are でしたね。

トムとボブは少年です。	［現在］の文	Tom and Bob are boys.
トムとボブは少年でした。	［過去］の文	Tom and Bob were boys.

トムとボブは 2 人です。1 人ではない（**single** ではない）ので［**s**］の つかない［**are**］と［**were**］を使います。笑ってしまうくらい簡単ですね。 笑ってもいいですよ。

　彼らはいそがしい。　　　　［現在］の文　**They are busy.**
　彼らはいそがしかった。　　［過去］の文　**They were busy.**

　私たちは医者です。　　　　［現在］の文　**We are doctors.**
　私たちは医者でした。　　　［過去］の文　**We were doctors.**

　チョット一息のコーナー

　父 **father**、母 **mother**、兄弟 **brother**、姉妹 **sister**、娘 **daughter**、 選手 **player**、先生 **teacher**、投手 **pitcher**、捕手 **catcher**、潜水夫 **diver**、走者 **runner**、泳ぐ人 **swimmer**　などは **er** で終わります。

　ところが医者はちがいます。× **docter**、○ **doctor**、医者は **or** で終わり ます。これは医者が患者の体から［毒トル］からなのかもしれません。もう 覚えましたね。

　あなた方は学生です。　　　［現在］の文　**You are students.**
　あなた方は学生でした。　　［過去］の文　**You were students.**

　You は 1 人でも 2 人以上でも **are** を使いましたね。過去では **were** に 変わるだけです。

ただし名詞の数は変わりますので、1 人だと [a student]、2 人以上だと [students] になります。何を今さらと言われそうですが、そういうことです。

　さて、ここで 2 つの文を見てみましょう。
次の 2 文を英作してみると

① あなたは親切でした。
② あなた方は親切でした。

① **You were kind.**
② **You were kind.**

同じ答えになりましたね。

① あなたは親切です。
② あなた方は親切です。　の場合も

① **You are kind.**
② **You are kind.**

となります。
　You は 1 人でも 2 人以上でも同じ **You** を使い、**be** 動詞も同じものを使います。そして形容詞（**kind, beautiful, busy** など）は数えられないので同じものを使う。
　そのため、**You** が形容詞をともなう場合には、このようなことがおきるのです。おもしろいですね。

では、もう少し見ておきましょう。

彼女は美しい。	She is beautiful.
彼女は美しかった。	She was beautiful.
彼女たちは美しい。	They are beautiful.
彼女たちは美しかった。	They were beautiful.

さて、ここで少しふれておきたいことがあります。

今習っている文、普通の文と私は呼んでいますが、ある特徴があるということです。

たとえば、[She is beautiful.] は [現在] の文ですから [彼女は美しい。] のはわかりますが、過去どうだったかはわからない。

[She was beautiful.] は [過去] の文ですから [彼女は美しかった。] のはわかりますが、今どうなっているのかはわからない。

今も美しいかもしれないし、そうでないかもしれません。会ってみないとわかりませんよね。会えてよかったと思うかもしれないし、やめておけばよかったと思うかもしれません。

つまり普通の文ではその時代しか表せない。その時代だけを表しているということです。頭の片隅にでも残しておいていただけると幸いです。

am, are, is と同様に were, was も be 動詞の特徴であるイコールの関係をもっています。

| 彼はやさしい少年でした。
He was a kind boy.
1 － 1 － 1 | 彼らはやさしい少年でした。
They were kind boys.
2 = 2 = 2 |

私はテニスの選手でした。
I was a tennis player.

私たちはテニスの選手でした。
We were tennis players.

彼女は2年前、学生だった。
She was a student two years ago.

彼女たちは2年前、学生だった。
They were students two years ago.

3年前 three years ago、4年前 four years ago、5年前 five years ago、ずっと前 long time ago、昔々 long long ago、その時 then, at that time、昨日 yesterday、昨日の朝 yesterday morning、昨日の午後 yesterday afternoon、先週 last week、昨夜 last night、前の日曜日 last Sunday、放課後 after school

など、カタマリで押さえておくと便利ですよ。

それではここで、英語の真髄にふれておきましょう。心の準備はよろしいですか。

「英作とはカタマリとその並べ方である。」

たいそうな書き出しをしましたが、それだけです。この本を読み終えた時には確かにね！とうなずいていただけると思います。それでは続きを進めてまいりましょう。

私の母はその時、台所にいました。
My mother was in the kitchen then.

僕は昨日の午後、図書館にいました。
I was in the library yesterday afternoon.

君の弟は昨日の朝、公園にいました。
Your brother was in the park yesterday morning.

私たちは前の日曜日、日高公園にいました。
We were in Hidaka Park last Sunday.

　[公園に]だと[in the park]となり[park]の[p]は小文字ですが、[日高公園に]だと[Park]の[P]も大文字になります。
　同じように[東京駅]も[Tokyo Station]、[淡路島]も[Awaji Island]、「琵琶湖」も[Lake Biwa]となります。

これは私のペンでした。	このペンは私のものでした。
This was my pen.	**This pen was mine.**
これらは彼女のえんぴつでした。	これらのえんぴつは彼女のものでした。
These were her pencils.	**These pencils were hers.**

STAGE 10
過去の be 動詞の否定文

それでは過去の be 動詞の否定文を見ておきましょう。

彼はひまではなかった。
He was not free.
He wasn't free.

彼らはひまではなかった。
They were not free.
They weren't free.

これは私のペンではなかった。
This was not my pen.
This wasn't my pen.

このペンは私のものではなかった。
This pen was not mine.
This pen wasn't mine.

これらは彼女のえんぴつではなかった。
These were not her pencils.
These weren't her pencils.

これらのえんぴつは彼女のものではなかった。
These pencils were not hers.
These pencils weren't hers.

僕は昨夜、自分の部屋にはいなかった。
I was not in my room last night.
I wasn't in my room last night.

私の妹はその時、自分の部屋にはいなかった。
My sister was not in her room then.
My sister wasn't in her room then.

［自分の部屋に］という場合、［主語］の部屋という意味になります。
主語が1人で男性なら［in his room］、女性なら［in her room］のように、主語の所有格がくるということですね。
指示があった場合は指示通り、［トムの部屋に］は［in Tom's room］になります。

君は放課後、図書館にはいなかった。
You were not in the library after school.
You weren't in the library after school.

その絵は昨日、壁の上にはなかった。
The picture was not on the wall yesterday.
The picture wasn't on the wall yesterday.

> 壁の上　on the wall、岩の上　on the rock、屋根の上　on the roof、机の上　on the desk、机の中　in the desk、机の下　under the desk、海のそば　by the sea、駅の近く　near the station、箱の中　in the box、ビンの中　in the bottle、木の下　under the tree

など、カタマリで押さえておくと便利ですよ。

私の両親は先週、東京にはいなかった。

My parents were not in Tokyo last week.
My parents weren't in Tokyo last week.

私はその時、東京駅にはいなかった。

I was not at Tokyo Station then.
I wasn't at Tokyo Station then.

国名や都市名などは〔in〕を使います。〔in Japan〕〔in Kobe〕など。駅や空港などは〔at〕を使います。〔at Kyoto Station〕〔at Kansai Airport〕など。

STAGE 11
過去の be 動詞の疑問文

［～でした］を疑問の形にすると［～でしたか］という文になります。
［でした］は［were, was］でしたね。
疑問の［でしたか］は［**Were, Was**］になります。

あなたは先生でしたか。　　　　　　　はい、（私は）そうでした。
Were you a teacher?　　　　　　　**Yes, I was.**

あなた方はその時、高校生でしたか。　はい、（私たちは）そうでした。
Were you high school　　　　　　**Yes, we were.**
students then?

君は野球の選手でしたか。　　　　　　いいえ、（私は）ちがいました。
Were you a baseball player?　　　**No, I wasn't.**

トムとケンは親切でしたか。　　　　　はい、（彼らは）そうでした。
Were Tom and Ken kind?　　　　　**Yes, they were.**

アンはこの学校の生徒でしたか。　　　いいえ、（彼女は）ちがいました。
Was Ann a student in this　　　　**No, she wasn't.**
school?

私の母はその時、台所にいましたか。　はい、いました。
Was my mother in the kitchen then?　**Yes, she was.**

フレッドは昨日、図書館にいましたか。　いいえ、いませんでした。
Was Fred in the library yesterday?　**No, he wasn't.**

あの絵は昨日、あの壁の上にありましたか。　いいえ、（それは）ありませんでした。
Was that picture on that wall yesterday?　**No, it wasn't.**

be 動詞の文では現在の [am, are, is] を過去の [were, was] にするだけで過去の文にできましたね。What や When ではじまる疑問文も同じようにすれば過去にできます。

［現在］　その箱の中に何があるのですか。
What is in the box?

［過去］　その箱の中に何があったのですか。
What was in the box?

［現在］　彼らは今どこにいるのですか。

Where are they now?

［過去］　彼らはその時、どこにいたのですか。

Where were they then?

［現在］　あなたの誕生日会はいつですか。

When is your birthday party?

［過去］　あなたの誕生日会はいつでしたか。

When was your birthday party?

STAGE 12
未来の be 動詞の文

「現在、過去、未来」という歌が昔はやったんですが、ご存じですか？ お若い方はわからないかも。私が中学生のころでしたかね。ちょうど授業で未来の時制を習っていたころでした。

というわけで、ここでは be 動詞の未来の文を見ておきましょう。

現在、過去に比べると未来は一番簡単です。よかったですね。

> 現在の場合 am, are, is を使いました。
> 過去の場合 were, was を使いました。
> 未来の場合 will be を使います。

主語に関係なく未来ではすべて will be で OK。とても簡単。

I will be free tomorrow.　　私は明日ひまだろう。

She will be busy next week.　彼女は来週いそがしいでしょう。

英語は現在の文が基本です。今見てきた 2 文も、
現在の **I am free.** の am を **will be** に変えただけ。
She is busy. の is を **will be** に変えただけと、わかっていただけたと思います。

もう少し見ておきましょう。

［過去］　私は昨年 8 才でした。
　　　　　I was eight years old last year.

［現在］　私は今 9 才です。
　　　　　I am nine years old now.

［未来］　私は来年 10 才になります。
　　　　　I will be ten years old next year.

<u>be 動詞の文は左右がイコールの関係</u>となります。
これは未来でも同じです。

［過去］　私は先生でした。
　　　　　I was a teacher.

［現在］　私は先生です。
　　　　　I am a teacher.

［未来］　私は先生になるつもりです。
　　　　　I will be a teacher.

私たちは次の日曜日は図書館にいるでしょう。
We will be in the library next Sunday.

We are in the library. の文を考えてから **will be** に変えても **OK**。
やりやすい方法でやればいいですよ。

彼女は来年、中学生です。

She will be a junior high school student next year.

彼女たちは来年、中学生です。

They will be junior high school students next year.

さあ、いかがでしたか。簡単、余裕。それはよかったですね。
今から少しだけややこしい話をします。でもむずかしくはないのでご安心を。

be 動詞の文ですが
　　現在は am, are, is の be 動詞が担当しています。
　　過去は were, was の be 動詞が担当しています。

さて、未来は will be の be 動詞が担当と言いたいところですが、未来を表す be 動詞というのは実はありません。
そこで**未来を表せる言葉 will** に来てもらっているんです。

will be の be だけが be 動詞です。
will は動詞を助ける言葉で**助動詞**と呼ばれています。そのままですね。
未来を表す will ＋ be で will be。未来の be 動詞の文を作っています。
さて、ここまでは OK でしょうか。

この助動詞というのは動詞よりも強いようで、必ず動詞の前に入ります。
　助動詞が入るとあとの動詞は原形になります（原形に戻ります）。am, are, is, were, was などは be 動詞が変化した形なんですよ。

be 動詞は現在と過去では忍者のように形を変えて活躍していますが、その実態、元の形の原形は be です。

だから be 動詞と呼ばれているんですね。
なんだそうだったのか、そうなんですよ。

I am	に	will が入ると	I will be
You are	に	will が入ると	You will be
We are	に	will が入ると	We will be
They are	に	will が入ると	They will be
He is	に	will が入ると	He will be
She is	に	will が入ると	She will be

になりますよね。
　主語に関係なく、未来ではすべて will be で OK というのは、こういうことだったんですね。納得！

チョット一息のコーナー

be 動詞というのは、○ be 動詞であって、× B 動詞ではありません。
したがって、A 動詞も C 動詞もありません。be 動詞です。

英語では動詞は be 動詞と一般動詞の 2 種類だけです。
いろんな文がたくさんあるように見えますが、
be 動詞の文か一般動詞の文か、必ずどちらかです。

be 動詞（例：is）の文に will が入ると

 He is busy.

 He will be busy.

今まで、どういう時に will に be がつくんだろうと不思議に思っていた人、これでわかっていただけましたね。
 スッキリしましたか。それはよかったです。

STAGE 13
未来の be 動詞の否定文

否定文に入る前に肯定文からおさらいしておきましょう。

私は明日ひまだろう。
I will be free tomorrow.

私は明日ひまではないだろう。
時々見かける失敗例は

× **I will be not free tomorrow.**

will be を 1 つのものと思ったため、起きるまちがいです。
　でも、みなさんは先ほど **will be** は **will ＋ be** であること、**will** は助動詞で動詞よりも強いようだということを学びましたね。
　そうです、否定文を作る時は、助動詞の **will** が主導権をにぎります。
　早い話がこの **will** を否定すればよいのです。
　だからと言って

× **I will not free tomorrow.**

ではダメですよね。わかります。勝手に be を消してはいけません。
動詞がないと文になりません。これではどうしようもない。

英語は肯定文が基本ですから、

　　I will be free tomorrow. の will の次に **not** を入れるだけ。

○ **I will not be free tomorrow.** 　が正解。

私は来年 11 才ではありません。
I will not be eleven years old next year.
I won't be eleven years old next year.

（will not の短縮形が won't です。）

私は医者になるつもりはありません。
I will not be a doctor.
I won't be a doctor.

私の妹は来月この町にはいないだろう。
My sister will not be in this town next month.
My sister won't be in this town next month.

トムは来年中学生ではありません。
Tom will not be a junior high school student next year.
Tom won't be a junior high school student next year.

STAGE 14
未来の be 動詞の疑問文

ここでも、疑問文に入る前に肯定文からおさらいしておきましょう。

あなたは明日いそがしいだろう。
You will be busy tomorrow.

あなたは明日いそがしいですか。
圧倒的に多い失敗例は

× **Will you busy tomorrow?**

疑問文でも助動詞の will が主導権をにぎります。
早い話が Will が前に行く。でも勝手に be を消してはダメですよね。

英語は肯定文が基本ですから
　You will be busy tomorrow. の will を前に出すだけ。

○ **Will you be busy tomorrow?**　が正解。

はい、いそがしいです。　　　いいえ、いそがしくないです。
Yes, I will.　　　　　　**No, I will not. / No, I won't.**

マイクは来年7才ですか。
Will Mike be seven years old next year?

はい、そうです。　　いいえ、ちがいます。
Yes, he will.　　No, he will not. / No, he won't.

あなたは先生になるつもりですか。
Will you be a teacher?

彼らは次の日曜日、公園にいるでしょうか。
Will they be in the park next Sunday?

さあ、どうでしょう。

現在の疑問文が　**Are you a teacher?**
過去の疑問文が　**Were you a teacher?**　　になるのに対し
未来の疑問文は　**Will you be a teacher?**

と be が文中に残るので注意しましょう。

[be 動詞の文を時制で整理]

2種類の表を用意しましたので、わかりやすい方を参考にしてください。

		肯定文			否定文		
現在	私は	I	am	a teacher.	I	am not	a teacher.
	あなたは	You	are	a teacher.	You	aren't	a teacher.
	あなた方は	You	are	teachers.	You	aren't	teachers.
	私たちは	We	are	teachers.	We	aren't	teachers.
	彼らは	They	are	teachers.	They	aren't	teachers.
	彼は	He	is	a teacher.	He	isn't	a teacher.
	彼女は	She	is	a teacher.	She	isn't	a teacher.
過去	私は	I	was	a teacher.	I	wasn't	a teacher.
	あなたは	You	were	a teacher.	You	weren't	a teacher.
	あなた方は	You	were	teachers.	You	weren't	teachers.
	私たちは	We	were	teachers.	We	weren't	teachers.
	彼らは	They	were	teachers.	They	weren't	teachers.
	彼は	He	was	a teacher.	He	wasn't	a teacher.
	彼女は	She	was	a teacher.	She	wasn't	a teacher.
未来	私は	I	will be	a teacher.	I	won't be	a teacher.
	あなたは	You	will be	a teacher.	You	won't be	a teacher.
	あなた方は	You	will be	teachers.	You	won't be	teachers.
	私たちは	We	will be	teachers.	We	won't be	teachers.
	彼らは	They	will be	teachers.	They	won't be	teachers.
	彼は	He	will be	a teacher.	He	won't be	a teacher.
	彼女は	She	will be	a teacher.	She	won't be	a teacher.

＊単数・複数に注目
　注）aの位置を縦に合わせてあります。
　　　ちがいが鮮明になるよう、わざとすき間をあけています。

疑問文

Am	I	a teacher?	＊Iは特別に **am**
Are	you	a teacher?	＊Youは単数でも **are**
Are	you	teachers?	＊Youは複数でも **are**
Are	we	teachers?	＊複数は **are**
Are	they	teachers?	＊複数は **are**
Is	he	a teacher?	＊単数は **is**
Is	she	a teacher?	＊単数は **is**
Was	I	a teacher?	＊過去ではIも **was**
Were	you	a teacher?	＊Youは単数でも **were**
Were	you	teachers?	＊Youは複数でも **were**
Were	we	teachers?	＊複数は **were**
Were	they	teachers?	＊複数は **were**
Was	he	a teacher?	＊単数は **was**
Was	she	a teacher?	＊単数は **was**
Will	I	be a teacher?	＊未来ではどの主語でも **will be**。
Will	you	be a teacher?	助動詞の **will** が入って **be** 動詞が
Will	you	be teachers?	原形の **be** に戻るからです。
Will	we	be teachers?	
Will	they	be teachers?	
Will	he	be a teacher?	
Will	she	be a teacher?	

[be 動詞の文を主格ごとに整理]

		肯定文	否定文
現在 過去 未来	私は	I am a teacher. I was a teacher. I will be a teacher.	I am not a teacher. I wasn't a teacher. I won't be a teacher.
現在 過去 未来	あなたは	You are a teacher. You were a teacher. You will be a teacher.	You aren't a teacher. You weren't a teacher. You won't be a teacher.
現在 過去 未来	あなた方は	You are teachers. You were teachers. You will be teachers.	You aren't teachers. You weren't teachers. You won't be teachers.
現在 過去 未来	私たちは	We are teachers. We were teachers. We will be teachers.	We aren't teachers. We weren't teachers. We won't be teachers.
現在 過去 未来	彼らは	They are teachers. They were teachers. They will be teachers.	They aren't teachers. They weren't teachers. They won't be teachers.
現在 過去 未来	彼は	He is a teacher. He was a teacher. He will be a teacher.	He isn't a teacher. He wasn't a teacher. He won't be a teacher.
現在 過去 未来	彼女は	She is a teacher. She was a teacher. She will be a teacher.	She isn't a teacher. She wasn't a teacher. She won't be a teacher.

＊単数・複数に注目

疑問文

Am	I		a teacher?
Was	I		a teacher?	＊過去だと I も was を使う
Will	I	be	a teacher?	＊未来の文で be のつけ忘れに注意

Am   I   a teacher?
Was I   a teacher?   ＊過去だと I も **was** を使う
Will I   be a teacher?   ＊未来の文で **be** のつけ忘れに注意

Are   you   a teacher?   ＊あなたは 1 人、a teacher
Were you   a teacher?
Will you   be a teacher?

Are   you   teachers?   ＊あなた方は 2 人以上、teachers
Were you   teachers?
Will you   be teachers?

Are   we   teachers?
Were we   teachers?
Will we   be teachers?

Are   they   teachers?
Were they   teachers?
Will they   be teachers?

Is   he   a teacher?
Was   he   a teacher?
Will he   be a teacher?

Is   she   a teacher?
Was   she   a teacher?
Will she   be a teacher?

基本の文の半分が終わりましたよ。残りの半分も簡単に理解しましょう。

赤の扉のコーナー

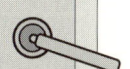

赤の扉のむこうには、動きの多い
言葉が待っています。

STAGE 15
一般動詞の文（現在）

> I play ～．　　（私は～をします。）
> You play ～．　（あなたは～をします。）
> He plays ～．　（彼は～をします。）

という文を見ていきましょう。

　英語では主語（～は）によって次の言葉 play, plays などが決まっています。

> いつも大文字でいる I は play を使います。私は（I）の場合は play
> You の場合も play を使います。　あなたは（You）の場合は play
> 　　　　　　　　　　　　　　　　　あなたたち（You）の場合も play

ですから

　［私はテニスをします。］の場合には

I play tennis.

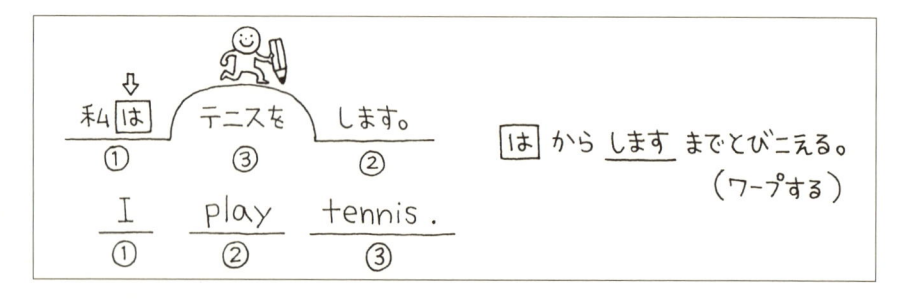

また、2人以上の場合も **play** を使います。
We や **They** も 2人以上（複数）なので **play** を使います。

［トムとケンはサッカーをします。］の場合には
Tom and Ken play soccer.

［彼らはサッカーをします。］の場合には
They play soccer.

［私たちはバスケットボールをします。］の場合には
We play basketball. となります。

> **Point** このような一般動詞の文、［～は］から［します］までワープするので、**ワープの法則** と私は呼んでいます。

I と You は特別に **play** を使います。
2人以上（複数）は **play** を使います。
play のように辞書にのっている形を動詞の原形と呼びます。

I と You と複数は **play**［原形］を使います。

1人（単数）の場合はどうでしょう。

He, She, Bob, My sister などは1人ですよね。単数の場合は［原形］**play** に s をつけた形 **plays** を使います。

85

［彼はテニスをします。］の場合には
He plays tennis.

［彼女は卓球をします。］の場合には
She plays table tennis.

［ボブはバレーボールをします。］の場合には
Bob plays volleyball.

［私の姉はソフトボールをします。］の場合には
My sister plays softball.　となります。

1 人（単数）の場合は、s のついた plays を使います。
ただし、I と You はのぞく。この 2 つは例外です。

チョット一息のコーナー

1 人を英語で single（シングル）と言います。
シングルベッド（1 人用のベッド）、シングルヒット（1 塁打）と言うでしょう。独身も single と言いますね。このシングルと思ってください。

single のはじまりの文字は s です。主語が 1 人の時、play にこの s がついていると思ってください。この s はつけないといけません。

1 人だと s がつく、人呼んで「single の法則」と言いたいところですが、私だけがそう呼んでいます。よろしければそう呼んでやってください。

さて、ここで出てくる **play, study, run, swim** などなどの動詞を、**一般動詞**と呼びます。

英語には一般動詞と be 動詞（**am, are, is** など）の 2 種類しかありませんので、be 動詞以外の動詞は一般動詞？ ハイ、その通りです！ 一般動詞はたくさんあります。

そして［複数］の主語が使う原形と、［単数］の主語が使う形と、いつも 2 パターンあります。

いろんな一般動詞の文を見ていきましょう。

まずは原形を使う、**I** と **You** と複数の主語の場合です。

私は英語を話します。
I speak English.

あなたはコンピュータをほしがっている。
You want a computer.

私たちは公園を（公園の中を）走ります。
We run in the park.

彼らは庭を歩きます。
They walk in the garden.

> 2 本の足でアルク、w で alk、だから walk

僕はギターを弾きます。
I play the guitar.

> play はスポーツをするという場合だけでなく楽器を弾くという場合にも使います。

さて、スポーツをする場合は tennis, baseball, soccer などが play のあとにつくだけです。

I play tennis. I play baseball. I play soccer.　こうなりますね。

ところが楽器を弾く場合には、楽器の前に必ず the がつきます。

I play the piano.　　私はピアノを弾きます。
I play the organ.　　私はオルガンを弾きます。
I play the violin.　　私はバイオリンを弾きます。

チョット一息のコーナー

なぜ the（その）が必要なのでしょう？

こう考えてはいかがでしょう。ギターを弾く場合、どのギターかわからないから、そのギターと指示をして the guitar としている。他の楽器も同様です。

スポーツの場合、どのとは思いませんよね。テニスはテニスです。ですから tennis だけで OK です。

1人の場合も見ておきましょう。ただし I と You は例外なので入れません。

彼は英語を話します。
He speaks English.

彼女はコンピュータをほしがっている。
She wants a computer.

トムは公園を走ります。

Tom runs in the park.

私の妹は庭を歩きます。

My sister walks in the garden.

フレッドはギターを弾きます。

Fred plays the guitar.

like と go を使った文

「私は彼が（を）好きです。」

- ［私は］は ［**I**］
- ［彼が］は ［**him**］
- ［好きです］は ［**like**］

英語では「だれが」「どうした」からはじまりますので、この場合、［私は］［好きです］［**I**］［**like**］となります。
それに対して（だれが好きなの）となりますよね。
それが［彼が］［**him**］です。ですから答えは

- **I like him.** となります。

「私は学校に行きます。」

- ［私は］は ［**I**］
- ［学校に］は ［**to school**］
- ［行きます］は ［**go**］

答えは当然

　○ I go to school.　となります。

［好きです］＝［好きだ］＝［好き］＝［like］　そうすると
「私は彼が好きです。」は、

　○ I like him.

［行きます］＝［行く］＝［go］
「私は学校へ行きます。」は、

　○ I go to school.　になりますね。

英語では 1 つの文に動詞は 1 つと決まっています。
be 動詞の文か一般動詞の文か、どちらかになります。
動詞が 1 つなので簡単ですね。
では、一般動詞の文をもう少し見ておきましょう。

私は犬が好きです。
I like dogs.

> like の次の犬は○ dogs［複数］になります。
> × a dog で犬が好きというのはおかしいですからね。
> 犬に限らず数えられる名詞の場合、必ず複数にしてください。

私たちは学校へ行きます。
We go to school.

あなたはプールで泳ぎます。
You swim in the pool.

> カタマリで押さえましょう。
> in the sea 海で、in the river 川で

彼らは日本語を勉強します。
They study Japanese.

彼女たちはたくさんの本をもっています。
They have many books.

先生方は多くのことを知っている。
Teachers know a lot of things.

私たちは図書館へ行きます。
We go to the library.

> その図書館 the library ＋へ to ＝ to the library
> to が必要。to the library カタマリで押さえよう。

私の友人たちがそこへ行きます。
My friends go there.

> there だけで、（そこへ）なので× to はつけません。there（そこへ）と here（ここへ）は身軽な言葉ですね。

多くの人々がこの公園に来ます。
Many people come to this park.

> この公園 this park ＋へ to ＝ to this park　to が必要。to this park カタマリで押さえよう。

彼らはここへ来ます。
They come here.

> here だけで、（ここへ）なので× to はつけません。here（ここへ）と there（そこへ）は身軽な言葉です。

たくさんある一般動詞ですが、原形と、**s** がつく形とを見ていきましょう。**I** と **You** と［複数］が原形を使い、他の［単数］が **s** のつく形でしたね。そう！ シングルの **s**。

トムとケンはサッカーをします。
Tom and Ken play soccer.

トムはサッカーをします。

Tom plays soccer.

彼らは音楽が好きです。

They like music.

彼は音楽が好きです。

He likes music.

僕の兄たちはこのコンピュータを使います。

My brothers use this computer.

僕の兄はこのコンピュータを使います。

My brother uses this computer.

彼の妹たちは何枚かのお皿を洗います。

His sisters wash some dishes.

彼の妹は何枚かのお皿を洗います。

His sister washes some dishes.

弟と僕はテレビを見ます。

My brother and I watch TV.

弟はテレビを見ます。

My brother watches TV.

> watch や wash のように h で終わる場合は × washs ではなく ○ washes とします。es をつける。
> なぜなのか？それはこの方が発音しやすいからです。
> × watchs, washs は言いにくいでしょう。やっぱり ○ watches, washes でないとね。

私たちは博物館へ行きます。

We go to the museum.

ボブは博物館へ行きます。

Bob goes to the museum.

> go も × gos ではなく ○ goes とします。es をつける。

私の両親は英語を勉強します。

My parents study English.

私の父は英語を勉強します。

My father studies English.

> study のように y で終わる場合は
> × studys ではなく ○ studies とします。
> y を i に変えて es をつける、あるいは
> y をはずして ies をつける。どちらでも OK。

チョット一息のコーナー

ん？、**play** も y で終わるのに s をつけるだけでよいのはなぜか？ですって。いいところに気づかれましたね。

それは **play** の場合 y の前が [a]、母音（**a, i, u, e, o**）だからです。

y の前が母音の場合は **play** に s をつけて **plays**、

y の前が子音の場合は **study** の y が **ies** に変わる。

ちなみに、子音とは母音（**a, i, u, e, o**）以外です。

(**b, c, d, f, g, h, j, k, l, m, n, p, q, r, s, t, v, w, x, y, z**) play は plays、study は studies と覚えておく方が楽かもしれませんね。

その少女たちはピアノの練習をします。
The girls practice the piano.

その少女はピアノの練習をします。
The girl practices the piano.

その子どもたちはプールで泳ぎます。
The children swim in the pool.

その子どもはプールで泳ぎます。
The child swims in the pool.

> 子ども（単数）は child
> （複数）は children
> となります。

その男の人たちは一生懸命働きます。
The men work hard.

その男の人は一生懸命働きます。
The man works hard.

> 男の人（単数）は man
> 男の人（複数）は men
> となります。

その女の人たちはラジオを聞きます。
The women listen to the radio.

その女の人はラジオを聞きます。

The woman listens to the radio.

> 女の人（単数）は woman
> 女の人（複数）は women
> 発音に注意しましょう。

その貴婦人たちは年老いた人々を助けます。

The ladies help the old people.

その貴婦人は年老いた人々を助けます。

The lady helps the old people.

その紳士たちは英語と日本語を話します。

The gentlemen speak English and Japanese.

その紳士は英語と日本語を話します。

The gentleman speaks English and Japanese.

> 紳士（単数）は gentleman
> 紳士（複数）は gentlemen
> となります。

■ チョット一息のコーナー

　紳士の単数は **gentleman**、紳士の複数は **gentlemen** でしたね。
　man は○［マン］で、**men** が○［メン］だから、**gentleman** と **gentlemen** も同じだと思いがちですよね。辞書をひくとわかりますが、なんと、なんと、な、な、なんと、まったく同じ発音記号です。
　スペリングはちがいますが発音はどちらも同じです。最後はどちらも単数の **man** の発音なんです。

ですから、テレビや映画で聴衆にむかって言っているのは、"Ladies and gentlemen." なんですよ。

機会があったら、しっかり聞いてみてくださいね。

私の友人の何人かは君のお兄さんを知っている。
Some of my friends know your brother.

> Some of my friends は some なので［複数］、代名詞は They です。

私の友人の1人は君のお兄さんを知っている。
One of my friends knows your brother.

> One of my friends は one なので［単数］、代名詞は He か She です。
> この場合、どちらかわかりませんが。

さて、ここで
「アンはトムが大好き。」
「ジェーンはナンシーをとてもよく知っている。」
というような文を見ていきます。

アンはトムが好きです。
Ann likes Tom.

アンはトムが大好きです。
Ann likes Tom very much.

ジェーンはナンシーを知っている。
Jane knows Nancy.

ジェーンはナンシーをよく知っている。
Jane knows Nancy well.

ジェーンはナンシーをとてもよく知っている。
Jane knows Nancy very well.

　さあ、いかがでしたか？　簡単だったようですね。
　主語が 1 人なので **single** の法則により、動詞 ［like, know］に s がついて **likes, knows** になる。
　ここまでは **OK** ですね。

　時々質問されるのが、**very much** と **very well** のちがいです。まちがえることはないのだけれど、わかっているようなわかっていないような…という声、みなさん、もうおわかりですよね。念のためという言葉もあります、いくつか説明しておきましょう。

　　動詞が **like（likes）** 　　 の時は　 **very much**
　　動詞が **know（knows）** の時は　 **very well**

もちろん、これでよいわけです。

少しちがった見方をすると、
<u>**very** という言葉はそれだけで終わることはないということです。</u>

たとえば
　　　とても　大きい　**very big**　　　　とても　上手　**very well**
　　　とても　美しい　**very beautiful**　とても　よい　**very good**

こんな風になっています。ところが、
［アンはトムが大好きです。］という場合
［アンはトムがとても好きです。］ということになりますが、先に
［アンはトムが　　　好きです。］を英作すると
［Ann likes Tom.］になります。
残るのが［とても］［very］です。でもこれを入れても
×［Ann likes Tom very.］こんな英文、見たことがないでしょう。まちがっていますからね。

veryという言葉はそれだけで終わることはない。いつもセットの言葉といっしょ。和文の中にセットの言葉がない場合、たくさんという意味のmuchがやって来てvery muchになるんですよ。わかっていただけたでしょうか。

もう少し、今のパターンの英作を続けてみましょう。

私は彼が大好きです。
I like him very much.

あなたは彼らをよく知っています。
You know them well.

彼らは私をとてもよく知っています。
They know me very well.

彼女は彼らが大好きです。
She likes them very much.

さあ、いかがでしたか。それでは表も合わせて理解しておきましょう。わかっているみなさんは、おさらいですね。

主格と目的格の関係を見ておきましょう。

	主格	所有格	目的格	所有代名詞
私	I	my ＋ 名詞	me	mine
あなた あなた方	You	your ＋ 名詞	you	yours
私たち	We	our ＋ 名詞	us	ours
彼ら 彼女たち	They	their ＋ 名詞	them	theirs
彼	He	his ＋ 名詞	him	his
彼女	She	her ＋ 名詞	her	hers
アン	Ann	Ann's ＋ 名詞	Ann	Ann's
トム	Tom	Tom's ＋ 名詞	Tom	Tom's

I like him. という文でわかるように、使っているのは主格と目的格だけです。こういった文は必ず主格から目的格です。

表の左から右、逆はありません。

矢はまっすぐに飛ぶの法則　と私は呼んでいます。

I　　like　him.
Ann likes Tom.

この文もそうですが、主格から目的格ですから、主格の **Ann** から目的格の **Tom** というわけです。

ところで、世界でもっとも有名で一番よく使われている英文って何だと思われますか？（あいさつはのぞく）
これは私個人の意見ですが、ズバリ！！

I love you.　　　私はあなたを愛しています。

ここに出てくる **you** も目的格の **you** です。×主格のではない。

He loves her.　　彼は彼女を愛しています。

ここに出てくる **her** も目的格の **her** です。×所有格のではない。
所有格の場合、**her sister** のように言葉が続く。
目的格の **her** はそれ 1 語です。

STAGE 16
一般動詞の疑問文

　英語には be 動詞を使う be 動詞の文と、一般動詞を使う一般動詞の文がありましたね。
　これらはちがいます。ですからちがう呼び方をするわけです。
　一般動詞の疑問文を見ていきますが、be 動詞の文とは疑問文の作り方もちがいます。

　ここで軽く be 動詞の疑問文の作り方をおさらいしておきましょう。

［肯定文］ You are Tom.　　　　　あなたはトムです。
［疑問文］ Are you Tom?　　　　　あなたはトムですか。

［肯定文］ They are students.　　　彼らは学生です。
［疑問文］ Are they students?　　　彼らは学生ですか。

［肯定文］ He is a teacher.　　　　彼は先生です。
［疑問文］ Is he a teacher?　　　　彼は先生ですか。

> **おさらいポイント**　be 動詞の疑問文は肯定文にあるもので作られる。
> 　　　　　　　　　are や is が文の前に行って作られる。
> 　　　　　　　　　他のものは使わない。

一般動詞の疑問文は［肯定文］にはないものを使うことによって作られます。何を使おうかと多くの人が悩んだかもしれませんね。その時、だれかが言ったかも。この言葉を使ったらドゥ？（**Do ?**）

一般動詞の疑問文は、肯定文に **Do** をつけるだけでできます。楽ですよね。

| ［肯定文］ | You play tennis. | あなたはテニスをします。 |
| ［疑問文］ | Do you play tennis? | あなたはテニスをしますか。 |

| ［肯定文］ | They study English. | 彼らは英語を勉強します。 |
| ［疑問文］ | Do they study English? | 彼らは英語を勉強しますか。 |

Do のあとに肯定文が続く形になりますね。

［あなたは野球をしますか。］の場合には
Do you play baseball?

はい、（私は）します。　　いいえ、（私は）しません。
Yes, I do.　　　　　　　**No, I don't.**

［あなたは］と聞かれたら、［私は］となるので、
答えは **Yes, I do.** か **No, I don't.** になります。

［あなた方はサッカーをしますか。］の場合には
Do you play soccer?

はい、（私たちは）します。　　いいえ、（私たちは）しません。
Yes, we do.　　　　　　　　**No, we don't.**

［あなた方は］と聞かれたら、［私たちは］となるので、
答えは **Yes, we do.** か **No, we don't.** になります。

トムとケンはバスケットボールをしますか。
Do Tom and Ken play basketball?

はい、（彼らは）します。　　いいえ、（彼らは）しません。
Yes, they do.　　　　　**No, they don't.**

彼らは卓球をしますか。
Do they play table tennis?

> 彼ら
> 彼女たち ｝ は they

はい、（彼らは）します。　　いいえ、（彼らは）しません。
Yes, they do.　　　　　**No, they don't.**

> Doで聞いているので
> 代名詞のあとにdoがきます。

> Yes, No, のあとには代名詞がきます。
> 彼ら、彼女たち、どちらもtheyでしたね。

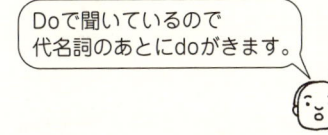

1人（単数）の場合の疑問文

英語は複数と単数の差が大きいと前に言いましたね。

［複数］　**They play tennis.**
［単数］　**He plays tennis.**

単数の方には1人を表す s がつく（**plays**）と言いました（**single** の法則）。主語が見えなくても **plays** を見ただけで、主語が単数だとわかります。疑問文を作る場合も、この **single** の法則が働きます。

103

［複数］　Do they play tennis?
　このDoに1人を表すsがつくのですが、×Dosでは言いにくいのでesがついてDoes（ダズ）になります。

［単数］　Does he play tennis?
　Doesのsもsingle、1人を表していると思ってください。

Doesがつくと×Does he plays tennis?では？という声が聞こえてきそうですね。
　肯定文ではplayとplaysだけで複数と単数を区別しましたね。
　疑問文ではDoとDoesだけで複数と単数を区別します。まっ先に目に止まりますからね。
　Doesでわかるので×playsのsはいらない、○playでOKというわけです。

　playsのうしろにDoesが隠れていてsだけがはみ出して見えている。
　Doesが前に行く時、playsのsも前に行くと考えてもOKです。

　ではplayのうしろにはDoが隠れているのかって？　冴えていますね。その通り、その考え方でOKです。

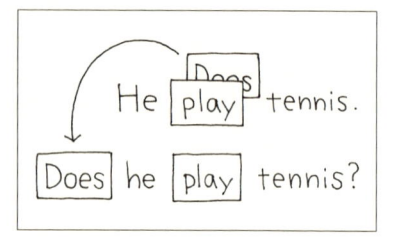

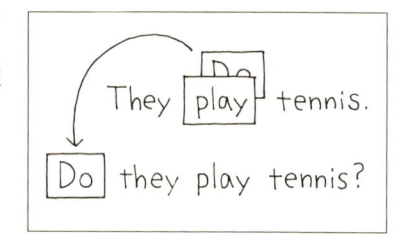

では単数の疑問文を見ておきましょう。

ボブはハンドボールをしますか。
Does Bob play handball?

はい、（彼は）します。　　　　　いいえ、（彼は）しません。
Yes, he does.　　　　　　　**No, he doesn't.**

彼は野球をしますか。
Does he play baseball?

はい、（彼は）します。　　　　　いいえ、（彼は）しません。
Yes, he does.　　　　　　　**No, he doesn't.**

ミカはソフトボールをしますか。
Does Mika play softball?

はい、（彼女は）します。　　　　いいえ、（彼女は）しません。
Yes, she does.　　　　　　**No, she doesn't.**

彼女はバレーボールをしますか。
Does she play volleyball?

はい、（彼女は）します。　　　　いいえ、（彼女は）しません。
Yes, she does.　　　　　　**No, she doesn't.**

> Doesで聞いているので代名詞のあとにdoesがきます。

> Yes, No,のあとには代名詞がきます。男性ならhe、女性ならsheです。

> I と You と複数の主語が Do で疑問文を作る。
> 肯定文では動詞の原形（例：play）を使う。
>
> 単数の主語（I と You はのぞく）が Does で疑問文を作る。
> 肯定文では動詞の原形に s がつく（例：plays）。

ではいろんな一般動詞の疑問文を見ていきましょう。

あなたはピアノを弾きますか。　　　はい、（私は）弾きます。
Do you play the piano?　　**Yes, I do.**

ミカとユミはフランス語を勉強しますか。　　はい、（彼女たちは）勉強します。
Do Mika and Yumi study French?　　**Yes, they do.**

メアリーは中国語を勉強しますか。　　いいえ、（彼女は）勉強しません。
Does Mary study Chinese?　　**No, she doesn't.**

彼らは公園へ行きますか。　　はい、（彼らは）行きます。
Do they go to the park?　　**Yes, they do.**

アンは図書館へ行きますか。　　いいえ、（彼女は）行きません。
Does Ann go to the library?　　**No, she doesn't.**

あなたは駅へ行きますか。　　はい、（私は）行きます。
Do you go to the station?　　**Yes, I do.**

フレッドは学校へ行きますか。　　　いいえ、(彼は) 行きません。
Doe s Fred go to school?　　　　No, he doesn't.

1人だよ

> チョット一息のコーナー

　　[公園へ] は [to the park]、[図書館へ] は [to the library]、[駅へ] は [to the station] というように park, library, station などの前には the がつくのに、[学校へ] は [to school]。なぜ the がないのか？ みなさん、どう思われますか。

　　時には「the が抜けていますよ」とか「the はいらないんですか」と、お電話くださる方もいらっしゃいます。よく勉強されている、レベルの高い質問だと思います。

　　結論は go to school に the はいらない。
　　何をしに行くかがわかっているからです。

　　[勉強しに行く] とわかっているから school の前に the はつかないのです。school の他にも the がつかないのがあるので紹介しておきましょう。

　　[I go to church.] [私は教会へ行きます。] (お祈りをしに行く)
　　[I go to bed at ten.] [私は 10 時に寝ます。] (寝に行く)

　　I go to bed. を直訳すると、[私はベッドへ行きます。] となりますが、[私は寝ます。] として使っていますよね。寝に行くことがわかっているからです。

go to school, go to church, go to bed は **the** がつかない。

わかっていただけましたね。

STAGE 17
一般動詞の否定文

次は、一般動詞の否定文を見ていきますが、be 動詞の文とは否定文の作り方も違います。

ここで軽く be 動詞の否定文の作り方をおさらいしておきましょう。

[肯定文]	I am Tom.	私はトムです。
[否定文]	I am not Tom.	私はトムではない。
	I'm not Tom.	私はトムではない。
[肯定文]	They are students.	彼らは学生です。
[否定文]	They are not students.	彼らは学生ではありません。
	They aren't students.	彼らは学生ではありません。
[肯定文]	He is a teacher.	彼は先生です。
[否定文]	He is not a teacher.	彼は先生ではありません。
	He isn't a teacher.	彼は先生ではありません。

> [おさらいポイント] be 動詞の否定文は肯定文に not を加えて作られる。
> am や are や is に否定を表す not をつけて作られる。

一般動詞の疑問文のところで、**Do you play tennis?** と **Do** を使いましたね。そして否定の答えで、**No, I don't.** というのを使いました。
　一般動詞の否定文では、この **don't（do not）** を主語の次につけるだけでできます。楽ですよね。

[肯定文]　You play tennis.　　　　　あなたはテニスをします。
[否定文]　You don't play tennis.　　　あなたはテニスをしません。
　　　　　You do not play tennis.　　あなたはテニスをしません。

> do not の短縮形が don't です。どちらでも OK です。

[肯定文]　They study English.　　　　彼らは英語を勉強します。
[否定文]　They don't study English.　彼らは英語を勉強しません。

　英語は言いたいことから前にきます。主語の次にさっそく否定の **don't** が入ります。
　動詞の前に **don't**、あるいは主語と動詞の間に **don't**、言っていることは同じなので自分のわかりやすい覚え方で **OK** です。楽しく学んでまいりましょう。

[君は野球をしません。] の場合には
You don't play baseball.

[君たちはサッカーをしない。] の場合には
You don't play soccer.

トムとケンはバレーボールをしません。
Tom and Ken don't play volleyball.

彼女たちは卓球をしません。
They don't play table tennis.

1人（単数）の場合の否定文

英語は複数と単数の差が大きいと前に言いましたね。

［複数］　**They play tennis.**
［単数］　**He plays tennis.**

単数の方には1人を表す s がつく（**plays**）と言いました（**single** の法則）。主語が見えなくても **plays** を見ただけで主語が単数だとわかります。否定文を作る場合もこの **single** の法則が働きます。

［複数］　**They do not play tennis.**
　　この **do** に1人を表す s がつくのですが、× **dos** では言いにくいので **es** がついて **does** になります。つまり、**do not** が **does not** になるわけです。

［単数］　**He does not play tennis.**
　　does の s も **single**、1人を表していると思ってください。

do not が don't に短縮できるように、does not も doesn't に短縮できます。

doesn't がつくと、× He doesn't plays tennis. では？という声が聞こえてきそうですが、肯定文では play と plays だけで複数と単数を区別しましたね。

否定文では don't と doesn't だけで複数と単数を区別します。すぐに目に止まりますからね。does not または doesn't でわかるので plays の s はいらない。

○ play で OK というわけです。

では、単数の否定文を見ておきましょう。

ボブはソフトボールをしません。
Bob does**n't play softball.**

（1人だよ）

彼はハンドボールをしません。
He doesn't play handball.

ミカは野球をしない。
Mika doesn't play baseball.

彼女はサッカーをしません。
She doesn't play soccer.

> I と You と複数の主語の場合、**don't** で否定文を作る。
> 肯定文の時、動詞の原形（例：**play**）を使う。
>
> 単数の主語（I と You はのぞく）の場合、**doesn't** で否定文を作る。
> 肯定文の時、動詞の原形に **s** がつく（例：**plays**）。

ではいろんな一般動詞の否定文を見ていきましょう。

私はピアノを弾きません。

I don't play the piano.

メアリーとジェーンはフランス語を勉強しません。

Mary and Jane don't study French.

彼らは図書館へは行きません。

They don't go to the library.

あなたは日本語を話さない。

You don't speak Japanese.

トムは川で泳ぎません。

Tom doesn't swim in the river.

彼女はヘビが好きではない。

She doesn't like snakes.

彼はニンジンを食べません。

He doesn't eat a carrot.

私の弟は辞書をもっていません。

My brother doesn't have a dictionary.

ナンシーは中国語を勉強しません。

Nancy doesn't study Chinese.

- 疑問文、否定文になると動詞は原形になる。Do, Does や don't, doesn't のちがいだけ。
- doesn't のあとは動詞の原形（例：play）になっていますね。
- 肯定文は気をつけよう。play, plays のちがいがある。

STAGE 18
もう少し長い一般動詞の文

　英語は言いたいことからはじまるので、短い文も長い文も出だしは同じです。

私はテニスをします。
I play tennis.

私はケンとテニスをします。
I play tennis | with Ken. |

> tennis で区切るとわかりやすいよ。

私は公園でテニスをします。
I play tennis | in the park. |

私は放課後テニスをします。
I play tennis | after school. |

私は自分の部屋で手紙を書きます。
I write a letter | in my room. |

僕の兄は図書館で英語を勉強します。
My brother studies English | in the library. |

私は友達と一緒に学校へ行きます。

I go to school with my friend (s).

私たちは自転車で学校へ行きます。

We go to school by bike.

僕たちは毎日、学校へ行きます。

We go to school every day.

カタマリで区切ってみよう。

私の父は朝食のあと、新聞を読みます。

My father reads | a newspaper | after breakfast. |

私の父は居間で新聞を読みます。

My father reads | a newspaper | in the living room. |

あなたは上手に日本語を話します。

You speak Japanese well.

彼の妹はとても上手にその歌を歌います。

His sister sings the song very well.

彼女のお兄さんはとても速く走ります。

Her brother runs very fast.

彼女のお兄さんは僕といっしょに走ります。

Her brother runs with me.

彼は海で泳ぎます。

He swims in the sea.

私の母は毎朝早く起きます。

My mother gets up early every morning.

僕は 11 時に寝ます。

I go to bed at eleven.

STAGE 19
さらに長い一般動詞の文

英語はカタマリとその並べ方と言ってきました。
ここは心強いページになると思いますよ。

ではここで、［人］と［場所］と［時間］の関係を見ておきましょう。
想像してみてください、あなたが公園にいて上空を太陽が動いているところを。

小さい順に［人］＜［場所］＜［時間］
となります。

私は 毎朝、公園で ケンとテニスをします。
私は 毎朝、ケンと 公園でテニスをします。
私は 公園で 毎朝、ケンと テニスをします。
私は 公園で ケンと 毎朝、テニスをします。
私は ケンと 毎朝、公園で テニスをします。
私は ケンと 公園で 毎朝、テニスをします。

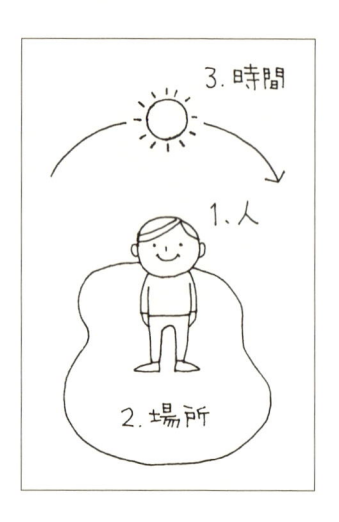

I play tennis with Ken in the park every morning.

I play tennis のあと、残るのは
　　［人］ケンと　　　with Ken
　　［場所］公園で　　in the park

[時間] 毎朝　every morning

［人］＜［場所］＜［時間］の順なので、
<u>with ken in the park every morning</u>　の順になります。

どの和文も英作すると同じになります。

I play tennis | with Ken | in the park | every morning. |

英作を考えてみましょう。

私は ケンと 公園で テニスをします。
私は 公園で ケンと テニスをします。
I play tennis with Ken in the park.

僕の兄は アンと 図書館で 英語の勉強をします。
僕の兄は 図書館で アンと 英語の勉強をします。
My brother studies English with Ann in the library.

私の妹は 友達と 居間で テレビを見ます。
私の妹は 居間で 友達と テレビを見ます。
My sister watches TV with her friend in the living room.

私は ケンと 毎朝 テニスをします。
私は 毎朝 ケンと テニスをします。
I play tennis with Ken every morning.

僕の兄は アンと 放課後、英語の勉強をします。
僕の兄は 放課後、アンと 英語の勉強をします。
My brother studies English with Ann after school.

私の妹は 毎日、友達と テレビを見ます。
私の妹は 友達と 毎日、テレビを見ます。
My sister watches TV with her friend every day.

私は 毎朝、公園で テニスをします。
私は 公園で、毎朝 テニスをします。
I play tennis in the park every morning.

僕の兄は 放課後、図書館で 英語を勉強します。
僕の兄は 図書館で放課後、英語を勉強します。
My brother studies English in the library after school.

私の妹は 毎日、居間で テレビを見ます。
私の妹は 居間で 毎日、テレビを見ます。
My sister watches TV in the living room every day.

僕の兄は 放課後、図書館で アンと 英語の勉強をします。
僕の兄は アンと 放課後、図書館で 英語の勉強をします。
My brother studies English with Ann in the library after school.

私の妹は 友達と 毎日、居間で テレビを見ます。
私の妹は 毎日、友達と 居間で テレビを見ます。

My sister watches TV with her friend in the living room every day.

英語はカタマリとその並べ方。
わかれば文が長くても決してむずかしくはありません。
むしろやる気になりますね。

STAGE 20
5W1Hの一般動詞の疑問文

　[**When** いつ、**Where** どこで、**What** 何を、**Who** だれが、**Why** なぜ、**How** どうやって] こういうのが 5W1H の疑問詞と呼ばれるものです。

Yes, No, で答えられない疑問文

これまで見てきた疑問文は

Do you study? といったものでした。当然ながら
Yes, I do. あるいは
No, I don't.

というように、**Yes,** または **No,** で答えられるものでした。
　[あなたは勉強しますか。] と聞かれれば [はい、します。] [いいえ、しません。] と、答えられます。

　ここからは **Yes, No,** で答えられない [あなたは何を勉強しますか。] というような疑問文を見ていきます。
　[あなたは何を勉強しますか。] と聞かれ、× [はい、します。] × [いいえ、しません。] はおかしいですよね。

　英語は言いたいこと、聞きたいことからはじまる（前に来る）ので、[あ

なたは何を勉強しますか。］の場合、まずは［何］、次に残った［あなたは勉強しますか。］、したがって○［**What do you study?**］になります。

他の文も見てみましょう。

あなたはいつ英語を勉強するのですか。
When do you study English?

あなたはどこで英語を勉強するのですか。
Where do you study English?

あなたはなぜ英語を勉強するのですか。
Why do you study English?

次は下線部をたずねる問題です。

今までのことがわかると、下線部を聞く問題が簡単に解けます。

I study Japanese in the class every day.
（私は毎日、教室で日本語を勉強します。）

下線部の **every day** を聞く場合
every day を聞く言葉 **When** を使い、あとの文を疑問文に直します。

When do you study Japanese in the class?　　でき上がりです。
（あなたはいつ、教室で日本語を勉強しますか。）

下線部の <u>in the class</u> を聞く場合

in the class を聞く言葉 **Where** を使い、あとの文を疑問文に直します。

<u>Where</u> do you study Japanese every day?　　でき上がりです。
（あなたはどこで毎日、日本語を勉強しますか。）

下線部の **Japanese** を聞く場合

Japanese を聞く言葉 **What** を使い、あとの文を疑問文に直します。

<u>What</u> do you study in the class every day?　　でき上がりです。
（あなたは何を毎日、教室で勉強しますか。）

もう少し見てみましょう。

あなたはいつ、教室でフランス語を勉強しますか。

When do you study French in the class?

あなたはどこで毎日、ドイツ語の勉強をしますか。

Where do you study German every day?

あなたは何を毎日、この部屋で勉強しますか。

What do you study in this room every day?

簡単ですね。それでは他の文も見ていきましょう。

He studies <u>Chinese</u> in the <u>library</u> <u>after school</u>.
（彼は放課後、図書館で中国語を勉強します。）

after school を聞く When に変えて、残りを疑問文。

When does he study Chinese in the library?
(彼はいつ図書館で中国語を勉強しますか。)

in the library を聞く Where に変えて、残りを疑問文。

Where does he study Chinese after school?
(彼はどこで放課後、中国語を勉強しますか。)

Chinese を聞く What に変えて、残りを疑問文。

What does he study in the library after school?
(彼は放課後、図書館で何を勉強しますか。)

> 疑問文（否定文も）では動詞は原形を使うというルールがありました。
> 主語が1人（he）でも動詞は原形。
> he studies → does he study になる。

［いつ］［どこで］［何を］［なぜ］［だれが］というような言葉があれば、まずそれを英作。その後、残りを英作でしたよね。

彼はいつ図書館でイタリア語を勉強しますか。
When does he study Italian in the library?

彼は放課後どこでスペイン語を勉強しますか。
Where does he study Spanish after school?

彼は毎朝、あの部屋で何を勉強しますか。

What does he study in that room every morning?

5W1Hの疑問詞のあとは普通の疑問文なので簡単ですね。
文の作り方、並べ方などルールがわかれば楽しいでしょう。
この調子で進んでいきましょう。

下線部をたずねる問題をもう少し見ておきましょう。

I go to school by bus every morning.
（私は毎朝、バスで学校へ行きます。）

下線部の **by bus** を聞く場合
by bus を聞く言葉 **How**（どうやって）を使い、疑問文にします。

How do you go to school every morning?
（あなたは毎朝どうやって学校に行きますか。）

When do you go to school by bus?
（あなたはいつバスで学校へ行きますか。）

I get up at six in the morning.
（私は朝 6 時に起きます。）

下線部の **at six** を聞く場合
at six を聞く言葉 **What time**（何時に）を使い、疑問文にします。

What time do you get up in the morning?

（あなたは朝、何時に起きますか。）

My sister goes to bed <u>at nine</u> at night.

（私の妹は夜9時に寝ます。）

What time does your sister go to bed at night?

（あなたの妹は夜、何時に寝ますか。）

> 疑問文（否定文も）では動詞は原形なので goes は原形の go になる。
> My sister（私の妹）が疑問文では your sister（あなたの妹）になる。
> （I が疑問文では you になるように）

I have <u>five books</u> in my bag.

（私は私のカバンの中に5冊の本をもっています。）

下線部の **<u>five books</u>** を聞く場合

five books を聞く言葉 **How many books** を使い、疑問文に直します。複数を聞くから **How many** を使うので、次の名詞は必ず複数（例：**books**）。

How many books do you have in your bag?

（あなたはあなたのカバンの中に何冊の本をもっていますか。）

ルールを思い出して見ていきましょう。

5W1H の疑問詞があればまず英作、それから残りの疑問文でしたね。

君の妹は毎朝どうやって学校へ行きますか。

How does your sister go to school every morning?

あなたはいつ列車で学校へ行きますか。

When do you go to school by train?

あなたは朝、何時に起きますか。

What time do you get up in the morning?

あなた方は夜、何時に寝ますか。

What time do you go to bed at night?

君は（君の）机の中に何冊の本をもっていますか。

How many books do you have in your desk?

彼女はカバンの中に何冊の辞書をもっていますか。

How many dictionaries does she have in her bag?

あの幼い少女は（彼女の）両手の中に何をもっていますか。

What does that little girl have in her hands?

これらが、これからの勉強の基本になります。ここまで **OK** ですよね。

気をつけたい疑問詞、Why と Who

Why（なぜ）と聞かれたら、Because（なぜなら）と理由を答えます。

Why do you study English?　なぜあなたは英語を勉強するのですか。
Because I like English.　なぜなら私は英語が好きだから。

Why と呼べば Because と答える。
昔、こんな感じの歌がはやったんですよ！（♪あなーたと呼べーば、あなーたと答える♪）ご存じないでしょうね。
でも、もう覚えましたね。

Who（だれ）の場合、
Who をたずねる He と入れ替えると、
He studies English after school.　彼は放課後、英語を勉強します。
Who studies English after school?　だれが放課後、英語を勉強しますか。

Who（だれ）を使う場合は Who を使うだけ。
studies は疑問文でもそのままです。

Who（だれ）は単数なので、現在の場合、動詞は s のつく形になります。

だれがギターを弾きますか。
Who plays the guitar?

だれがプールで泳ぎますか。
Who swims in the pool?

だれがテレビを見ますか。
Who watches TV?

わかっていただけたと思います。**Why** と **Who** は注意。気をつけよう、暗い夜道と 3 文字の疑問詞！

STAGE 21
一般動詞の過去の文

> I played ～．　（私は～をしました。）
> You played ～．　（あなたは～をしました。）
> He played ～．　（彼は～をしました。）

という文を見ていきますが、その前に、先の一般動詞の文のおさらいをしておきましょう。英語には現在、過去、未来というように時制（時代）というものがあります。これは大切。

さて、前に出てきた

I play ～．　　（私は～をします。）
You play ～．　（あなたは～をします。）
He plays ～．　（彼は～をします。）

というのは現在の時代を表す文。現在の時制の一般動詞の文ということです。

ここまでは **OK** ですね。

そして動詞ですが play と plays を使います。
I と You と複数は play（動詞の原形）を使う。
He や She、単数は plays（動詞に s がつく）を使う。〔IとYouはのぞく。〕

現在時制ではこれだけ気をつければ **OK** ということでした。

では、過去時制では何に気をつければよいでしょうか。
最初に書きましたように

I played
You played
He played

過去時制では主語が **I** でも **You** でも **We** でも **They** でも **He** でも **She** でも、同じ過去の動詞を使います。

主語が複数だろうが単数だろうが、同じ過去の一般動詞しか使いません。すべて同じ動詞です。

過去時制では何に気をつければよいか？ということですが、特に気をつけることはないようです。よかったですね。

過去時制の方が現在時制より簡単じゃないか！って。私もそう思います。簡単だと思える自分を楽しみながら進んでいきましょう。

そう、わかれば英語は簡単です。

英作の仕方、文の作り方は現在も過去も同じです。ですから、

［私はテニスをしました。］の場合には
I played tennis.

［あなたは野球をしました。］の場合には
You played baseball. になります。

彼らはサッカーをしました。
They played soccer.

> しました。
> 「た」で終わると過去でしたね。

彼は卓球をしました。
He played table tennis.

彼女はピアノを弾きました。
She played the piano.

では他の過去の一般動詞の文も見ておきましょう。

私の弟はネコが好きでした。
My brother liked cats.

> like は e で終わるので d をつけて ed の形になる。○ liked × likeed
> like の次の言葉は複数（数えられる場合）

私の姉は彼女の友人たちを助けた。
My sister helped her friends.

トムと僕はその野球の試合を見ました。
Tom and I watched the baseball game.

彼はロンドンに住んでいました。
He lived in London.

彼女たちはこの前の日曜日、沖縄を訪問しました。
They visited Okinawa last Sunday.

> [visit 〜を訪問する]
> ○ visit Okinawa
> × visit to Okinawa
> to は不要

私の母はたくさんのお皿を洗いました。
My mother washed many dishes.

私たちは昨日、公園を歩きました。
We walked in the park yesterday.

彼らはとても一生懸命に働いた。
They worked very hard.

私は2日前に手紙を受け取りました。
I received a letter two days ago.

僕たちは自分たちの国について話した。
We talked about our country.

ケンは昨日、空手を練習しました。
Ken practiced karate yesterday.

メアリーは日本語を学びました。
Mary learned Japanese.

> チョット一息のコーナー

私は英語の勉強をした。

I studied English.

  * **study** の過去形は○ **studied**、× **studyed**

   y の前が d（子音）なので y を i に変えて ed となります。
   y をカットして ied と考えても同じなので OK。

  * **play** のように y の前が a（母音）の場合、ed をつける
   だけで OK。母音の特別待遇といったところです。

ここまで見てきた動詞 played, liked, helped, watched, washed, learned, studied などは終わりの 2 文字を規則正しく ed にすることで過去形に変化していますね。ですから、こういう動詞を規則動詞と呼んでいます。そのままですね。

STAGE 22
一般動詞の過去の疑問文

では現在の疑問文と過去の疑問文とを見比べてみましょう。

[現在の疑問文]　Do you play tennis?　あなたはテニスをしますか。
[過去の疑問文]　Did you play tennis?　あなたはテニスをしましたか。

この Did には疑問ですよという意味と、過去ですよという意味があります。Did のあとは you play tennis という普通の文がつくだけです。簡単ですね。

英語は言いたいことからはじまります。Do は現在、Did は過去という風に。

では、もう少し見ておきましょう。

あなたは昨日テニスをしましたか。
Did you play tennis yesterday?

> Did で過去とわかるから play でいいんだよ。

はい、（私は）しました。　　　いいえ、（私は）しませんでした。
Yes, I did.　　　　　　　　**No, I didn't.**

トムは私の弟と卓球をしましたか。
Did Tom play table tennis with my brother?

はい、（彼は）しました。　　いいえ、（彼は）しませんでした。
Yes, he did.　　**No, he didn't.**

メアリーは昨夜、ピアノを弾きましたか。
Did Mary play the piano last night?

はい、（彼女は）弾きました。　　いいえ、（彼女は）弾きませんでした。
Yes, she did.　　**No, she didn't.**

あなたのお姉さんはその時、彼女の友人たちを助けたのですか。
Did your sister help her friends then?

はい、（彼女は）助けました。　　いいえ、（彼女は）助けませんでした。
Yes, she did.　　**No, she didn't.**

ボブと彼の友人たちはこの公園でサッカーをしましたか。
Did Bob and his friends play soccer in this park?

はい、（彼らは）しました。　　いいえ、（彼らは）しませんでした。
Yes, they did.　　**No, they didn't.**

君とフレッドはその野球の試合を見たのかい。
Did you and Fred watch the baseball game?

はい、（僕たちは）見ました。　　いいえ、（僕たちは）見ませんでした。
Yes, we did.　　**No, we didn't.**

彼はパリに住んでいましたか。
Did he live in Paris?

彼らはこの前の土曜日、北海道を訪問しましたか。
Did they visit Hokkaido last Saturday?

君の妹は何枚かのお皿を洗いましたか。
Did your sister wash any dishes?

> 肯定文では［いくつかの some］が疑問文、否定文では［any］に変わる。

あなたたちは昨日、この公園を歩きましたか。
Did you walk in this park yesterday?

彼らは一生懸命働きましたか。
Did they work hard?

あなたはその手紙を受け取りましたか。
Did you receive the letter?

> 単なる手紙は a letter、その手紙は the letter

君たちは自分たちの国について話しましたか。
Did you talk about your country?

ケンは昨日、柔道の練習をしましたか。
Did Ken practice judo yesterday?

ナンシーは日本語を学びましたか。
Did Nancy learn Japanese?

あなたは一生懸命英語を勉強しましたか。

Did you study English hard?

君は3日前、彼らを助けましたか。

Did you help them three days ago?

STAGE 23
一般動詞の過去の否定文

ではここでも、現在の否定文と過去の否定文とを見比べてみましょう。

[現在の否定文]　I don't play tennis.　　私はテニスをしません。
[過去の否定文]　I didn't play tennis.　　私はテニスをしませんでした。

この **didn't** には否定ですよという意味と、過去ですよという意味があります。I play tennis. の文に **didn't** が入った形になるだけです。簡単ですね。

私は昨日、テニスをしなかった。
I didn't play tennis yesterday.

> didn'tで過去とわかるからplayでいいんだよ。

あなたは昨夜、ピアノを弾かなかった。
You didn't play the piano last night.

いい感じですね。もう少し見ておきましょう。

ボブはケンといっしょに遊ばなかった。
Bob didn't play with Ken.

私の弟は犬が好きではなかった。
My brother didn't like dogs.

彼はニューヨークには住んでいなかった。
He didn't live in New York.

私たちはその時、その都市を訪問しなかった。
We didn't visit the city then.

私の姉は夕食の料理をしなかった。
My sister didn't cook dinner.

彼は昨日、お兄さんを手伝わなかった。
He didn't help his brother yesterday.

彼らは前の日曜日、野球をしなかった。
They didn't play baseball last Sunday.

僕たちは昨日、公園を歩かなかった。
We didn't walk in the park yesterday.

私はその手紙を受け取らなかった。
I didn't receive the letter.

彼らは自分たちの国について話さなかった。
They didn't talk about their country.

ケンは前の金曜日、剣道の練習をしなかった。

Ken didn't practice kendo last Friday.

マイクと僕はそのソフトボールの試合を見なかった。

Mike and I didn't watch the softball game.

メアリーは中国語を学ばなかった。

Mary didn't learn Chinese.

STAGE 24
不規則動詞の文

　ここまで一般動詞の過去形を見てきました。
　その中で **play** が **played** に、**help** が **helped** に、というように規則正しく変化する動詞を見てきました。規則動詞と呼ばれていましたね。

　規則動詞があるのなら、不規則動詞と呼ばれるものもあるのかしら？という声が聞こえてきそうですね。はい、あります。では、ゆっくりと見ていきましょう。

　不規則動詞の代表選手といえば、やはり **go** の過去形の **went** でしょうか。
　なんでこんなに変わるの？と私も思いますが、仕方ないですね。なんとかならないのか？と思われた方、本の中になんとかなる方法を入れておきますので頑張ってくださいませ。

　不規則動詞は現在と過去をセットで押さえた方がよいので、そのようにして見ていきましょう。

　［現在］　私は学校へ行きます。
　　　　　I go to school.
　［過去］　私は学校へ行きました。
　　　　　I went to school.

動詞を見比べながら見ていきましょう。

[現在]　彼らはこの場所へ来ます。
　　　　They come to this place.

[過去]　彼らはこの場所へ来ました。
　　　　They came to this place.

> すぐ頭に浮かぶといいですね！

[現在]　私は美しい絵（1枚）をもっている。
　　　　I have a beautiful picture.

[過去]　私は美しい絵（1枚）をもっていた。
　　　　I had a beautiful picture.

[現在]　あなたは英語を教えます。
　　　　You teach English.

[過去]　あなたは英語を教えました。
　　　　You taught English.

[現在]　僕はハガキを買います。
　　　　I buy a postcard.

[過去]　僕はハガキを買いました。
　　　　I bought a postcard.

[現在]　私は手紙を書きます。
　　　　I write a letter.

[過去]　私は手紙を書きました。
　　　　I wrote a letter.

[現在]　彼女たちはフランス語を話します。
　　　　They speak French.

[過去]　彼女たちはフランス語を話しました。
　　　　They spoke French.

[現在]　私たちはフランスパンを作ります。
　　　　We make French bread.

[過去]　私たちはフランスパンを作りました。
　　　　We made French bread.

[現在]　彼らは素敵な家を建てます。
　　　　They build a nice house.

[過去]　彼らは素敵な家を建てました。
　　　　They built a nice house.

[現在]　彼らは私に自分たちの家族について話します。
　　　　They tell me about their family.

[過去]　彼らは私に自分たちの家族について話しました。
　　　　They told me about their family.

さあ、いかがでしょうか。楽勝という人もいれば、ちょっと大変という人もいるかもしれませんね。でも不規則動詞がちょっと大変なのは肯定文だけですから、はりきってぼちぼちまいりましょう。
　文の作り方はいつも通り、〜はから動詞へとび移る、人呼んで**ワープの法則**。やっぱり私だけがそう呼んでいるようですね。

　過去では主語に関係なく、同じ動詞を使うんでしたよね。動詞に注意して、もう少し見ておきましょう。

私のおじさんは昨年、オーストラリアに行きました。
My uncle went to Australia last year.

ポイントはカタマリと並べ方だよ。

僕の弟は昨夜、10時に寝ました。
My brother went to bed at ten last night.

私のおばさんは美しい宝石箱をもっていました。
My aunt had a beautiful jewel box.

あなたは3年前、私に1冊の本をくれました。
You gave me a book three years ago.

デーヴィッドは昨日、校庭を走りました。
David ran in the schoolyard yesterday.

僕は 2 日前に赤トンボを捕まえた。
I caught a red dragonfly two days ago.

私は先月、そのパーティーでフレッドに会った。
I met Fred at the party last month.

> はじめて会う場合 meet, met

私は駅で再び彼に会った。
I saw him at the station again.

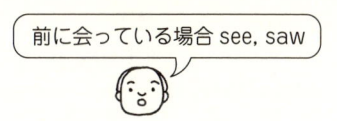

> 前に会っている場合 see, saw

私は彼女といっしょに楽しい（よい）時間を過ごしました（もちました）。
I had a good time with her.

不規則動詞の疑問文

さて、ここからは疑問文ですが、一般動詞の過去ですから、**Did ではじまって動詞は原形**に戻る。つまり **went** が **go** に戻るということ。疑問文、否定文の方が簡単かもしれませんね。肯定文と疑問文で見ておきましょう。

［肯定文］　　**You went to school.**　　あなたは学校へ行きました。
［疑問文］　　**Did you go to school?**　　あなたは学校へ行きましたか。

ご覧の通り、過去でも疑問文になると、見なれた現在の動詞になるという訳です。

次に疑問文を［現在］と［過去］で見ておきましょう。

[現在] Do you go to school? あなたは学校へ行きますか。

[過去] Did you go to school? あなたは学校へ行きましたか。

[現在] Do they come to this place? 彼らはこの場所に来ますか。

[過去] Did they come to this place? 彼らはこの場所に来ましたか。

[現在] Does she have a beautiful bag? 彼女は美しいカバンをもっていますか。

[過去] Did she have a beautiful bag? 彼女は美しいカバンをもっていましたか。

Do, Does のあとも Did のあとも同じ動詞、同じ文ですね。
ではこの調子で、どんどん進んでいきましょう。

あなたはこの学校で英語を教えたのですか。　はい、教えました。
Did you teach English in this school?　Yes, I did.

君は新しいコンピュータを買ったのかい。　いいえ、買いませんでした。
Did you buy a new computer?　No, I didn't.

メアリーはその時フランス語を話しましたか。　はい、話しました。
Did Mary speak French then?　Yes, she did.

ボブは昨日、手紙を書きましたか。　　　いいえ、書きませんでした。
Did Bob write a letter yesterday?　　**No, he didn't.**

あなたのおじさんは去年オーストリアに行ったの（ですか）。
Did your uncle go to Austria last year?

疑問文は
はじめに時制だね。

ナンシーの弟は昨夜8時に寝たのですか。
Did Nancy's brother go to bed at eight last night?

あなたのおばさんは白い箱をもっていましたか。
Did your aunt have a white box?

彼はあなたに1冊の辞書をくれましたか。
Did he give you a dictionary?

マイクは昨日、校庭を走りましたか。
Did Mike run in the schoolyard yesterday?

トムは昨日、カブトムシを捕まえたの（ですか）。
Did Tom catch a beetle yesterday?

あなたは先月そのパーティーでフレッドに会ったのですか。
Did you meet Fred at the party last month?

あなたは駅で再び彼に会ったのですか。
Did you see him at the station again?

あなたは彼といっしょに楽しい時間を過ごしましたか。
Did you have a good time with him?

英語は言いたいことからはじまります。**Did** で過去と疑問文だとわかるので、あとは原形の動詞に変わる。これがわかると英語は楽ですよ。

```
Do you 〜 ?      で現在を
Did you 〜 ?     で過去を、そして
Will you 〜 ?    で未来を
```

もうわかっていただけましたね。
次は下線部をたずねる文をやってみましょう。

一般動詞の現在の時にやりましたが、過去でも同じようにやれば **OK** です。

He taught us English in the class yesterday.
(彼は昨日、私たちに教室で英語を教えました。)

<u>yesterday</u> を聞く場合、**When** に変えて残りを疑問文。
When did he teach you English in the class?
(彼はいつ君たちに教室で英語を教えましたか。)

> 肯定文にあった us（私たちに）が疑問文では you（君たちに）に変わる。

<u>in the class</u> を聞く場合、**Where** に変えて残りを疑問文。
Where did he teach you English yesterday?
（彼は昨日どこで君たちに英語を教えましたか。）

<u>English</u> を聞く場合、**What** に変えて残りを疑問文。
What did he teach you in the class yesterday?
（彼は昨日、君たちに教室で何を教えましたか。）

と、いうことでした。では引き続き英作を考えてみましょう。
　［いつ］［どこで］［何を］［なぜ］［だれが］というような、一言で質問できる言葉をまず英作、その後、残りを英作でしたよね。

彼は<u>いつ</u>あなたにポルトガル語を教えましたか。
When did he teach you Portuguese?

彼は<u>どこで</u>あなたにギリシャ語を教えましたか。
Where did he teach you Greek?

彼は前の日曜日、あなたに<u>何を</u>教えましたか。
What did he teach you last Sunday?

5W1H の疑問詞のあとは、普通の過去の疑問文なので簡単ですね。
文の作り方、並べ方などルールがわかれば楽しいでしょう。
この調子で進んでいきましょう。

下線部を聞く問題をもう少し見ておきましょう。

I went to church by bike last Sunday.
（私は前の日曜日、自転車で教会へ行きました。）

by bike を聞く言葉、How に変えて残りを疑問文。
How did you go to church last Sunday?
（あなたは前の日曜日、どうやって教会へ行ったのですか。）

I got up at seven yesterday morning.
（私は昨日の朝7時に起きました。）

at seven を聞く言葉、What time に変えて残りを疑問文。
What time did you get up yesterday morning?
（あなたは昨日の朝、何時に起きましたか。）

I had five books in my bag then.
（私はその時、カバンの中に5冊の本をもっていました。）

five books を聞く言葉、How many books に変えて残りを疑問文。
How many books did you have in your bag then?
（あなたはその時、カバンの中に何冊の本をもっていましたか。）

さらに楽しく見ていきましょう。

あなたは昨日どうやって図書館へ行ったのですか。
How did you go to the library yesterday?

> [go to the library] で [図書館へ行く]。
> in the library で使うことも多いですが、
> ○ go to はセット、正しい。
> × go in は強引、間違い。

彼は昨夜、何時に寝ましたか。
What time did he go to bed last night?

その少年は両手の中に何枚のコインをもっていましたか。
How many coins did the boy have in his hands?

あなたはこの学校で何を教えたのですか。
What did you teach in this school?

君はいつ新しいコンピュータを買ったのですか。
When did you buy a new computer?

彼のおじさんはいつ英国へ行ったのですか。
When did his uncle go to the UK?

> United Kingdom
> ユナイティッド キングダム

彼女はその箱の中に何をもっていましたか。
What did she have in the box?

彼はその時、何冊の本をあなたにくれましたか。
How many books did he give you then?

マイクはなぜ校庭を走ったのですか。
Why did Mike run in the schoolyard?

トムは昨日、何匹のカブトムシを捕まえたのですか。
How many beetles did Tom catch yesterday?

あなたのお父さんはいつ郵便受けを作りましたか。
When did your father make a mailbox?

彼女はなぜ一生懸命この本を書いたのですか。
Why did she write this book hard?

さあ、いかがでしょうか。わりと簡単だなーと思っていただけると、かなり理解できているということなんですけど。では楽しく続けてまいりましょう。

不規則動詞の否定文

さて、ここからは否定文ですが、一般動詞の過去ですから didn't で否定して動詞は原形に戻る。つまり went が go に戻るということ。
この方が簡単かもしれませんね。肯定文と否定文で見ておきましょう。

[肯定文]　You　　　　　went to school.　あなたは学校へ行きました。
[否定文]　You didn't go　　to school.　あなたは学校へ行きませんでした。

ご覧の通り、過去でも否定文になると見なれた現在の動詞になるという訳です。

次に否定文を［現在］と［過去］で見ておきましょう。

［現在］You don't go to school. あなたは学校へ行きません。
［過去］You didn't go to school. あなたは学校へ行きませんでした。

［現在］They don't come to this place. 彼らはこの場所に来ません。
［過去］They didn't come to this place. 彼らはこの場所に来ませんでした。

［現在］She doesn't have a beautiful bag. 彼女は美しいカバンをもっていません。
［過去］She didn't have a beautiful bag. 彼女は美しいカバンをもっていませんでした。

don't, doesn't のあとも **didn't** のあとも同じ動詞、同じ文ですね。
ではこの調子でどんどん進んでいきましょう。

私は数学を教えなかった。
I didn't teach math.

彼は新しい車を買わなかった。

He didn't buy a new car.

ジェーンはその時、日本語を話しませんでした。

Jane didn't speak Japanese then.

ロイは昨日、手紙を書きませんでした。

Roy didn't write a letter yesterday.

私のおじさんは去年、合衆国へ行かなかった。

My uncle didn't go to the USA last year.

> United States of America

彼女の弟は昨夜、早く寝なかった。

Her brother didn't go to bed early last night.

僕のおばさんは黒い箱をもっていなかった。

My aunt didn't have a black box.

彼は私にハガキをくれなかった。

He didn't give me a postcard.

ケンは昨日、公園を走らなかった。

Ken didn't run in the park yesterday.

タマは昨日、ネズミを捕まえなかった。

Tama didn't catch a mouse yesterday.

私たちはそのパーティーで彼女に会わなかった。
We didn't meet her at the party.

あなた方はその時、立ち上がりませんでした。
You didn't stand up then.

私たちはオーストラリアの英語がわかりませんでした。
We didn't understand Australian English.

英語は言いたいことからはじまります。**didn't** で過去と否定文だとわかるので、あとは原形の動詞に変わる。これがわかると英語は楽ですよ。

```
I don't 〜 .    で現在を
I didn't 〜 .   で過去を、そして
I won't 〜 .    で未来を
```

もうわかっていただけましたね。

STAGE 25
一般動詞の未来の文

> I will play ～. （私は～をするでしょう。するつもりです。）
> You will play ～. （あなたは～をするでしょう。するだろう。）
> He will play ～. （彼は～をするでしょう。するだろう。）

という文を見ていきますが、その前に、先の一般動詞の文のおさらいをしておきましょう。

　英語には現在、過去、未来というように、時制（時代）というものがあります。これは大切。

　さて、前に出てきた

　I play ～. 　　（私は～をします。）
　You play ～. 　（あなたは～をします。）
　He plays ～. 　（彼は～をします。）

というのは現在の時代を表す文。現在の時制の一般動詞の文ということです。ここまでOKですね？

　動詞ですがplayとplaysを使います。
　IとYouと複数はplay（動詞の原形）を使う。
　HeやShe、単数はplays（動詞にsがつく）を使う。

現在時制では、これだけ気をつければOKということでした。

未来時制では主語が I でも You でも We でも They でも He でも She でも同じ <u>will ＋動詞の原形</u>を使います。主語に関係なく未来ではすべて will play の形で OK。

未来を表す一般動詞というのは実はありません。
そこで未来を表せる will に来てもらっているんです。
will は動詞を助ける言葉で、助動詞と呼ばれています。そのままですね。
未来を表す will ＋ play で will play、未来の一般動詞の文を作っています。

助動詞は動詞よりも強いようで、必ず動詞の前に入ります。
助動詞が入ると、あとの動詞は原形になります（原形に戻ります）。

I play	に	will	が入ると	I will play
You play	に	will	が入ると	You will play
We play	に	will	が入ると	We will play
They play	に	will	が入ると	They will play
He plays	に	will	が入ると	He will play
She plays	に	will	が入ると	She will play

になりますよね。

I, You, 複数の主語はもともと原形を使っています。
He, She, 単数の主語も will play になります。
主語に関係なく未来ではすべて will play の形で OK というのは、こういうことだったんですね。納得！

未来時制では何に気をつければよいか？ということですが、特に気をつけることはないようです。よかったですね。

英作の仕方、文の作り方は現在も未来も同じです。
ですから

［私はテニスをするつもりです。］の場合には
I will play tennis.

［私たちは野球をするつもりです。］の場合には
We will play baseball. になります。

彼は卓球をするでしょう。
He will play table tennis.

彼女はピアノを弾くでしょう。
She will play the piano.

では他の未来の一般動詞の文も見ておきましょう。

私の姉は彼女の友人たちを助けるでしょう。
My sister will help her friends.

主語が何でも動詞は原形。

トムと僕は次の日曜日、教会へ行くだろう。
Tom and I will go to church next Sunday.

彼らは来年、日本に来るでしょう。
They will come to Japan next year.

私の弟は今度の土曜日、空手の練習をするだろう。
My brother will practice karate next Saturday.

私たちは次の金曜日、公園を歩くつもりです。
We will walk in the park next Friday.

あなたは来週その手紙を受け取るでしょう。
You will receive the letter next week.

私たちは私たちの先生について話すつもりです。
We will talk about our teacher. talk の場合、talk の次に人が×いない。

僕たちは彼らに自分たちの国について話すつもりです。
We will tell them about our country.

tell の場合、tell の次に人が○いる。telephone を想像するとわかりやすいかも。

彼女は来月、そのパーティーでフレッドに会うでしょう。
She will meet Fred at the party next month. はじめて会う場合 meet

彼は次の週末、彼女といっしょに楽しい時間を過ごすでしょう。
He will have a good time with her next weekend.

その少女は道ばたでマッチ（箱）を売るでしょう。

The girl will sell matchboxes by the roadside.

彼女たちは次の夏、沖縄を訪れるでしょう。

They will visit Okinawa next summer.

○ visit Okinawa
× visit to Okinawa
to は不要。

彼らは次の 12 月に北海道へ行くでしょう。

They will go to Hokkaido next December.

○ go to Hokkaido　to は必要。
× go Hokkaido

STAGE 26
一般動詞の未来の疑問文

では現在の疑問文と未来の疑問文とを見比べてみましょう。

［現在の疑問文］　Do you play tennis?　　あなたはテニスをしますか。
［未来の疑問文］　Will you play tennis?　　あなたはテニスをするつもりですか。

この Will には疑問文ですよという意味と、未来ですよという意味があります。Will のあとは you play tennis という普通の文がつくだけです。簡単ですね。

英語は言いたいことからはじまります。Do は現在、Will は未来という風に。英作の仕方、文の作り方は現在も未来も同じです。

ゆっくり見ていきましょう。

彼らは野球をするつもりですか。　　　　　　はい、するつもりでしょう。
Will they play baseball?　　　　　　　　**Yes, they will.**

ケンはバスケットボールをするでしょうか。　いいえ、しないでしょう。
Will Ken play basketball?　　　　　　　**No, he will not.**

アンはギターを弾くでしょうか。　　　　　　いいえ、弾かないでしょう。

Will Ann play the guitar?　　　　　　　　**No, she won't.**

> won't は will not の短縮形。

では他の未来の一般動詞の文も見ておきましょう。

あなたはあなたの友人たちを手伝うつもりですか。　はい、手伝うつもりです。

Will you help your friends?　　　　　　　**Yes, I will.**

トムとボブは次の日曜日、教会へ行くでしょうか。

Will Tom and Bob go to church next Sunday?

彼らは来年、日本に来るでしょうか。

Will they come to Japan next year?

ジェーンは今度の土曜日、ケーキを作るだろうか。

Will Jane make a cake next Saturday?

君たちは次の水曜日、プールで泳ぐつもりですか。

Will you swim in the pool next Wednesday?

彼らは彼らの先生について話すつもりでしょうか。

Will they talk about their teacher?

> talk の次に人が×いない。

彼女たちは私たちに自分たちの国について話すつもりですか。

Will they tell us about their country?

> tell の次に人が○いる。

彼女は来月、そのパーティーに来るでしょうか。
Will she come to the party next month?

> go to と同じく come to [come to the party] で [パーティーに来る]

彼は次の週末、彼女といっしょに楽しい時間を過ごすでしょうか。
Will he have a good time with her next weekend?

その少女は道ばたでマッチ（箱）を売るでしょうか。
Will the girl sell matchboxes by the roadside?

ミキは紙で鳥を作るでしょうか。
Will Miki make a bird with the paper?

彼女たちは次の夏、沖縄を訪れるでしょうか。
Will they visit Okinawa next summer?

> ○ visit Okinawa
> × visit to Okinawa　to は不要。

彼らは次の12月に北海道へ行くでしょうか。
Will they go to Hokkaido next December?

> ○ go to Hokkaido　to は必要。
> × go Hokkaido

では **5W1H** の疑問文です。
　一般動詞の現在の時にやりましたが、未来でも同じようにやれば **OK** です。

He will study Chinese in the library next week.
（彼は来週、図書館で中国語を勉強するつもりです。）

next week を聞く場合、When に変えて残りを疑問文。
When will he study Chinese in the library?
（彼はいつ、図書館で中国語を勉強するつもりですか。）

in the library を聞く場合、Where に変えて残りを疑問文。
Where will he study Chinese next week?
（彼は来週、どこで中国語を勉強するつもりですか。）

Chinese を聞く場合、What に変えて残りを疑問文。
What will he study in the library next week?
（彼は来週、図書館で何を勉強するつもりですか。）

と、いうことでした。では引き続き英作を考えてみましょう。
　［いつ］［どこで］［何を］［なぜ］［だれが］というような、一言で質問できる言葉をまず英作、その後、残りを英作でしたよね。

彼女はいつ図書館で英語を勉強するつもりですか。
When will she study English in the library?

彼女は来週どこで英語を勉強するつもりですか。
Where will she study English next week?

彼女は来週、図書館で何を勉強するつもりですか。
What will she study in the library next week?

5W1Hの疑問詞のあとは普通の未来の疑問文なので簡単ですね。
文の作り方、並べ方など、ルールがわかれば楽しいでしょう。
この調子で進んでいきましょう。

下線部を聞く問題をもう少し見ておきましょう。

I will go to church by bike next Sunday.
（私は次の日曜日、自転車で教会へ行くつもりです。）

by bike を聞く言葉、How に変えて残りを疑問文。
How will you go to church next Sunday?
（あなたは次の日曜日、どうやって教会へ行くつもりですか。）

He will get up at seven next Saturday.
（彼は次の土曜日、7時に起きるでしょう。）

at seven を聞く言葉、What time に変えて残りを疑問文。
What time will he get up next Saturday?
（彼は次の土曜日、何時に起きるでしょうか。）

さらに、ゆっくりと見ていきましょう。

あなたは来月どうやって図書館へ行くつもりですか。
How will you go to the library next month?

君はどこで新しいコンピュータを買うつもりですか。
Where will you buy a new computer?

彼のおじさんはいつ英国へ行くつもりですか。
When will his uncle go to the UK?

あなたのお母さんはいつカレーライスを作る（料理する）でしょうか。
When will your mother cook curry and rice?

君の妹は明日の朝、何時に公園へ行くつもりですか。
What time will your sister go to the park tomorrow morning?

あなたは次の日曜日、何をするつもりですか。
What will you do next Sunday?

STAGE 27
一般動詞の未来の否定文

では現在の否定文と未来の否定文とを見比べてみましょう。

[現在の否定文] They don't play tennis.　彼らはテニスをしません。
[未来の否定文] They won't play tennis.　彼らはテニスをしないでしょう。

この **won't** には否定文ですよという意味と、未来ですよという意味があります。**They play tennis.** の文に **won't** が入った形になるだけです。簡単ですね。

will not を短縮形にした **won't** で見ていきましょう。

彼らはチェスをしないでしょう。
They won't play chess.

ケンはバドミントンをしないでしょう。
Ken won't play badminton.

アンはバイオリンを弾かないでしょう。
Ann won't play the violin.

では他の未来の一般動詞の文も見ておきましょう。

トムは彼の友人たちを手伝わないでしょう。
Tom won't help his friends.

トムとボブは次の日曜日、川へ行かないでしょう。
Tom and Bob won't go to the river next Sunday.

彼らは来年、日本に来ないでしょう。
They won't come to Japan next year.

キャシーは今度の木曜日、ケーキを作らないでしょう。
Kathy won't make a cake next Thursday.

私の友人たちは次の火曜日、海で泳がないだろう。
My friends won't swim in the sea next Tuesday.

彼らは彼らの先生について話さないでしょう。
They won't talk about their teacher.

talk の次に人が×いない。

彼女たちは私たちに自分たちの国について話さないでしょう。
They won't tell us about their country.

tell の次に人が○いる。

彼女は来月、そのパーティーに行かないでしょう。
She won't go to the party next month.

go to the party で［パーティーに行く］

その学生たちは日本語を勉強しないでしょう。
The students won't study Japanese.

私は来週、テレビを見ないつもりです。
I won't watch TV next week.

メアリーは日本食を食べないでしょう。
Mary won't eat Japanese food.

彼らは次の夏、沖縄を訪れないでしょう。
They won't visit Okinawa next summer.

彼女たちは次の12月に北海道へ行かないでしょう。
They won't go to Hokkaido next December.

みなさん、もうバッチリみたいですね。今、学んでいるところって本当に大事なんですよ。
　ゆっくりでもいいし、くり返しながらでもいいですから、自分のペースで確実に積んでいきましょうね。

[一般動詞の文を時制で整理]

英語を全体でとらえるのはよいことです。
2種類の表を用意しましたので、わかりやすい方を参考にしてください。

		肯定文			否定文		
現在	私は	I	play	tennis.	I	don't	play tennis.
	あなたは	You	play	tennis.	You	don't	play tennis.
	あなた方は	You	play	tennis.	You	don't	play tennis.
	私たちは	We	play	tennis.	We	don't	play tennis.
	彼らは	They	play	tennis.	They	don't	play tennis.
	彼は	He	plays	tennis.	He	doesn't	play tennis.
	彼女は	She	plays	tennis.	She	doesn't	play tennis.
過去	私は	I	played	tennis.	I	didn't	play tennis.
	あなたは	You	played	tennis.	You	didn't	play tennis.
	あなた方は	You	played	tennis.	You	didn't	play tennis.
	私たちは	We	played	tennis.	We	didn't	play tennis.
	彼らは	They	played	tennis.	They	didn't	play tennis.
	彼は	He	played	tennis.	He	didn't	play tennis.
	彼女は	She	played	tennis.	She	didn't	play tennis.
未来	私は	I	will play	tennis.	I	won't	play tennis.
	あなたは	You	will play	tennis.	You	won't	play tennis.
	あなた方は	You	will play	tennis.	You	won't	play tennis.
	私たちは	We	will play	tennis.	We	won't	play tennis.
	彼らは	They	will play	tennis.	They	won't	play tennis.
	彼は	He	will play	tennis.	He	won't	play tennis.
	彼女は	She	will play	tennis.	She	won't	play tennis.

＊現在のI, You, We, They, 複数はplay
＊否定文は動詞の原形play
＊未来は助動詞willが入ってplay

注）動詞や名詞が縦にあわせてあります。
　　ちがいが鮮明になるよう、わざとすき間をあけています。

疑問文

Do　　I　　play　tennis?
Do　　you　play　tennis?
Do　　you　play　tennis?
Do　　we　 play　tennis?
Do　　they play　tennis?
Does　he　 play　tennis?　⎱ *現在の肯定文だけ **plays**
Does　she　play　tennis?　⎰

Did　I　　play　tennis?
Did　you　play　tennis?
Did　you　play　tennis?
Did　we　 play　tennis?　 *過去の肯定文だけ **played**
Did　they play　tennis?
Did　he　 play　tennis?
Did　she　play　tennis?

Will　I　　play　tennis?
Will　you　play　tennis?
Will　you　play　tennis?
Will　we　 play　tennis?　 *疑問文は動詞の原形 **play**
Will　they play　tennis?
Will　he　 play　tennis?
Will　she　play　tennis?

＊現在の単数と過去の肯定文だけ注意

[一般動詞の文を主格ごとに整理]

		肯定文				否定文		
現在	私は	I		play	tennis.	I	don't	play tennis.
過去		I		played	tennis.	I	didn't	play tennis.
未来		I	will	play	tennis.	I	won't	play tennis.
現在	あなたは	You		play	tennis.	You	don't	play tennis.
過去		You		played	tennis.	You	didn't	play tennis.
未来		You	will	play	tennis.	You	won't	play tennis.
現在	あなた方は	You		play	tennis.	You	don't	play tennis.
過去		You		played	tennis.	You	didn't	play tennis.
未来		You	will	play	tennis.	You	won't	play tennis.
現在	私たちは	We		play	tennis.	We	don't	play tennis.
過去		We		played	tennis.	We	didn't	play tennis.
未来		We	will	play	tennis.	We	won't	play tennis.
現在	彼らは	They		play	tennis.	They	don't	play tennis.
過去		They		played	tennis.	They	didn't	play tennis.
未来		They	will	play	tennis.	They	won't	play tennis.
現在	彼は	He		plays	tennis.	He	doesn't	play tennis.
過去		He		played	tennis.	He	didn't	play tennis.
未来		He	will	play	tennis.	He	won't	play tennis.
現在	彼女は	She		plays	tennis.	She	doesn't	play tennis.
過去		She		played	tennis.	She	didn't	play tennis.
未来		She	will	play	tennis.	She	won't	play tennis.

＊肯定文の現在の **He, She** は **plays**
＊肯定文の過去が **played**
＊未来は助動詞 **will** が入って **play**
＊あとはすべて原形の **play**

＊否定文は原形の **play**

疑問文

Do   I   play   tennis?
Did   I   play   tennis?   *過去の肯定文は **played**
Will I   play   tennis?

Do   you play   tennis?
Did   you play   tennis?   *過去の肯定文は **played**
Will you play   tennis?

Do   you play   tennis?
Did   you play   tennis?   *過去の肯定文は **played**
Will you play   tennis?

Do   we   play   tennis?
Did   we   play   tennis?   *過去の肯定文は **played**
Will we   play   tennis?

Do   they play   tennis?
Did   they play   tennis?   *過去の肯定文は **played**
Will they play   tennis?

Does he   play   tennis?   *現在の肯定文は **plays**
Did   he   play   tennis?   *過去の肯定文は **played**
Will he   play   tennis?

Does she play   tennis?   *現在の肯定文は **plays**
Did   she play   tennis?   *過去の肯定文は **played**
Will she play   tennis?

＊疑問文は原形の **play**

STAGE 28
be going to の文

　では引き続き、心軽やかにさわやかに明るく進んでまいりましょう。
　さて、先ほど I will play tennis. というように will を使って未来を表す文を見てきました。
　ここでは未来を表すもう 1 つの文を見ておきましょう。

I <u>will</u>　　　　　play tennis.　　私はテニスをするつもりです。
I <u>am going to</u> play tennis.　　私はテニスをするつもりです。

　形としては will を am going to に変えただけです。
　主語が You の場合、You　are going to

　　　　We　　の場合　We　　are going to
　　　　They　の場合　They　are going to
　　　　He　　の場合　He　　is going to
　　　　She　　の場合　She　　is going to

となります。
　現在の be 動詞の使い方と同じです。簡単ですね。
　これらをまとめて、**be going to** と呼んでいます。

> am, are, is は現在の be 動詞ですが、be going to になると未来になります。

助動詞のような働きをするので **be going to** に続く動詞は原形です。

どうちがうのか？ですが、近い未来を言う場合に **be going to** が使われるようです。

I will play tennis next Sunday.	私は次の日曜日、テニスをするつもりです。
I am going to play tennis tomorrow.	私は明日、テニスをするつもりです。
We will watch the fireworks next summer.	私たちは次の夏、花火を見るつもりです。
We are going to watch the fireworks tomorrow.	私たちは明日、花火を見るつもりです。

be going to の方は、確実に〜が実現するという未来を言う時に使います。「きっと〜します。」といった感じです。確実にですから、近い未来の文が多いのも納得ですね。

では、動詞があるかに気をつけて見ていきましょう。

私は年賀状を（複数）書くつもりです。
I'm going to write New Year's cards.

（私の）母は明日、ケーキを作るつもりです。
My mother is going to make a cake tomorrow.

（私の）父はたくさん本を読むつもりです。

My father is going to read many books.

> be going to の
> あとは動詞だね。

私の姉（たち）は買い物に行くつもりです。

My sisters are going to go shopping.

私の多くの友人は彼らの両親の手伝いをするつもりです。

Many of my friends are going to help their parents.

僕は1日中、友達と遊ぶつもりです。

I am going to play with my friend all day.

エミは明日の午後、彼女のおばあさんを訪問するつもりです。

Emi is going to visit her grandmother tomorrow afternoon.

私たちは京都へ旅行するつもりです。

We are going to go on a trip to Kyoto.

> 旅行 a trip, travel
> 観光旅行 a tour ［トゥア］
> 長い陸上の旅 a journey ［ヂャ〜ニィ］
> 長い船の旅 a voyage ［ヴォイエッヂ］

私は明日、東京へ行くつもりです。

× I am going to Tokyo tomorrow.

一番多いまちがいです。will で考えると基本の文は I will go to Tokyo. となります。will を be going to に置き替えると

○ I am going to go to Tokyo tomorrow. これで正解。

> go to の場合は be going to go to となるので、ちょっと注意が必要かも！

私たちは国立博物館へ行くつもりです。

We're going to go to a national museum.

僕たちは夏休みに海へ行くつもりです。

We are going to go to the sea in the summer vacation.

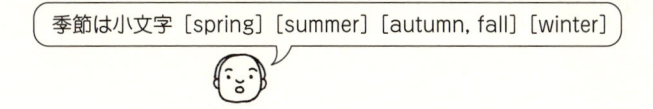

> 季節は小文字［spring］［summer］［autumn, fall］［winter］

チョット一息のコーナー

曜日と月が大文字
大きい星を連想するから大文字と思っていると、まちがえないです。
月、火、水は月に火星に水星。
1月、2月の月は、地球の衛星の月 the moon。

be going to の疑問文

You <u>are going to</u> play tennis.

という未来を表す文があります。ここで押さえておかないといけないことは、**be going to** の文では **be going to** が動詞よりも強い、主導権をにぎるということです。

助動詞の **will** と同じと思ってください。

さらに、**be** が主導権をにぎるということです（上の文では **are** になる）。

You <u>are going to</u> play tennis.　あなたはテニスをするつもりです。

これがわかればあとは簡単。疑問文の作り方は **be** 動詞の疑問文と同じです。主語の前に **Are**。

<u>Are</u> you going to play tennis?　あなたはテニスをするつもりですか。

主語が	I	の場合	Am	I	going to ～?
	We	の場合	Are	we	going to ～?
	They	の場合	Are	they	going to ～?
	He	の場合	Is	he	going to ～?
	She	の場合	Is	she	going to ～?	となります。

現在の **be** 動詞の使い方と同じです。簡単ですね。

be going to は **will** よりも近い未来、確実に実現する場合に使います。これは疑問文でも同じです。

Will you play tennis next Sunday?	あなたは次の日曜日、テニスをするつもりですか。
Are you going to play tennis tomorrow?	あなたは明日、テニスをするつもりですか。
Will you watch a movie next week?	君たちは来週、映画を見るつもりですか。
Are you going to watch a movie tomorrow?	君たちは明日、映画を見るつもりですか。
Will she visit Italy next year?	彼女は来年、イタリアを訪れるでしょうか。
Is she going to visit Kobe tomorrow?	彼女は明日、神戸を訪れるつもりですか。

be going to のあとの動詞を忘れずに。動詞がないと文になりません。

もう少し見ておきましょう。

あなたは年賀状を書くつもりですか。
Are you going to write a New Year's card?

> 1枚でも書くのか？
> なので a card

あなたのお母さんは明日、ケーキを作るつもりですか。
Is your mother going to make a cake tomorrow?

あなたのお父さんはたくさん本を読むつもりですか。
Is your father going to read many books?

彼のお姉さん（たち）は買い物に行くつもりですか。
Are his sisters going to go shopping?

あなたの多くの友人は彼らの両親の手伝いをするつもりですか。
Are many of your friends going to help their parents?

they＝many of your friends だね。

君は1日中、友達と遊ぶつもりですか。
Are you going to play with your friend all day?

エミは彼女のおじいさんを訪問するつもりですか。
Is Emi going to visit her grandfather?

彼らは宮崎へ旅行するつもりですか。
Are they going to go on a trip to Miyazaki?

あなたは明日、東京へ行くつもりですか。
× **Are you going to Tokyo tomorrow?** 一番多いまちがいです。
○ **Are you going to go to Tokyo tomorrow?** これで正解。

あなた方は水族館へ行くつもりですか。
Are you going to go to an aquarium?

君たちは夏休みに尾瀬へ行くつもりですか。
Are you going to go to Oze in the summer vacation?

> 季節は小文字、曜日と月が大文字。

5W1Hの疑問文

be動詞の現在の時にやりましたが、be going to でも同じようにやればOKです。

She is going to study English in the library tomorrow.
(彼女は明日、図書館で英語を勉強するつもりです。)

tomorrow を聞く場合、When に変えて残りを疑問文。
When is she going to study English in the library?
(彼女はいつ図書館で英語を勉強するつもりですか。)

in the library を聞く場合、Where に変えて残りを疑問文。
Where is she going to study English tomorrow?
(彼女は明日どこで英語を勉強するつもりですか。)

English を聞く場合、What に変えて残りを疑問文。
What is she going to study in the library tomorrow?
(彼女は明日、図書館で何を勉強するつもりですか。)

と、いうことでした。では引き続き英作を考えてみましょう。

［いつ］［どこで］［何を］［なぜ］［だれが］というような一言で質問できる言葉をまず英作。その後、残りを英作でしたよね。

彼はいつ図書館でフランス語を勉強するつもりですか。
When is he going to study French in the library?

彼は明日どこでフランス語を勉強するつもりですか。
Where is he going to study French tomorrow?

彼は明日、図書館で何を勉強するつもりですか。
What is he going to study in the library tomorrow?

5W1Hの疑問詞のあとは、**be going to**の未来の疑問文なので簡単ですね。
文の作り方、並べ方など、ルールがわかれば楽しいでしょう。
この調子で進んでいきましょう。

あなたは明日どこでテニスをするつもりですか。
Where are you going to play tennis tomorrow?

君たちは何の映画を見るつもりですか。
What movie are you going to watch?

彼女は明日なぜ神戸を訪れるつもりなのですか。
Why is she going to visit Kobe tomorrow?

あなたは何枚、年賀状を書くつもりですか。

How many New Year's cards are you going to write?

あなたのお父さんは何を読むつもりですか。

What is your father going to read?

彼のお姉さん（たち）はどこへ買い物に行くつもりですか。

Where are his sisters going to go shopping?

エミはいつ彼女のおじいさんを訪問するつもりですか。

When is Emi going to visit her grandfather?

あなたは明日の朝、何時に起きるつもりですか。

What time are you going to get up tomorrow morning?

あなたは明日どうやって東京へ行くつもりですか。

How are you going to go to Tokyo tomorrow?

君は明日、何をするつもりですか。

What are you going to do tomorrow?

長くてもカンタンだね。

彼は明日、何をするつもりですか。

What is he going to do tomorrow?

さあ、どうですか。問題ないですか、それはよかった。

be going to の否定文

He is going to play tennis.

という未来を表す文があります。be going to の文では be going to が動詞よりも強い。助動詞の will と同じと思ってください。

さらに、be が主導権をにぎるんでした（上の文では is になる）。

He is going to play tennis.　彼はテニスをするつもりです。

これがわかればあとは簡単。否定文の作り方も be 動詞の否定文と同じです。is を否定し、isn't にする。それだけです。

He isn't going to play tennis.　彼はテニスをするつもりはありません。

主語が	I	の場合	I	am not going to 〜.
	You	の場合	You	aren't going to 〜.
	We	の場合	We	aren't going to 〜.
	They	の場合	They	aren't going to 〜.
	She	の場合	She	isn't going to 〜. となります。

現在の be 動詞の使い方と同じです。簡単ですね。

be going to は will よりも近い未来、確実に実現する場合に使います。これは否定文でも同じです。

I won't play tennis next week.	私は来週、テニスをしないつもりです。
I am not going to play tennis tomorrow.	私は明日、テニスをしないつもりです。
They won't watch a movie next week.	彼らは来週、映画を見ないつもりです。
They aren't going to watch a movie tomorrow.	彼らは明日、映画を見ないつもりです。
She won't visit the place next year.	彼女は来年、その場所を訪れないでしょう。
She isn't going to visit the place tomorrow.	彼女は明日、その場所を訪れないでしょう。

be going to のあとの動詞を忘れずに。
もう少し見ておきましょう。

トムは年賀状を書くつもりはない。
Tom isn't going to write a New Year's card.

（1枚も書かないので a card）

私のお母さんは明日、すしを作るつもりはありません。
My mother isn't going to make sushi tomorrow.

私の弟は本を読むつもりはないです。
My brother isn't going to read a book.

> 基本は肯定文。
> not を入れて
> 否定文。

彼の妹（たち）は買い物に行くつもりはない。
His sisters aren't going to go shopping.

私の友人の1人は明日、勉強するつもりがない。
One of my friends isn't going to study tomorrow.

私は明日の朝、ピアノを弾くつもりはありません。
I am not going to play the piano tomorrow morning.

マイクは明日、車を運転するつもりはありません。
Mike isn't going to drive a car tomorrow.

彼らはこの機械を使うつもりはありません。
They aren't going to use this machine.

あなたは明日、病院へ行くつもりはありません。
You aren't going to go to a hospital.

彼女は明日、彼に会うつもりはありません。
She isn't going to see him tomorrow.

僕たちは川で泳ぐつもりはありません。
We aren't going to swim in the river.

STAGE 29
一般動詞の do （疑問の do ではありません）

ここでは、ある一般動詞に注目してみましょう。

I <u>play</u> tennis.　　　　私はテニスをします。
I <u>do</u> my homework.　　私は（私の）宿題をします。

ある一般動詞というのは **do** です。
play がスポーツをしたり、楽器を弾いたりする時に使われるのに対し、**do** は宿題や仕事をする時に使われる一般動詞です。主語の次の一般動詞。
ここまでは **OK** ですね。

これらの文を疑問文にすると

Do you play tennis?　　あなたはテニスをしますか。
Do you do your homework?　あなたは（あなたの）宿題をしますか。

Do は疑問文を作る言葉で、主語の次の **do** は **play** と同じ一般動詞です。
ここまでも **OK** ですよね。

5W1H の疑問文にすると

あなたは何をしますか。
What do you do?

スポーツをするかどうかもわからない場合は do を使う。

となります。

> What sport do you play?「何のスポーツをしますか。」は OK。
> I like sports. のあとに What do you play?「何をしますか。」は OK。

[現在] の **What do you do?**　あなたは何をしますか。
[過去] の **What did you do?**　あなたは何をしましたか。
[未来] の **What will you do?**　あなたは何をするつもりですか。

これに確実な未来を表す **be going to** を加えると

[未来] の **What are you going to do?**　あなたは何をするつもりですか。

になります。整理できたでしょうか。

このページも大切ですよ。
このあとも、これらがベースになっているような文が登場します。お楽しみに。

せっかくですから、もう少し見ておきましょう。

あなたは毎朝、何をしますか。
What do you do every morning?

あなたは前の週、何をしましたか。
What did you do last week?

あなたは来週、何をするつもりですか。
What will you do next week?

あなたは明日、何をする予定ですか。
What are you going to do tomorrow?

彼は今日、何をしますか。
What does he do today?

彼は昨日、何をしましたか。
What did he do yesterday?

彼は次の日曜日、何をするでしょうか。
What will he do next Sunday?

彼は明日、何をするつもりですか。
What is he going to do tomorrow?

　さあ、いかがでしたか。人に関する一般動詞の文、その説明はこれで終わりです。
　ここまでバッチリという人は、この先が本当に楽しみです。
　ここまでよく頑張ってくださいました。ありがとうございます。

英語の2本柱
be動詞の文に続き、
一般動詞の文という両柱が
建ちました。
基本の文はこれで終わり
です。

銅の扉のコーナー

この扉のむこうには、今までの文を基本に、その上をいく文が待っています。

STAGE 30
助動詞の文 ［一般動詞の場合］

ここでは助動詞の文を見ておきます。

動詞を助ける言葉なので助動詞でしたね。

それって will のこと？と思った方は、この本を熟読されていますね。

そうです、will で出てきました。助動詞は will の他にもありますので、1 つずつ見ていきましょう。

その前に肯定文と否定文について、ちょっとちがった面から見ておきましょう。

【意志の強さ】

［肯定文］　I study English.
　　　　　私は英語を勉強します。
　　　　　□勉強する意思は 100% です。

［否定文］　I don't study English.
　　　　　私は英語を勉強しません。
　　　　　□勉強する意思は 0% です。

見ての通り、肯定文と否定文だけでは、［あるか］［ないか］しか表せません。人生には［肯定］勉強します。と［否定］勉強しません。だけでなく、その間にあたる

— 194

△勉強しなければならない
△勉強するつもりです
△勉強してもよい
△勉強できない

【意志の強さ】

[must]　[will]　[may]　[can't]

という場合もあるでしょう。

　でもこれらは一般動詞だけでは表せません。こんな時、助動詞が来てくれて動詞を助けてくれるというわけです。美しい話ですね。

　では肯定文、否定文も交えて△の助動詞の文を見ていきましょう。

[肯定文]　　　I study English.　　　私は英語を勉強します。

[助動詞の文] I must study English.　私は英語を勉強しなければならない。

[助動詞の文] I will study English.　私は英語を勉強するつもりです。

[助動詞の文] I may study English.　私は英語を勉強してもよい。

[助動詞の文] I can't study English.　私は英語を勉強することができない。

[否定文]　　　I don't study English.　私は英語を勉強しません。

まずはこの4つの助動詞、**must, will, may, can't**を押さえておきましょう。

上の文の順を見ると、意思の強さは
上に行くほど（**must**の方）肯定文に近く、
下に行くほど（**can't**の方）否定文に近くなります。

助動詞は動詞より強いようで、動詞の前に入ります。主語の次とも言いますが。そのようになっていますね。ハイ、**OK** です。

助動詞が入ると動詞は原形に戻る。

確認しておきましょう。

[肯定文]　　　He　　　studies English.　　彼は英語を勉強します。
[助動詞の文]　He must study English.　　彼は英語を勉強しなければならない。

ご覧の通り、
主語は **He** ですが、助動詞 **must** が入ると動詞は原形 **study** に戻ります。

では他の文も見ておきましょう。

私はテニスをしなければならない。
I must play tennis.

私たちはお年寄りを助けなければなりません。
We must help old people.

あなたは手を洗わなければならない。
You must wash your hands.

その少女はピアノの練習をしなければならない。
The girl must practice the piano.

君は暗くなる前に家に帰らなければならない。

You must come home before dark.

私たちはスペイン語を話すつもりです。

We will speak Spanish.

彼らは日本語を学ぶつもりです。

They will learn Japanese.

私はカフェテリアで昼食をとるつもりです。

I will eat lunch in the cafeteria.

あなたは私のコンピュータを使ってもよい。

You may use my computer.

あなたたちはプールで泳いでもよいです。

You may swim in the pool.

あなたはこのケーキを食べてもよい。

You may eat this cake.

君たちはこの公園で野球をしてもよい。

You may play baseball in this park.

フレッドはギターが弾けない（弾くことができない）。

Fred can't play the guitar.

彼女は上手に車を運転することができない。
She can't drive a car well.

> 助動詞のあとは必ず原形。

私の母は早く起きることができる。
My mother can get up early.

私の犬は速く走れる。
My dog can run fast.

> 主語が何でも動詞は原形になる。

あの車はとても速く走ることができる。
That car can run very fast.

STAGE 31
助動詞の文 ［be 動詞の場合］

ここでも助動詞の文を見ておきます。

be 動詞を助けてくれるのも助動詞でしたね。

I will be free tomorrow.　私は明日ひまだろう。

というところで will が出てきました。

助動詞は will の他にもありますので、1 つずつ見ていきましょう。

その前に肯定文と否定文について、ちょっとちがった面から見ておきましょう。

【可能性】

［肯定文］　**He is a teacher.**
　　　　　　彼は先生です。
　　　　　　□先生の可能性は 100% です。

［否定文］　**He isn't a teacher.**
　　　　　　彼は先生ではありません。
　　　　　　□先生の可能性は 0% です。

見ての通り、肯定文と否定文だけでは、［です］［ではありません］しか表せません。人を見ていると、［肯定］先生です。と［否定］先生ではありません。だけでなく、その間にあたる

△先生にちがいない
△先生でしょう
△先生かもしれない
△先生のはずがない

【可能性】

[must be] [will be] [may be] [can't be]

と思う場合もあるでしょう。

　でもこれらは be 動詞だけでは表せません。こんな時、助動詞が来てくれて動詞を助けてくれるというわけです。やっぱり美しい話ですね。

　では肯定文、否定文も交えて△の助動詞の文を見ていきましょう。

[肯定文]　　　　He　　is a teacher.　　　　彼は先生です。

[助動詞の文]　　He must be a teacher.　　彼は先生にちがいない。
[助動詞の文]　　He will be a teacher.　　 彼は先生でしょう。
[助動詞の文]　　He may be a teacher.　　 彼は先生かもしれない。
[助動詞の文]　　He can't be a teacher.　　彼は先生のはずがない。

[否定文]　　　　He　　isn't a teacher.　　　彼は先生ではありません。

　この 4 つの助動詞＋be 動詞、**must be, will be, may be, can't be** を押さえておきましょう。

　上の文の順を見ると、可能性は
　　上に行くほど（**must be** の方）肯定文に近く、
　　下に行くほど（**can't be** の方）否定文に近くなります。

　助動詞は動詞より強いようで、動詞の前に入ります。

主語の次とも言いますが。そのようになっていますね。ハイ、**OK** です。

助動詞が入ると動詞は原形に戻る。

確認しておきましょう。

［肯定文］　　　He　　　　is a teacher.　　彼は先生です。
［助動詞の文］　He must be a teacher.　　彼は先生にちがいない。

ご覧の通り、
主語は He ですが、助動詞 must が入ると be 動詞は原形の be に戻ります。

では他の文も見ておきましょう。

彼はテニスの選手にちがいない。
He must be a tennis player.

彼女は歌手にちがいない。
She must be a singer.

あのネコはタマにちがいない。
That cat must be Tama.

彼はパイロットでしょう。
He will be a pilot.

彼女のお母さんは看護士でしょう。

Her mother will be a nurse.

> 人が1人で
> a がつく。

彼女は科学者かもしれない。

She may be a scientist.

その少年は天才かもしれない。

The boy may be a genius.

あの白い犬はポチかもしれない。

That white dog may be Pochi.

> 名前は
> 大文字ですね。

彼のお父さんは医者のはずがない。

His father can't be a doctor.

ナンシーのお母さんは先生のはずがない。

Nancy's mother can't be a teacher.

2種類の助動詞の文

一般動詞の助動詞の文と be 動詞の助動詞の文を見てきました。
ここではその2種類の助動詞の文を合わせて見ておきましょう。

I must become a scientist.
私は科学者にならなければならない。

He must be a scientist.
彼は科学者にちがいない。

I will become a scientist.
私は科学者になるつもりです。

He will be a scientist.
彼は科学者でしょう。

I may become a scientist.
私は科学者になってもいい。

He may be a scientist.
彼は科学者かもしれない。

I can't become a scientist.
私は科学者になることができない。

He can't be a scientist.
彼は科学者のはずがない。

> become は play と同じ ○一般動詞です。
> × be 動詞 + come ではありません。

助動詞＋一般動詞の方が意思を表し、助動詞＋be 動詞の方が可能性を表します。ですから訳し方がちがうのです。

でも、たとえば同じ must を使う場合、強さは同じなのですよ。ですからこんな覚え方ができます。

must become と must be を合わせて両方の訳し方を見ておきましょう。

数年前に彼は

I must become a dentist. ［私は歯科医にならなければならない。］

と言っていた。だから今

He must be a dentist. ［彼は歯科医にちがいない。］

このように1つの流れができるんですね。わかっていただけたでしょうか。

数年前に彼は
I must become a police officer.
［私は警察官にならなければならない。］
と言っていた。

だから今
He must be a police officer.
［彼は警察官にちがいない。］

数年前に彼は
I will become a fireman.
［私は消防士になるつもりです。］
と言っていた。

だから今
He will be a fireman.
［彼は消防士でしょう。］

数年前に彼は
I may become a carpenter.
［私は大工になってもいい。］
と言っていた。

だから今
He may be a carpenter.
［彼は大工かもしれない。］

数年前に彼は
I can't become a statesman.
［私は政治家になることができない。］
と言っていた。

だから今
He can't be a statesman.
［彼は政治家のはずがない。］

いかがでしょうか。おもしろいでしょう。工夫ひとつですね。

チョット一息のコーナー

辞書で［政治家］を見てみると 2 種類出てきます。簡単に区別すると

a statesman　　＊ほめる方

a politician　　＊けなす方

米国では **a politician** は悪い意味［政治屋］を含むことがあります。

ですから、もし人に質問する時は

Are you a statesman?　　の方を使いましょう。

でないと……。

終わってしまうよ。

STAGE 32
助動詞の疑問文

ここでは助動詞の疑問文を見ていきます。

その前に一般動詞の疑問文を見ておきましょう。

[疑問文]　**Do you study English?**　あなたは英語を勉強しますか。

　　　　　Yes, I do.　はい、します。
　　　　　No, I don't.　いいえ、しません。

[疑問文]　**Does he study English?**　彼は英語を勉強しますか。

　　　　　Yes, he does.
　　　　　No, he doesn't.

助動詞を使った疑問文では、次のようなことも聞けます。

△勉強しなければならないか
△勉強するつもりですか
△勉強してもよいか
△勉強できるか

助動詞の肯定文と疑問文を合わせて見ておきましょう。

■-206

| [助動詞の肯定文] | He <u>must</u> study English. | 彼は英語を勉強しなければなりません。 |
| [助動詞の疑問文] | <u>Must</u> he study English? | 彼は英語を勉強しなければなりませんか。 |

| [助動詞の肯定文] | He <u>will</u> study English. | 彼は英語を勉強するつもりです。 |
| [助動詞の疑問文] | <u>Will</u> he study English? | 彼は英語を勉強するつもりですか。 |

| [助動詞の肯定文] | He <u>may</u> study English. | 彼は英語を勉強してもいいです。 |
| [助動詞の疑問文] | <u>May</u> he study English? | 彼は英語を勉強してもいいですか。 |

| [助動詞の肯定文] | He <u>can</u> study English. | 彼は英語を勉強することができます。 |
| [助動詞の疑問文] | <u>Can</u> he study English? | 彼は英語を勉強することができますか。 |

助動詞が前に行くだけです。簡単ですね。
では他の文も見ておきましょう。

私はそこへ行かなければなりませんか。
Must I go there?

私たちは彼らを助けなければなりませんか。
Must we help them?

私は早く起きなければなりませんか。
Must I get up early?

その少女はピアノの練習をしなければなりませんか。
Must the girl practice the piano?

僕たちは暗くなる前に家に帰らなければなりませんか。
Must we come home before dark?

あなたは外国へ行くつもりですか。
Will you go to a foreign country?

> a を忘れずに。
> 1つの外国。

彼らは日本語を学ぶつもりですか。
Will they learn Japanese?

あなたは教室で昼食をとるつもりですか。
Will you eat lunch in the class?

(私は) あなたのコンピュータを使ってもいいですか。
May I use your computer?

僕たちは海で泳いでもいいですか。
May we swim in the sea?

今、テレビを見てもいいですか。
May I watch TV now?

（私はあなたに）質問してもいいですか。

May I ask you a question?

フレッドはギターが弾けますか（弾くことができるか）。

Can Fred play the guitar?

彼女は上手に車を運転することができますか。

Can she drive a car well?

1台の車を運転 a car

君は早く起きることができるか。

Can you get up early?

あの馬は速く走れますか。

Can that horse run fast?

あの車はとても速く走ることができますか。

Can that car run very fast?

> チョット一息のコーナー

horse と **house**、どちらが家か馬か、わかりますか？
cup でお茶を飲んでいる、**ho<u>u</u>se** が家です。
英文がある場合は動詞を見て、

Can that horse run?

馬は走るが家は走らないので、馬だと考えることもできますよ。

それでは、**Yes, No,** の受け答えも合わせて見ておきましょう。

Will you go to Hawaii?	あなたはハワイへ行くつもりですか。
Yes, I will.	はい、そのつもりです。
No, I will not.	いいえ、そのつもりはありません。
No, I won't.	

> won't は will not の短縮形。

Will he come to Japan?	彼は日本に来るでしょうか。
Yes, he will.	はい、来るでしょう。
No, he will not.	いいえ、来ないでしょう。
May I use this computer?	このコンピュータを使ってもいいですか。
Yes, you may.	はい、いいです。
No, you may not.	いいえ、いけません。
May he play here?	彼はここで遊んでもいいですか。
Yes, he may.	はい、いいです。
No, he may not.	いいえ、いけません。
Can you play the guitar?	あなたはギターを弾くことができますか。

Yes, I can.　　　　　　　はい、できます。

No, I can not.　　　　　　いいえ、できません。

No, I can't.

Can he swim fast?　　　　彼は速く泳げますか。

Yes, he can.　　　　　　　はい、泳げます。

No, he can not.　　　　　　いいえ、泳げません。

聞いた助動詞で答えています。おわかりですね。
でも、もう1つ注意ですが、そうでない場合があるんですよ。

Must I go to a hospital?　私は病院に行かないといけませんか。
Yes, you must.　　　　　　はい、行かなければなりません。

Yes, の方が Yes, you must. です。
では No, の方はどうなると思われますか？

No, you must not.　普通、こう考えますよね。
No, you must not.　の意味は［いいえ、行ってはいけません。］と、禁止の意味になります。

Must I go to a hospital?　と聞かれて
［いいえ、行く必要はありません。］と答える時は

No, you don't have to.　となります。

これは必ず押さえておきましょう。重要です。

整理しておきましょう。

Must I go to a hospital?	私は病院に行かなければなりませんか。
Yes, you must.	はい、行かなければなりません。
No, you don't have to.	いいえ、その必要はありません。
Must he study now?	彼は今、勉強しないといけませんか。
Yes, he must.	はい、しないといけません。
No, he doesn't have to.	いいえ、その必要はありません。

STAGE 33
助動詞の否定文

ここでは助動詞の否定文を見ておきます。

その前に一般動詞の否定文を見ておきましょう。

[否定文] **You don't study English.**　　あなたは英語を勉強しません。

[否定文] **He doesn't study English.**　　彼は英語を勉強しません。

助動詞を使った否定文では、次のようなことも表せます。

△勉強してはならない
△勉強するつもりはない
△勉強しなくてもよい
△勉強できない

助動詞の肯定文と否定文を合わせて見ておきましょう。

[助動詞の肯定文]　**He must study English.**　　彼は英語を勉強しなければなりません。

[助動詞の否定文]　**He must not study English.**　　彼は英語を勉強してはなりません。

	He mustn't study English.	mustn't は must not の短縮形。
[助動詞の肯定文]	He will study English.	彼は英語を勉強するつもりです。
[助動詞の否定文]	He will not study English.	彼は英語を勉強するつもりはない。
	He won't study English.	won't は will not の短縮形。
[助動詞の肯定文]	He may study English.	彼は英語を勉強してもよいです。
[助動詞の否定文]	He may not study English.	彼は英語を勉強しなくてもよい。
		may not に短縮形はありません。
[助動詞の肯定文]	He can study English.	彼は英語を勉強することができます。
[助動詞の否定文]	He can not study English.	彼は英語を勉強することができません。
	He can't study English.	can't は can not の短縮形。

助動詞を否定するだけです。簡単ですね。

では他の文も見ておきましょう。

あなたはそこへ行ってはいけません。
You must not go there. 〔mustn't でも OK！〕

あなたたちはその壁に触れてはいけません。
You must not touch the wall.

私は外国へ行くつもりはありません。
I will not go to a foreign country. 〔won't でも OK！〕

彼は川で泳ぐつもりはありません。
He will not swim in the river.

あなたは今、私を手伝わなくてもよい。
You may not help me now.

彼女はその場所へ行かなくてもよい。
She may not go to the place.

フレッドはバイオリンが弾けません（弾くことができない）。
Fred can not play the violin. 〔can't でも OK！〕

私はその機械を使えない（使うことができない）。
I can not use the machine.

私の犬は速く走れません。

My dog can not run fast.

さあ、いかがでしょう。助動詞を否定しているだけですね。
助動詞の肯定文を思い浮かべてから否定しても **OK** です。

> Point: **must not** だけが禁止を表す［してはいけない］になるのは押さえておきましょう。

STAGE 34
[しなければならない] の文

助動詞の must を使うと

I must study English.　　私は英語を勉強しなければならない。
He must study English.　　彼は英語を勉強しなければならない。

というように [しなければならない] という文が作れましたね。
　さて、ここでは must 以外で [しなければならない] を作る方法を見ておきましょう。

must の代わりに have to (has to) でも作れるんですよ。
must と合わせて見ておきましょう。

私は英語を勉強しなければならない。
I must study English.
I have to study English.

彼は英語を勉強しなければならない。
He must study English.
He has to study English.

must と have to (has to) を入れ替えるだけなので簡単ですね。

217

主語ごとに見ていくと

I	have to	私はしなければならない
You	have to	あなたはしなければならない
We	have to	私たちはしなければならない
They	have to	彼らは（彼女たちは）しなければならない

主語が1人の場合（I と You はのぞく）は single の法則により **has to** を使いますから、

He	has to	彼はしなければならない
She	has to	彼女はしなければならない

となります。

いくつか文を見ておきましょう。

私はテニスをしなければならない。

I have to play tennis.

あなたは手を洗わなければならない。

You have to wash your hands.

私たちはお年寄りを助けなければなりません。

We have to help old people.

彼らは日本語を学ばなければならない。

They have to learn Japanese.

彼は速く走らなければならない。

He has to run fast.

> 主語によって has to になりますね。

彼女は早く起きなければならない。

She has to get up early.

その少女はピアノの練習をしなければならない。

The girl has to practice the piano.

トムは暗くなる前に家に帰らなければならない。

Tom has to come home before dark.

<u>**must** と **have to, has to**</u> を変えるだけなので、本当に簡単ですね。

STAGE 35
have to (has to) の疑問文

さて、ここでは

You have to learn French.
He has to learn French.

を疑問文にします。一般動詞の文を疑問文にするのと同じです。

You have a book.
<u>Do</u> you have a book?

> Do が前につくだけでしたね。

He has a book.
<u>Does</u> he <u>have</u> a book?

> Does が前に、動詞は原形に戻るでしたね。

そうすると

You have to learn French.	あなたはフランス語を学ばなければなりません。
Do you have to learn French?	あなたはフランス語を学ばなければなりませんか。
He has to learn French.	彼はフランス語を学ばなければなりません。

Does he have to learn French? 彼はフランス語を学ばなければなりませんか。

となりますね。

主語ごとに見ておくと

Do I　　have to　　私はしなければならないか
Do you　have to　　あなたはしなければならないか
Do we　　have to　　私たちはしなければならないか
Do they　have to　　彼らはしなければならないか

主語が1人の場合（**I**と**You**はのぞく）は **single** の法則により **Does** を使うので、

Does he　have to　　彼はしなければならないか
Does she have to　　彼女はしなければならないか

となります。

疑問文では動詞は原形に戻ります。

いくつか文を見ておきましょう。

私はそこへ行かなければなりませんか。
Do I have to go there?

はい、（あなたは）行かなければなりません。
Yes, you do.

あなたは手を洗わなければなりませんか。

Do you have to wash your hands?

はい、（私は）手を洗わなければなりません。

Yes, I do.

私たちは彼らを助けなければなりませんか。

Do we have to help them?

いいえ、（あなた方は）その必要はありません。

No, you don't have to.

彼らは韓国語を学ばなければなりませんか。

Do they have to learn Korean?

いいえ、（彼らは）その必要はありません。

No, they don't have to.

彼は速く泳がなければなりませんか。

Does he have to swim fast?

はい、（彼は）泳がなければなりません。

Yes, he does.

彼女は早く寝なければなりませんか。

Does she have to go to bed early?

いいえ、（彼女は）その必要はありません。

No, she doesn't have to.

その少年はバイオリンの練習をしなければなりませんか。

Does the boy have to practice the violin?

いいえ、(彼は) その必要はありません。

No, he doesn't have to.

> 否定なので
> doesn't have to

アンは暗くなる前に家に帰らなければなりませんか。

Does Ann have to come home before dark?

はい、(彼女は) 家に帰らなければなりません。

Yes, she does.

STAGE 36
have to（has to）の否定文

次は

You have to speak Korean.

He has to speak Korean.

を否定文にします。一般動詞の文を否定文にするのと同じです。

You have a book.

You don't have a book.

> don't が主語の次につくだけでしたね。

He has a book.

He doesn't have a book.

> doesn't が主語の次に、動詞は原形に戻る、でしたね。

そうすると

| You have to speak Korean. | あなたは韓国語を話さなければなりません。 |
| You don't have to speak Korean. | あなたは韓国語を話す必要はありません。 |

He has to speak Korean.	彼は韓国語を話さなければなりません。
He doesn't have to speak Korean.	彼は韓国語を話す必要はありません。

となりますね。

主語ごとに見ていくと

I	don't have to	私はする必要がない
You	don't have to	あなたはする必要がない
We	don't have to	私たちはする必要がない
They	don't have to	彼らは（彼女たちは）する必要がない

主語が1人の場合（IとYouはのぞく）は **single** の法則により **doesn't** を使うので

He	doesn't have to	彼はする必要がない
She	doesn't have to	彼女はする必要がない

いくつか文を見ておきましょう。

私はそこへ行く必要はありません。
I don't have to go there.

あなたは手を上げる必要はありません。
You don't have to raise your hand. 〔片手なので your hand〕

私たちは車を借りる必要はありません。
We don't have to rent a car.

彼らはその言語を学ぶ必要はありません。
They don't have to learn the language.

彼は今、泳ぐ必要はありません。
He doesn't have to swim now.

彼女は早く学校へ行く必要はありません。
She doesn't have to go to school early.

その少年は夕食を料理する必要がない。
The boy doesn't have to cook dinner.

アンはここへ来る必要がない。
Ann doesn't have to come here.

don't have to (doesn't have to) は[する必要がない]を表します。
助動詞の **must not** は[してはいけない]を表します。
否定文では注意しましょう。

> チョット一息のコーナー

朝食は **breakfast**、昼食は **lunch**、夕食は **supper**。

その中でも1日でもっともごちそうの多い食事を **dinner** と言います。日本人の場合は夕食でしょうね。この本では、これからも毎日の夕食が **dinner** であることを願い、**supper** ではなく、夕食を **dinner** としています。

STAGE 37
be able to の文

さて、今回は助動詞の can を使った

I can play tennis. という文を見ていきます。

そして be able to を使った、もう 1 つの文を見ていきます。

I <u>can</u>　　　 play soccer.　　私はサッカーをすることができる。
I <u>am able to</u> play soccer.　　私はサッカーをすることができる。

形としては can を am able to に変えただけです。

主語が	I	の場合	I	am able to
	You	の場合	You	are able to
	We	の場合	We	are able to
	They	の場合	They	are able to
	He	の場合	He	is able to
	She	の場合	She	is able to	となります。

現在の be 動詞の使い方と同じです。簡単ですね。
これらをまとめて be able to と呼んでいます。

いくつか文を見ておきましょう。

あなたは車を運転することができる。
You are able to drive a car.

私たちは泳げます。
We are able to swim.

彼らは英語を上手に話せます。
They are able to speak English well.

（私の）母はピアノを弾くことができる。
My mother is able to play the piano.

> can に直すと
> 見直しができるよ。
> My mother can play the piano.

私はその場所に行くことができる。
I am able to go to the place.

私の犬は速く走れる。
My dog is able to run fast.

STAGE 38
be able to の疑問文

続きまして疑問文です。

You are able to play tennis.

という肯定文があります。ここで押さえておかないといけないことは、**be able to** の文では **be able to** が動詞よりも強い、主導権をにぎるということです。

助動詞の **can** と同じと思ってください。

さらに、**be** が主導権をにぎるということです（上の文では **are** になる）。

You are able to play tennis.　あなたはテニスをすることができる。

これがわかれば、あとは簡単。

疑問文の作り方は **be** 動詞の疑問文と同じです。

主語の前に **Are**

Are you able to play tennis?　あなたはテニスをすることができますか。

主語が				
	I	の場合	Am I	able to ～？
	You	の場合	Are you	able to ～？
	We	の場合	Are we	able to ～？
	They	の場合	Are they	able to ～？

　　　　He　　　の場合　　Is　he　able to ～?
　　　　She　　 の場合　　Is　she able to ～?　となります。

現在の be 動詞の使い方と同じです。簡単ですね。

もう少し見ておきましょう。

あなたは野球をすることができますか。
Are you able to play baseball?

あなたたちは日本語を話せますか。
Are you able to speak Japanese?

君は朝、早く起きられますか（起きることができますか）。
Are you able to get up early in the morning?

早く　early
速く　fast

彼女たちは上手に料理ができますか。
Are they able to cook well?

あなたのお父さんはこの機械を使えますか。
Is your father able to use this machine?

彼女はこの場所に来ることができますか。
Is she able to come to this place?

あなたの車は速く走ることができますか。

Is your car able to run fast?

5W1Hの疑問詞の疑問文

あなたはどこでテニスをすることができますか。

Where are you able to play tennis?

エミはいつ彼女のおじいさんを訪問することができますか。

When is Emi able to visit her grandfather?

君は何ができますか。

What are you able to do?

あなたは何時に起きることができますか。

What time are you able to get up?

What time can you get up? でも **OK** なんですよ。

むずかしく考えないでいきましょう。

STAGE 39
be able to の否定文

He is able to play tennis.

という文があります。be able to の文では be able to が動詞よりも強い。助動詞の can と同じと思うんでしたね。

さらに、be が主導権をにぎるということです（上の文では is になる）。

He is able to play tennis.　彼はテニスをすることができる。

否定文の作り方も、be 動詞の否定文と同じで、is を否定し isn't にする。それだけです。

He isn't able to play tennis.　彼はテニスをすることができません。

主語が	I	の場合	I	am not able to ～.
	You	の場合	You	aren't able to ～.
	We	の場合	We	aren't able to ～.
	They	の場合	They	aren't able to ～.
	He	の場合	He	isn't able to ～.
	She	の場合	She	isn't able to ～. となります。

現在の be 動詞の使い方と同じです。簡単ですね。

動詞に気をつけて、もう少し見ておきましょう。

私は野球をすることができません。
I am not able to play baseball.

僕たちは英語を上手に話せません。
We aren't able to speak English well.

私の弟は朝、早く起きられません（起きることができません）。
My brother isn't able to get up early in the morning.

彼女たちは料理ができません。
They aren't able to cook.

ケンはこの機械が使えません。
Ken isn't able to use this machine.

彼女はこの場所に来ることができません。
She isn't able to come to this place.

彼の犬は速く走ることができません。
His dog isn't able to run fast.

以上が can の代わりに be able to で表した文でした。
肯定文を基本に疑問文、否定文を考えると、よりわかりやすいですね。

STAGE 40
［しなければならなかった］の文

ここでは以前に習った
現在の［しなければならない］の文と、それを
過去の［しなければならなかった］の文にした場合を見ておきましょう。

［現在］I have to study English.　　私は英語を勉強しなければならない。

［過去］I had to study English.　　私は英語を勉強しなければならなかった。

［現在］He has to study English.　　彼は英語を勉強しなければならない。

［過去］He had to study English.　　彼は英語を勉強しなければならなかった。

［現在］の have to（has to）を［過去］の had to に入れ替えるだけなので、簡単ですね。

主語ごとに見ていくと

I	had to	私はしなければならなかった
You	had to	あなたはしなければならなかった
We	had to	私たちはしなければならなかった
They	had to	彼らは（彼女たちは）しなければならなかった

過去ではどの主語でも同じ過去の動詞を使うので、**had to** を使います。

He	had to	彼はしなければならなかった
She	had to	彼女はしなければならなかった

いくつか文を見ておきましょう。

私はテニスをしなければならなかった。
I had to play tennis.

彼らは日本語を学ばなければならなかった。
They had to learn Japanese.

彼女は昨日、早く起きなければならなかった。
She had to get up early yesterday.

その少女はピアノの練習をしなければなりませんでした。
The girl had to practice the piano.

トムは暗くなる前に家に帰らなければならなかった。
Tom had to come home before dark.

　have to, has to を **had to** に変えるだけなので、本当に簡単ですね。
　助動詞の **must**（しなければならない）は現在しか表せませんが、<u>**had to**</u> を使えば過去が表せるんです。便利ですよね。

STAGE 41
［するつもりでした］の文

ここでは以前に習った
現在の［するつもりです］の文と、それを
過去の［するつもりでした］の文にした場合を見ておきましょう。

［現在］I am going to play tennis.　　私はテニスをするつもりです。
［過去］I was going to play tennis.　　私はテニスをするつもりでした。

［現在］He is going to play tennis.　　彼はテニスをするつもりです。
［過去］He was going to play tennis.　　彼はテニスをするつもりでした。

［現在］am, are, is を［過去］の were, was に入れ替えるだけなので簡単ですね。

主語ごとに見ていくと
I　　　was　going to
You　　were going to
We　　were going to
They　were going to
He　　was　going to
She　　was　going to　となります。

時制に気をつけて、文を見ておきましょう。

私たちはその試合を見るつもりでした。
We were going to watch the game.

（私の）母はケーキを作るつもりでした。
My mother was going to make a cake.

（私の）父はたくさん本を読むつもりでした。
My father was going to read many books.

私の妹（たち）は買い物に行くつもりだった。
My sisters were going to go shopping.

> 買い物に行く
> go shopping
> つりに行く
> go fishing

私の多くの友人は彼らの両親の手伝いをするつもりだった。
Many of my friends were going to help their parents.

僕は前の日曜日、友達と遊ぶつもりだった。
I was going to play with my friend last Sunday.

エミは昨日の午後、彼女のおばさんを訪問するつもりでした。
Emi was going to visit her aunt yesterday afternoon.

私は先月、東京へ行くつもりでした。
I <u>was going to</u> go to Tokyo last month.

私たちは美術館へ行くつもりでした。

We were going to go to an art museum.

僕たちは前の夏、日本海へ行くつもりだった。

We were going to go to the Sea of Japan last summer.

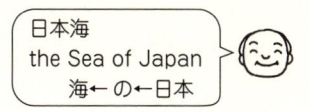

> 日本海
> the Sea of Japan
> 海←の←日本

チョット一息のコーナー

ここで世界三大洋を見ておきましょう。

太平洋　　**the Pacific (Ocean)**
大西洋　　**the Atlantic (Ocean)**
インド洋　**the Indian Ocean**

STAGE 42
［することができた］の文

ここでは以前に習った
現在の［することができる］の文と、それを
過去の［することができた］の文にした場合を見ておきましょう。

I am able to play tennis.　　私はテニスをすることができる。
I was able to play tennis.　　私はテニスをすることができた。

He is able to play tennis.　　彼はテニスをすることができる。
He was able to play tennis.　　彼はテニスをすることができた。

［現在］**am, are, is** を［過去］の **were, was** に入れ替えるだけなので簡単ですね。

主語ごとに見ていくと

I	was	able to
You	were	able to
We	were	able to
They	were	able to
He	was	able to
She	was	able to

となります。

be 動詞の使い方と同じです。簡単ですね。
いくつか文を見ておきましょう。

あなたは車を運転することができた。
You were able to drive a car.

私たちは上手に泳げました。
We were able to swim well.

彼らはその時、英語を話せました。
They were able to speak English then.

（私の）母はギターを弾くことができました。
My mother was able to play the guitar.

私はその場所に行くことができました。
I was able to go to the place.

私の犬はとても速く走れた。
My dog was able to run very fast.

am, are, is を were, was に変えるだけなので、本当に簡単ですね。助動詞の can（できる）は現在しか表せませんが、<u>**were able to**（**was able to**）</u>を使えば過去が表せるんです。便利ですよね。

STAGE 43
等級の文

さあいよいよ等級の文です。楽しくなってきますよ。

これまでは主語のことだけを言う文を見てきました。

[普通の文]
ケンは背が高いです。
Ken is tall.

ここからは
だれか他の人（物）と比べた場合で、
<u>同じ（同じくらい）</u>という場合の文を見ていきます。

その前に、みなさんは［同じ］という言葉を聞いて何を連想しますか。

私は［同じ］→［つりあっている］→［天びん］を連想します。
正確には［上皿天びん］を思い浮かべます。
真ん中に目盛があって、両端には同じ形の皿があるあれです。

両方の皿に比べるものをのせる。
<u>あずけるので、この皿を **as** と呼んでいます。</u>

では次の文を上皿天びんにのせてみましょう。

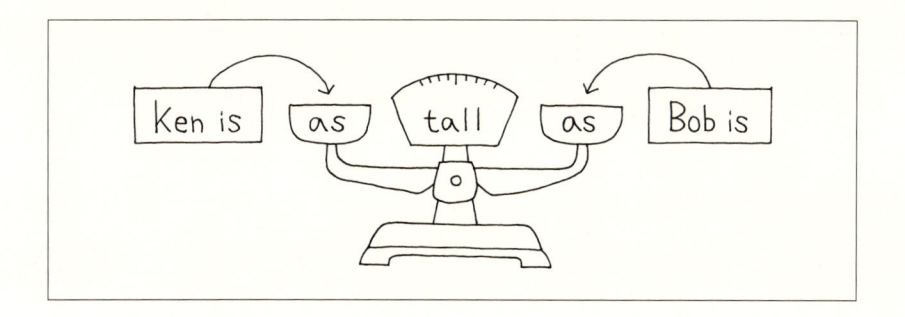

ケンはボブと同じくらい背が高いです。

```
Ken is   as   tall   as   Bob is
```

測る目盛は **tall**（背が高い）にします。

ケンとボブとを、同じ条件で天びんの皿にあず（**as**）けますので

どちらも主格の **Ken is** と **Bob is**

天びんに左右からのせて、左から右へ読むと、あら不思議

Ken is as tall as Bob is.

文ができ上がっています。

最後の（**Bob** の次）**is** はカットして、

Ken is as tall as Bob.

ケンはボブと同じくらい背が高いです。

比べて同じ、[等級の文] のでき上がりです。

> **point** 人呼んで **上皿天びんの法則**。やっぱり私だけがそう呼んでいます。

もう少し見ておきましょう。

フレッドは私と同じ年です。
Fred is as old as I.

> どちらも主格なのでI

あなたは彼女と同じくらい親切です。
You are as kind as she.

> どちらも主格なのでshe

彼女は私の妹と同じくらい若いです。
She is as young as my sister.

メアリーはナンシーと同じくらい美しい（です）。
Mary is as beautiful as Nancy.

マイクは私と同じくらいいそがしい（です）。
Mike is as busy as I.

あの川はこの川と同じくらいの長さです。
That river is as long as this river.

この山はあの山と同じくらいの高さです。
This mountain is as high as that mountain.

この箱はあの箱と同じくらい大きいです。
This box is as big as that one. (that box)

> 同じ名詞のくり返しを避け this one や that one を使うこともあります。

野球はサッカーと同じくらい人気があります。

Baseball is as popular as soccer.

彼の車はあなたの車と同じくらい新しいです。

His car is as new as your car.

あなたの腕時計は私のと同じくらいよい（です）。

Your watch is as good as mine.

トムはポールと同じくらい速く走ります。

Tom runs as fast as Paul.

トムはポールと同じくらい速く走れます（走ることができます）。

Tom can run as fast as Paul.

私は（私の）母と同じくらい早く起きます。

I get up as early as my mother.

私は（私の）母と同じくらい早く起きることができます。

I can get up as early as my mother.

あなたはナンシーと同じくらい上手にピアノを弾きます。

You play the piano as well as Nancy.

あなたはナンシーと同じくらい上手にピアノが弾けます。

You can play the piano as well as Nancy.

STAGE 44
等級の疑問文

等級の疑問文といっても、普通の文を疑問文にするのと同じです。

ケンはボブと同じくらいの背の高さです。
Ken is as tall as Bob.
は **be** 動詞の文ですから、**is** を前に出すだけで疑問文ができますね。

ケンはボブと同じくらいの背の高さですか。
Is Ken as tall as Bob?

簡単でしたね。他にもいくつか見ておきましょう。

あなたは私と同じ年ですか。
Are you as old as I?

メアリーはナンシーと同じくらい美しいですか。
Is Mary as beautiful as Nancy?

あなたの腕時計は私のと同じくらいよいですか。
Is your watch as good as mine?

トムはポールと同じくらい速く走ります。
Tom runs as fast as Paul.
は一般動詞の文ですから、**Do** や **Does** を前につけて疑問文にしましたね。

トムはポールと同じくらい速く走りますか。
Does Tom run as fast as Paul?

簡単でしたね。もう少し見ておきましょう。

あなたは（あなたの）お母さんと同じくらい早く起きますか。
Do you get up as early as your mother?

ナンシーは私と同じくらい上手にピアノを弾きますか。
Does Nancy play the piano as well as I?

トムはポールと同じくらい速く走れます（走ることができます）。
Tom can run as fast as Paul.
は助動詞の文ですから、**Can** を前に出して疑問文にしましたね。

トムはポールと同じくらい速く走れますか（走ることができますか）。
Can Tom run as fast as Paul?

あなたは（あなたの）お母さんと同じくらい早く起きることができますか。
Can you get up as early as your mother?

ナンシーは私と同じくらい上手にピアノが弾けますか。
Can Nancy play the piano as well as I?

STAGE 45
等級の否定文

等級の否定文といっても、普通の文を否定文にするのと同じです。

ケンはボブと同じくらいの背の高さです。
Ken is as tall as Bob.
は be 動詞の文ですから、is を否定するだけで否定文ができますね。

ケンはボブと同じくらい背は高くありません。
Ken isn't as tall as Bob.

簡単でしたね。他にもいくつか見ておきましょう。

あなたは私と同じくらい年をとっていません。
You aren't as old as I.

彼女はナンシーと同じくらい美しくはありません。
She isn't as beautiful as Nancy.

トムはポールと同じくらい速く走ります。
Tom runs as fast as Paul.
は一般動詞の文ですから、don't や doesn't をつけて否定文にしましたね。

トムはポールと同じくらい速くは走りません。

Tom doesn't run as fast as Paul.

簡単でしたね。もう少し見ておきましょう。

私は（私の）母と同じくらい早くは起きません。

I don't get up as early as my mother.

トムはポールと同じくらい速く走れます（走ることができます）。

Tom <u>can</u> run as fast as Paul.

は助動詞の文ですから、<u>can't</u> をつけて否定文にしましたね。

トムはポールと同じくらい速くは走れません（走ることができません）。

Tom can't run as fast as Paul.

私は（私の）母と同じくらい早く起きることができません。

I can't get up as early as my mother.

ナンシーは私と同じくらい上手にピアノが弾けません。

Nancy can't play the piano as well as I.

簡単でしたね。上皿天びんの法則、少しは役に立ったでしょうか。
英語は肯定文が基本です。そして、その土台になっているのが
<u>be</u> 動詞の文（肯定文、疑問文、否定文）と
<u>一般動詞</u>の文（肯定文、疑問文、否定文）です。

最初にしっかり理解していただいたので楽ですね。よく頑張られましたね。

STAGE 46
比較級の文

等級の次は比較級です。

[普通の文]

ケンは背が高いです。

Ken is tall.

ここからは、だれか他の人（物）と比べた場合で、ちがうと言う場合の文を見ていきます。

その前に、みなさんは［ちがう］という言葉を聞いて、何を連想しますか。
私は［ちがう］→［段差］→［段ちがい］を連想します。
正確には［than ちがい］を思い浮かべます。

ケンはボブより背が高いです。

比べて、より背が高い場合は **taller than** になります。
tall（背が高い）に **er** がつきます。

どちらも主格の **Ken is** と **Bob is**

最後の（Bobの次）isはカットして

ケンは　　より背が高いです。
Ken is taller than

　　　ボブ
Ken is taller than Bob.

> 別の英作の考え方

［ケンはボブより背が高い。］で、比較の文とわかるので

ケンは　　　背が高い。
Ken is taller

　　ボブより
Ken is taller than Bob.

どちらでも正解の英作ができますので、どちらで考えても**OK**。
文ができ上がっています。

［比較の文］
Ken is taller than Bob.
ケンはボブより背が高いです。

比べてちがう［比較の文］のでき上がりです。

> **point** **than ちがいの法則** と私は呼んでいます。

もう少し見ておきましょう。

フレッドは私よりも年上です。
Fred is older than I.   どちらも主格なのでI

あなたは彼女よりも親切です。
You are kinder than she.   どちらも主格なのでshe

彼女は私の妹よりも若いです。
She is younger than my sister.

マイクは私よりもいそがしい（です）。
Mike is busier than I.
（busy の最後の y を i に変えて er → busier）

この質問はあの質問よりも簡単です。
This question is easier than that question.
（easy の最後の y を i に変えて er → easier）

私のえんぴつはあなたのよりも長い（です）。
My pencil is longer than yours.

このビルはあの塔（タワー）よりも高い（です）。
This building is higher than that tower.

このカバンはあのカバンよりも大きいです。

This bag is bigger than that one. (that bag)

big（ビッグ）のようにつまる、あるいはカタカナにすると母音（アイウエオ）がないのを短母音と言います。短母音の場合、最後の文字を重ねます。発音しやすくなると思って。

> big の比較級は g を重ねて bigger

彼の車は私の車よりも新しいです。

His car is newer than my car.

トムはポールよりも速く走ります。

Tom runs faster than Paul.

トムはポールよりも速く走れます（走ることができます）。

Tom can run faster than Paul.

私は（私の）母よりも早く起きます。

I get up earlier than my mother.

（early の最後の y を i に変えて er）

私は（私の）母よりも早く起きることができます。

I can get up earlier than my mother.

tall や **old** を比較級にする時は、**er** をつけて **taller, older** としましたね。

ところが beautiful や popular といった長い言葉の場合は er をつける代わりに、前に more をつけて比較級にします（more beautiful, more popular）。

> **チョット一息のコーナー**

どれくらいを長い言葉って言うのかですって？ もっともな質問です。そうですね、目安として母音（a, i, u, e, o）が3つ以上なら長い言葉です。

他にもいくつか見ておきましょう。

important 重要な・大切な、interesting おもしろい・興味がある、famous 有名な・名高い、useful 役に立つ・有益な、careful 注意深い・気をつける

ではいくつか文を見ていきましょう。

メアリーはナンシーよりも美しい（です）。
Mary is more beautiful than Nancy.

私たちのクラスでは野球はテニスよりも人気があります。
Baseball is more popular than tennis in our class.

この本はあの本よりおもしろいです。
This book is more interesting than that one.

[**slowly** 遅く・ゆっくりと、**quickly** 速く・いそいで] の母音は 3 つありませんが、長い言葉で **more slowly, more quickly** となります。この **more** つきの形で覚えてしまいましょう。

good、well の比較級は一味ちがう

tall や **old** を比較級にする時は、**er** をつけて **taller, older** としましたね。ところが **good** や **well** といった言葉の場合は例外で、**er** はつけないでまったく形のちがう <u>**better**</u> で比較級とします（good → better, well → better）。

あなたの腕時計は私のよりもよい（です）。
Your watch is better than mine.

あなたはジェーンよりも上手にピアノを弾きます。
You play the piano better than Jane.

あなたはジェーンよりも上手にピアノが弾けます。
You can play the piano better than Jane.

STAGE 47
比較級の疑問文

比較級の疑問文といっても、普通の文を疑問文にするのと同じです。

ケンはボブより背が高いです。
Ken is taller than Bob.
は be 動詞の文ですから、is を前に出すだけで疑問文ができますね。

ケンはボブより背が高いですか。
Is Ken taller than Bob?

簡単でしたね。他にもいくつか見ておきましょう。

フレッドは私よりも年上ですか。
Is Fred older than I?

＜どちらも主格なので！＞

彼女は私の妹よりも若いですか。
Is she younger than my sister?

マイクは私よりもいそがしいですか。
Is Mike busier than I?

この質問はあの質問よりも簡単ですか。
Is this question easier than that question?

私のえんぴつはあなたのよりも長いですか。

Is my pencil longer than yours?

このビルはあの塔よりも高いですか。

Is this building higher than that tower?

このカバンはあのカバンよりも大きいですか。

Is this bag bigger than that one? (that bag)

彼の車は私の車よりも新しいですか。

Is his car newer than my car?

一般動詞と助動詞の疑問文です。

トムはポールよりも速く走りますか。

Does Tom run faster than Paul?

トムはポールよりも速く走れますか（走ることができますか）。

Can Tom run faster than Paul?

あなたは（あなたの）お母さんよりも早く起きますか。

Do you get up earlier than your mother?

あなたは（あなたの）お母さんよりも早く起きることができますか。

Can you get up earlier than your mother?

more がつく場合の疑問文です。

ジェーンはケイトよりも美しいですか。
Is Jane more beautiful than Kate?

あなたのクラスでは野球はソフトボールよりも人気があるのですか。
Is baseball more popular than softball in your class?

better の場合の疑問文です。

あなたの腕時計は彼女のよりもよいですか。
Is your watch better than hers?

彼はナンシーよりも上手にバイオリンを弾きますか。
Does he play the violin better than Nancy?

彼はナンシーよりも上手にバイオリンが弾けますか。
Can he play the violin better than Nancy?

とくに問題はないですね。

be 動詞の比較の 5W1H の疑問文と答え方

ではここで、どちらが好きか？という 5W1H の疑問文を見ておきましょう。

どちら（の物）が新しいですか。
Which is newer?

> 物の場合 Which を使います。

このカバンとあのカバンとではどちらが新しいですか。

Which is newer, this bag or that bag?

このカバンの方が新しいです。

This bag is newer.

どちらが美しいですか。

Which is more beautiful?

この絵とあの絵ではどちらが美しいですか。

Which is more beautiful, this picture or that picture?

あの絵の方が美しいです。

That picture is more beautiful.

どちら（の人）が年上ですか。

Who is older?

人の場合 Who を使います。

トムとフレッドとではどちらが年上ですか。

Who is older, Tom or Fred?

トムの方が年上です。

Tom is older.

答え方は、

Which の位置に物の名詞（This bag など）を入れる。
Who の位置に人の名詞（Tom など）を入れる。

それだけです。簡単ですね。

一般動詞の比較の 5W1H の疑問文と答え方

あなたはどちらの方が好きですか。
Which do you like better?

あなたは犬とネコではどちらが好きですか。
Which do you like better, dogs or cats?

私は犬の方が好きです。
I like dogs better.

彼はどちらの方が好きですか。
Which does he like better?

彼は数学と音楽とではどちらが好きですか。
Which does he like better, math or music?

彼は音楽の方が好きです。
He likes music better.

答え方ですが、主語（私は、彼は）からはじまる比較の肯定文を作るだけです。

I like dogs better than cats.
He likes music better than math.

を短くした文が

likeの次のdogs、catsは複数。

I like dogs better.
He likes music better.

です。簡単ですね。

チョット一息のコーナー

Which is newer? の文をさらに続ける場合に、**?** マークの位置に**,**（カンマ）を打ちます。

Which is newer, this bag or that bag?

Yes. No. をさらに続ける場合も**.**（ピリオド）の位置に**,**（カンマ）を打ちます。

Yes, it is. / No, it isn't. など。

STAGE 48
最上級の文

等級、比較級、そしてついに最上級。これこそ外せません。とても大事。

では最上級の文を見ていきます。最上ですから、一番という意味ですね。
先ほどの比較級が、2人（2つ）を比べたのに対し、最上級では3人以上でだれが一番か（3つ以上でどれが一番か）を見ます。

[普通の文]　　Ken is tall.　　　　　　　ケンは背が高いです。
[比較級の文]　Ken is taller than Bob.　　ケンはボブより背が高いです。
[最上級の文]　Ken is the tallest of the　ケンは3人の中で一番背
　　　　　　　three.　　　　　　　　　　が高いです。

👉 ここをまちがえる、ここをまちがえやすいのコーナー

tall が、
比較級では tall に er がついて taller になり、
最上級では tall に est がついて tallest になると思いがちです。

× Ken is tallest of the three.
　この文はまちがいです。どこがちがっているのかわかりますか？
　the がぬけていましたね。

○ Ken is the tallest of the three.

確かに **tall** に **est** がついて **tallest** になりますが、それだけでは不十分。最上、一番ですからもっと目立つように **the** がついて **the tallest** になるとお考えください。これでバッチリですね。

<u>ケンは</u><u>3人の中で</u><u>一番背が高いです</u>。
<u>一番背が高い</u>場合は **the tallest** になります。

ケンは　　　　　一番背が高いです。
Ken is the tallest
　　　3人の中で
　　　of the three

Ken is the tallest of the three.

英語はカタマリとその並べ方。英作の仕方は簡単ですね。

> チョット一息のコーナー

なぜ of the three なのか？ of three ではダメなのかですって。
いいところに気がつかれましたね。<u>3人の中で</u>ということですが、3人はあちらにも、こちらにも、そちらにもいます。ですから<u>その3人の中で</u>という意味をもって **of the three** になっている。**the** は必要というわけです。納得ですね。

ケンは彼の家族の中で一番背が高いです。

ケンは　　　　　　　一番背が高いです。

Ken is the tallest

　　　彼の家族の中で

　　　in his family

Ken is the tallest in his family.

アンは5人の中で一番背が低いです。
Ann is the shortest of the five.

アンは彼女の家族の中で一番背が低いです。
Ann is the shortest in her family.

さあ、どうでしょう。of the five と in her family を見て、どういう時に of と in を使うんだろうと今、思われましたか？

of は数が入る時です。複数の時。
（例）of the five　　5人（5つ）の中で
　　　of the seven　7人（7つ）の中で

in は数が入らない時。単数の時。
（例）in her family　彼女の家族の中で
　　　in my class　　私のクラスの中で

わかっていただけたようですね。よかった。

もう少し見ておきましょう。

フレッドは 7 人の中で一番年上です。
Fred is the oldest of the seven.

あなたはあなたのクラスで一番親切です。
You are the kindest in your class.

彼女は彼女の家族の中で一番若いです。
She is the youngest in her family.

マイクは 4 人の中でもっともいそがしい（です）。
Mike is the busiest of the four.
（busy の最後の y を i に変えて est → busiest）

この質問はすべての中でもっとも簡単です。
This question is the easiest of all.
（easy の最後の y を i に変えて est → easiest）

○ of all はそれがすべてなので the はつけません。
× of the all

私のえんぴつは 10 本の中で一番長い（です）。
My pencil is the longest of the ten.

富士山は日本で一番高い（です）。
Mt. Fuji is the highest in Japan.

このカバンは 8 つの中で一番大きいです。
This bag is the biggest of the eight.

big（ビッグ）のようにつまる、あるいはカタカナにすると母音（アイウエオ）がないのを短母音と言い、短母音の場合、最後の文字を重ねるんでしたね。

> big の最上級は g を重ねて biggest

彼の車は 11 台の中でもっとも新しいです。
His car is the newest of the eleven.

トムは彼のクラスの中で一番速く走ります。
Tom runs (the) fastest in his class.

> 一般動詞の最上級の文では the はあってもなくても OK です。

トムは彼のクラスの中で一番速く走れます（走ることができます）。
Tom can run (the) fastest in his class.

私は私の家族の中で一番早く起きます。
I get up (the) earliest in my family.

私は私の家族の中で一番早く起きることができる。
I can get up (the) earliest in my family.

tall や old を最上級にする時は、est をつけて **the tallest, the oldest** としましたね。
ところが beautiful や popular といった長い言葉の場合は est をつける

代わりに、前に **the most** をつけて最上級にします（**the most beautiful, the most popular**）。**important, interesting, famous, useful, careful** なども長い言葉でしたね。

ではいくつか文を見ていきましょう。

メアリーは彼女の家族の中で一番美しい（です）。
Mary is the most beautiful in her family.

野球はこの国で一番人気があります。
Baseball is the most popular in this country.

この本は 8 冊の中で一番おもしろいです。
This book is the most interesting of the eight.

［**slowly** 遅く・ゆっくりと、**quickly** 速く・いそいで］は母音は 3 つありませんが、長い言葉で **the most slowly, the most quickly** となります。
この **the most** つきの形で覚えてしまいましょう。

good、well の最上級は一味ちがう

<u>good</u> や <u>well</u> といった言葉の場合は例外で、**the est** はつけないで、まったく形のちがう <u>the best</u> で最上級とします（**good → the best, well → the best**）。

267

あなたの腕時計は8つの中で一番よい（です）。

Your watch is the best of the eight.

あなたはこのクラスの中で一番上手にピアノを弾きます。

You play the piano the best in this class.

あなたはこのクラスの中で一番上手にピアノが弾けます。

You can play the piano the best in this class.

STAGE 49
最上級の疑問文

最上級の疑問文といっても、普通の文を疑問文にするのと同じです。

ケンは彼の家族の中で一番背が高いです。
Ken is the tallest in his family.
は be 動詞の文ですから、is を前に出すだけで疑問文ができますね。

ケンは彼の家族の中で一番背が高いですか。
Is Ken the tallest in his family?

簡単でしたね。他にもいくつか見ておきましょう。

フレッドは5人の中で一番年上ですか。
Is Fred the oldest of the five?

彼女は彼女の家族の中で一番若いですか。
Is she the youngest in her family?

マイクは彼の家族の中で一番いそがしいですか。
Is Mike the busiest in his family?

この質問は10問の中で一番簡単ですか。
Is this question the easiest of the ten?

このえんぴつは7本の中で一番長いですか。

Is this pencil the longest of the seven?

あのビルはこの市で一番高いですか。

Is that building the highest in this city?

このカバンは8つの中で一番大きいですか。

Is this bag the biggest of the eight?

彼の車は6台の中で一番新しいですか。

Is his car the newest of the six?

ジェーンは彼女のクラスで一番美しいですか。

Is Jane the most beautiful in her class?

あなたのクラスでは野球がもっとも人気があるのですか。

Is baseball the most popular in your class?

あなたの腕時計は4つの中で一番よいですか。

Is your watch the best of the four?

次は一般動詞と助動詞の疑問文です。

トムは彼のクラスの中で一番速く走りますか。

Does Tom run the fastest in his class?

トムは彼のクラスの中で一番速く走れますか（走ることができますか）。
Can Tom run the fastest in his class?

あなたは（あなたの）家族の中でもっとも早く起きますか。
Do you get up the earliest in your family?

あなたは（あなたの）家族の中でもっとも早く起きることができますか。
Can you get up the earliest in your family?

彼は学校で一番上手にバイオリンを弾きますか。
Does he play the violin the best in the school?

彼は学校で一番上手にバイオリンを弾けますか。
Can he play the violin the best in the school?

とくに問題はないですね。

be 動詞の最上級の 5W1H の疑問文と答え方

ではここで、どちらが新しいか、好きか、といったような 5W1H の疑問文を見ておきます。

どれ（物）が一番新しいですか。
Which is the newest?

物の場合 Which を使います。

5つの中ではどのカバンが一番新しいですか。

Which bag is the newest of the five?

このカバンが一番新しいです。

This bag is the newest.

だれが一番年上ですか。

Who is the oldest?

> 人の場合 Who を使います。

あなたの家族の中ではだれが一番年上ですか。

Who is the oldest in your family?

（私の）父が一番年上です。

My father is the oldest.

the most がつく場合の疑問文です。

どれが一番美しいですか。

Which is the most beautiful?

どの絵が7つの中で一番美しいですか。

Which picture is the most beautiful of the seven?

あの絵が一番美しいです。

That picture is the most beautiful.

答え方は、

    <u>Which</u> の位置に物の名詞（**This bag** など）を入れる。
    <u>Who</u> の位置に人の名詞（**My father** など）を入れる。

それだけです。簡単ですね。

一般動詞の最上級の 5W1H の疑問文と答え方

the best の場合の疑問文です。

あなたはどの動物が一番好きですか。
Which animal do you like the best?

私は犬が一番好きです。
I like dogs the best.

彼はどの学科が一番好きですか。
Which subject does he like the best?

彼は音楽が一番好きです。
He likes music the best.

答え方ですが、主語（私は、彼は）からはじまる最上級の肯定文を作るだけです。

I like dogs the best.
He likes music the best.

簡単ですね。
以上が［等級、比較級、最上級］の文でした。おもしろかったですか。
それはよかったですね。

STAGE 50
不定詞の文 I

ここでは不定詞の文というのを見ていきます。

今までの文を、さらにグレードアップしてくれる文です。力がつきますよ。

その前に普通の文を見ておきましょう。

I go to the park. 　私は公園へ行きます。
I am happy. 　　　私は幸せです。

ここまでは **OK** ですね。さて、

I go to the park.
だと公園に行くのはわかりますが、
何をしに行くのかがわかりませんよね。

I am happy.
だと幸せなのはわかりますが、
なぜ幸せなのかがわかりませんよね。

不定詞の文は、そういうことも表せます。
基本は普通の文ですから、そちらから英作します。

私はテニスをするために公園へ行きます。

下線部が前に見た普通の文です。

I go to the park
     to play tennis
I go to the park to play tennis. でき上がりです。

私はあなたに会えて幸せです。

下線部が前に見た普通の文です。

I am happy
     to see you
I am happy to see you. でき上がりです。

どうですか？ 英作の順番がわかれば、簡単ですよね。
もうおわかりと思いますが、

to play tennis　　テニスをするために
to see you　　　あなたに会えて

これらが不定詞です。**to** 不定詞と呼ばれることもあります。
不定詞を含む文が、不定詞の文というわけです。

[**to** ＋動詞の原形] になっています。いつだってそうです。

次の文を見ていきましょう。

私はテニスをするために公園へ行きます。
I go to the park to play tennis.

私はテニスをするために公園へ行きました。
I went to the park to play tennis.

> 〜すは現在
> 〜したは過去

私はあなたに会えて幸せです。
I am happy to see you.

私はあなたに会えて幸せでした。
I was happy to see you.

　いつだって [to + play] や [to + see]（to ＋動詞の原形）になっていますね。現在や過去の時制（時代）は、普通の文の動詞が担当しています。

　もっと簡単に言うと、
　普通の文を英作して、残りを英作すれば正解になる。正解してしまうということです。
　楽しくなってきたでしょう。いいことです。

　もう少し見ておきましょう。

私は英語を勉強するために図書館へ行きます。
I go to the library to study English.

私はあなたと話せてうれしいです。
I am glad to talk with you.

ケンは彼の友人に会うために駅へ行った。
Ken went to the station to see his friend.

私はハワイを訪れることができて幸せです。
I am happy to visit Hawaii.

私は再びこの泉を訪れることができてとても幸せです。
I am very happy to visit this fountain again. (this spring)

アンはその歌を聞いて幸せでした。
Ann was happy to listen to the song.

僕たちは昨日、サッカーをしに公園へ行きました。
We went to the park to play soccer yesterday.

さて、いかがでしたか。

では、引き続き不定詞の文を見ていきます。
その前に普通の文を見ておきましょう。

I like tennis. 私はテニスが好きです。

ここまでは **OK** ですね。

I like tennis. の場合

テニスが好きなのはわかりますが、

見るのが好きなのか、するのが好きなのかといったことがわかりませんよね。

不定詞の文はそういうことも表せます。

私はテニスを見ることが好きです。

英語は言いたいことから英作でしたよね。

下線部から英作です。

I like

  to watch tennis

I like to watch tennis.   でき上がりです。

私はテニスをすることが好きです。

        下線部から英作です。

I like

  to play tennis

I like to play tennis.   でき上がりです。

言いたいことから英作、残りを英作。
英作の順番がわかれば簡単ですよね。

[**to**＋動詞の原形]になっています。いつだってそうです。

時制に気をつけて見ていきましょう。

私はピアノを弾くことが好きです。
I like to play the piano.

私はピアノを弾くことが好きでした。
I liked to play the piano.

もう少し見ておきましょう。

私の弟はテレビを見るのが好きです。
My brother likes to watch TV.

私の父は野球の試合を見るのが好きでした。
My father liked to watch a baseball game.

トムは写真を撮るのが好きです。
Tom likes to take pictures.

引き続き、不定詞の文を見ていきます。
その前に普通の文を見ておきましょう。

I want the book.　私はその本がほしい。
I buy the book.　私はその本を買います。

ここまでは **OK** ですね。

では、次のような場合はどうでしょう。

私はその本を買いたい。

私はその本を買うことを欲している。

英語は言いたいことから英作でしたよね。
下線部から英作です。

I want
　　　　to buy the book
I want to buy the book.　　　でき上がりです。

［買いたい］を［**want to buy**］
とカタマリで押さえると簡単になりますよ。

同じように

want to eat	食べたい
want to swim	泳ぎたい
want to learn	学びたい
want to go	行きたい
want to be	なりたい

この方が楽に文が作れそうですが、いかがでしょうか。

僕はメロンが食べたい。
I want to eat a melon.

僕はメロンが食べたかった。

I wanted to eat a melon.

私たちは海で泳ぎたい。

We want to swim in the sea.

彼女は芸術を学びたがっている（学びたい）。

She wants to learn art.

私の妹は君に会いたがっていた。

My sister wanted to see you.

タローは外国に行きたがっている。

Taro wants to go to a foreign country.

メアリーは日本へ来たがっている。

Mary wants to come to Japan.

私はもう一度ハワイを訪れたい。

I want to visit Hawaii again.

私はピアノを弾きたい。

I want to play the piano.

私は何か食べたい。

I want to eat something.

私は何か飲みたい。

I want to drink something.

> チョット一息のコーナー

some（いくつか）が疑問文や否定文で any に変わりますね。

同じルールで、something（何か）も疑問文や否定文で anything に変わります。

I want to eat something. 　　私は何か食べたい。
Do you want to eat anything? 　あなたは何か食べたいですか？

では、もう少しちがった文を見ておきましょう。
その前に普通の文を見ておきます。

I want a book. 　　　　　私は本がほしい。
I have a lot of work. 　　私はたくさんの仕事がある（もっている）。

この文に不定詞を使って、もう少し意味をもたせることもできます。

私は<u>読むための本がほしい</u>。

英語は言いたいことから英作でしたよね。
下線部から英作です。

I want a book
　　　　　　to read
I want a book to read. 　　でき上がりです。

私はするためのたくさんの仕事がある。
　　　　　　　　　　　　　　下線部から英作です。

I have a lot of work

　　　　　　　to do

I have a lot of work to do.　　でき上がりです。

言いたいことから英作、残りを英作。
英作の順番がわかれば簡単ですよね。[to ＋動詞の原形] になっています。

僕はやるべきたくさんの宿題があります。

I have a lot of homework to do.

私は何か食べるものがほしい。

I want something to eat.

私は何か飲むものがほしい。

I want something to drink.

チョット一息のコーナー

　［読むための本］［するための仕事］と聞くと、本なんだから読むに決まっているし、仕事なんだからするに決まっているじゃないか、と思われませんか。私はそう思うのですけれど。

　文化のちがいでしょうか。英語と日本語はちがうみたいです。

　他にも［僕はお父さんが好きです。］と言えば、日本人は自分のお父さんと思います。

でも、英語ではだれのお父さんなのか、僕のお父さんと言わないといけない、そこまで言わないといけないのが英語なんですね。英語のルールにしたがいましょう。

では、もう少しおもしろい不定詞の文を見ておきましょう。

<u>私の夢</u>はパイロットになることです。
My dream is to be a pilot.

どこがおもしろい不定詞の文かというと

My dream is to be a pilot. は be 動詞の文なので
<u>My dream</u> と <u>to be a pilot</u> を入れ替えることができます。

To be a pilot is <u>my dream</u>.
パイロットになることは私の夢です。

彼女の希望はハワイを訪れることです。
Her hope is to visit Hawaii.

ハワイを訪れることは彼女の希望です。
To visit Hawaii is her hope.

なるほど、納得ですね。

私の希望は外国へ行くことです。

My hope is to go to a foreign country.

彼女の夢は先生になることです。

Her dream is to be a teacher.

私の望みは英語の先生になることです。

My hope is to be an English teacher.

私の計画はその村を訪れることです。

My plan is to visit the village.

歌を歌うことはとても楽しい。

To sing a song is very fun.

英語を勉強することはおもしろい（興味深い）。

To study English is interesting.

歴史を学ぶことは重要です。

To learn history is important.

STAGE 51
want to be の文

小さいころ、大きくなったら何になりたい？って話しませんでしたか。
この［なりたい］が［want to be］です。
［なりたかった］は［wanted to be］です。

では見ていきましょう。

僕はパイロットになりたい。
I want to be a pilot.

私はパイロットになりたかった。
I wanted to be a pilot.

私はピアニストになりたい。
I want to be a pianist.

アンは歌手になりたがっている。
Ann wants to be a singer.

ケンは医者になりたがっていた。
Ken wanted to be a doctor.

彼らは先生になりたがっている。

They want to be teachers.

彼はプロ野球選手になりたかった。

He wanted to be a professional baseball player.

さて、いかがでしたか。
次は、疑問文と合わせて見ておきましょう。

あなたはパイロットになりたいのですか。

Do you want to be a pilot?

はい、なりたいです。　　いいえ、なりたくありません。

Yes, I do.　　　　　**No, I don't.**

あなたは何になりたいのですか。

What do you want to be?

私はエンジニアになりたいのです。

I want to be an engineer.

あなたはエンジニアになりたかったのですか。

Did you want to be an engineer?

はい、なりたかったです。　　いいえ、なりたくありませんでした。

Yes, I did.　　　　　**No, I didn't.**

あなたは何になりたかったのですか。

What did you want to be?

私はテニスの選手になりたかったのです。

I wanted to be a tennis player.

メアリーは先生になりたいのですか。

Does Mary want to be a teacher?

はい、そうです。　　　　いいえ、ちがいます。

Yes, she does.　　**No, she doesn't.**

メアリーは何になりたいのですか。

What does Mary want to be?

彼女は音楽の先生になりたいのです。

She wants to be a music teacher.

ボブはサッカーの選手になりたかったのですか。

Did Bob want to be a soccer player?

はい、そうです。　　　　いいえ、ちがいます。

Yes, he did.　　**No, he didn't.**

ボブは何になりたかったのですか。

What did Bob want to be?

ボブはプロのサッカー選手になりたかったのです。

Bob wanted to be a professional soccer player.

> サッカーの選手は○ a soccer player × soccer player
> 1人を表すaを忘れないよう気をつけましょう。

形容詞だけの場合は a はつけません。

(**beautiful, strong, happy, rich** など) 数えられないからでしたよね。

私は美しくなりたい。

I want to be beautiful.

私は強くなりたい。

I want to be strong.

名詞に形容詞がついた場合は名詞の文、
1人を表す a は当然必要です。

私は美しいモデルになりたい。

I want to be a beautiful model.

僕は強い男になりたい。

I want to be a strong man.

STAGE 52
不定詞の文 II

次は、疑問詞を含んだ不定詞の文を見ていきます。
英語はカタマリだということを納得していただけると思います。
簡単なので、ご安心を。

私は何をすればいいのか知っている。

英語は言いたいことから英作でしたよね。
下線部から英作です。

I know
   what to do
I know what to do.   でき上がりです。

［何をすればいいのか］を［**what to do**］
とカタマリで押さえると簡単になりますよ。

私は料理の仕方を知っている。

I know
   how to cook
I know how to cook.   でき上がりです。

同じように

what to say	何を言えばよいのか
when to go	いつ行けばよいのか
when to start	いつはじめればよいのか
where to see	どこで会えばよいのか
how to use	使い方
how to drive	運転の仕方

この方が楽に文が作れそうですが、いかがでしょうか。

私は今、何をすればよいのかわかりません。
I don't know what to do now.

あなたはそこへいつ行けばよいか知っていますか。
Do you know when to go there?

ビルはコンピュータの使い方を知っている。
Bill knows how to use a computer.

彼はどこへ行けばよいか知りません。
He doesn't know where to go.

ナンシーはどこに滞在すればよいか知っていますか。
Does Nancy know where to stay?

彼は車の運転の仕方を知っています。
He knows how to drive a car.

彼らはいつ出発したらよいか知っていますか。
Do they know when to start?

私はどこでそれを買えばよいかわかりません。
I don't know where to buy it.

私の弟は車の運転の仕方を知っています。
My brother knows how to drive a car.

メアリーは毎日、バイオリンの弾き方を習います。
Mary learns how to play the violin every day.

　いつだって［what to ＋ do］や［how to ＋ use］（to ＋動詞の原形）になっていますね。
　現在や過去の時制（時代）は、普通の文の動詞が担当しています。
　もっと簡単に言うと、普通の文を英作して、残りを英作すれば正解になる。正解してしまうということです。

　さらに、疑問詞を含んだ過去の不定詞の文を見ていきます。
　最初が過去になるだけです。簡単ですね。

私は何をすればいいのか知っていた。

　　　　　　　　　　　　英語は言いたいことから英作でしたよね。
　　　　　　　　　　　　下線部から英作です。

I knew
　　　　what to do
I knew what to do.　　　でき上がりです。

［何をすればいいのか］の［**what to do**］はそのままで簡単です。

私はてんぷらの料理の仕方を知っていた。
I knew
　　　　how to cook tempura
I knew how to cook tempura.　　　でき上がりです。

過去の時制になっても、このカタマリは同じです。

what to say	何を言えばよいのか
when to go	いつ行けばよいのか
when to start	いつはじめればよいのか
where to see	どこで会えばよいのか
how to use	使い方
how to drive	運転の仕方

などはそのままです。

私はその時、何をすればよいのかわかりませんでした。
I didn't know what to do then.

あなたはそこへいつ行けばよいか知っていましたか。
Did you know when to go there?

ビルはコンピュータの使い方を知っていた。
Bill knew how to use a computer.

〜方は how to 〜

私の弟はどこへ行けばよいか知りませんでした。
My brother didn't know where to go.

彼女はどこに滞在すればよいか知っていましたか。
Did she know where to stay?

彼はその機械の使い方を知っていました。
He knew how to use the machine.

彼らはいつ出発したらよいか理解していましたか。
Did they understand when to start?

私たちはそれをどこで買えばよいかわかりませんでした。
We didn't know where to buy it.

私の弟はギターの弾き方を知っていました。
My brother knew how to play the guitar.

私はその時、何を言えばよいのかわからなかった。
I didn't know what to say then.

私は昨日、ギターの弾き方を習いました。
I learned how to play the guitar yesterday.

以上が不定詞の文でした。
英語はカタマリとその並べ方、実感していただけたと思います。
楽しいですか、わかりやすいですか。よいことです。

STAGE 53
動名詞の文

これが整理できている人はスルドイ。元気にマスターしましょう。

動名詞の文というのを見ていきます。

次の3つの一般動詞に注目してください（過去形の方も）。

enjoy	楽しむ	enjoyed	楽しんだ
stop	やめる	stopped	やめた
finish	終える	finished	終えた

私はテニスをすることを楽しむ。

I enjoy playing tennis.

私たちはテニスをすることをやめた。

We stopped playing tennis.

私は楽しむ	I enjoy
私たちはやめた	We stopped
のあとに、残りの	playing tennis をつけるだけなので簡単ですね。

チョット一息のコーナー

［テニスをすること］って［to play tennis］って習ったけどちがうの？ と思われているあなたは鋭い。

その通りです。不定詞のところで習いました。

私はテニスをすることが好きです。

I like to play tennis.

ところが、今回注目していただく 3 つの一般動詞 **enjoy, stop, finish** のあとに、× **to play** はつけられません（中学レベル）。動名詞と呼ばれる ○ **playing** なら、**enjoy, stop, finish** のあとにつけられます。ですから不定詞とは別の、ここ、動名詞のところで説明しているのですね。

では引き続き、動名詞の文を見ていきましょう。

彼女は毎日、踊って楽しみます。

She enjoys dancing every day.

私はテレビを見るのをやめました。

I stopped watching TV.

私の母はたくさんの皿を洗い終えました。

My mother finished washing a lot of dishes.

私たちは昨夜、歌って楽しんだ。
We enjoyed singing last night.

僕はその時、話すのをやめました。
I stopped talking then.

彼はその部屋の掃除をし終えました。
He finished cleaning the room.

彼女たちは前の日曜日、買い物を楽しみました。
They enjoyed shopping last Sunday.

動名詞の文、いかがでしたか。
enjoy, stop, finish の3つの言葉、しっかりと押さえておいてくださいね。

STAGE 54
命令文

やさしい文、意外な文もあるかも。リラックスして進みましょう。

ここでは命令する文、命令文を見ておきます。そのままですね。

私がだれに命令するかといえば、やはり目の前にいる人、**You** ということになるでしょう。

You play tennis. あなたはテニスをします。
You run fast. あなたは速く走る。

You ではじまる文の **You** をカットすると、命令文の形になります。そうです、**命令文には主語がない**。これが命令文の特徴ですね。

Play tennis. テニスをしなさい。
Run fast. 速く走りなさい。

文のはじまりは大文字。

チョット一息のコーナー

みなさん、日本で一番多く使われている命令文は何だと思われますか。私は次の言葉だと思います。

勉強しなさい。
Study.

Study.
勉強しなさい。

やはり、命令文には主語がありませんね。

ピアノを弾きなさい。
Play the piano.

【基本パターン】主語がない

立ちなさい。
Stand up.

座りなさい。
Sit down.

窓を開けなさい。
Open the window.

(あなたの) 両目を閉じて。
Close your eyes.

(あなたの) 両手を洗いなさい。
Wash your hands.

プールで泳ぎなさい。
Swim in the pool.

ここへ来なさい。
Come here.

病院へ行きなさい。
Go to the hospital.

多くの本を読みなさい。
Read a lot of books. / Read many books.

朝ごはんを食べなさい。
Eat breakfast.

（私を）助けて。
Help me.

起きなさい。（目を覚ます）　　起きなさい。（立ち上がる）
Wake up.　　　　　　　　**Get up.**

目覚めた時が **wake up** で、ベッドやふとんから出た時が **get up** です。普通の人なら **wake up** の次に **get up** になりますね。

トム、起きなさい。　　　　　起きなさい、トム。
Tom, get up.　　　　　　**Get up, Tom.**

この場合の **Tom,** は呼びかけなので、主語ではありません。命令文には主語はありませんからね。

ここまでが命令文の基本のパターンです。
私は[**基本パターン**]と呼んでいます。そのままですね。

「基本パターンの他にも何かあるのかしら？」という声が聞こえてきそうですが、他に 3 つあります。その 1 つが please のつく命令文です。

please がつくと、ていねいな言い方になります。

Please play tennis.　　（どうぞ）テニスをしてください。
Please run fast.　　　（どうぞ）速く走ってください。

> please は、あとにまわすこともできます。

Play tennis, please.　　（どうぞ）テニスをしてください。
Run fast, please　　　（どうぞ）速く走ってください。

> please の前に［,］を打ちます。

【おねがいパターン】please を使う

ピアノを弾いてください。
Please play the piano.
Play the piano, please.

プールで泳いでください。
Please swim in the pool.　　Swim in the pool, please.

窓を開けてください。
Please open the window.　　Open the window, please.

ここへ来てください。
Please come here.　　Come here, please.

病院へ行ってください。

Please go to the hospital.　　**Go to the hospital, please.**

（私を）助けてください。

Please help me.　　　　**Help me, please.**

どうです、簡単でしたか。

please をつけるパターンを、私は **[おねがいパターン]** と呼んでいます。

次の1つが Let's のつく命令文です。

Let's がつくと、人をさそうような言い方になります。

Let's play tennis.　　テニスをしよう。
Let's run fast.　　　速く走ろう。

> Let's は前だけです。うしろにはまわせません。

ピアノを弾こう。

Let's play the piano.

【おさそいパターン】Let's を使う

プールで泳ごう。

Let's swim in the pool.

窓を開けよう。

Let's open the window.

あそこへ行こう。
Let's go there.

公園へ行こう。
Let's go to the park.

彼らを助けよう。
Let's help them.

簡単でしたか。
Let's をつけるパターンを、私は **[おさそいパターン]** と呼んでいます。

残る1つが **Don't** のつく命令文です。

You don't play tennis. 　　あなたはテニスをしません。

You don't ではじまる文の、**You** をカットすると **Don't** の命令文の形になります。命令文には主語がない。これが命令文の特徴でしたね。

Don't がつくと、物事を否定する言い方になります。

Don't play tennis. 　　テニスをするな。
Don't run here. 　　ここで走るな。

> Don't は前だけです。うしろにはまわせません。

ピアノを弾いてはいけません。
Don't play the piano.

【否定パターン】Don't を使う

川で泳ぐな。
Don't swim in the river.

窓を閉めるな。
Don't close the window.

そこへ行くな。
Don't go there.

その場所へ行くな。
Don't go to the place.

それを忘れるな。（それを忘れてはいけません。）
Don't forget it.

どうです、簡単でしたか。それはよかった。
Don't をつけるパターンを、私は **[否定パターン]** と呼んでいます。

以上が、命令文の [基本パターン] [おねがいパターン] [おさそいパターン] [否定パターン] でした。
　正確に言うと、一般動詞の命令文でした。

STAGE 55
Be の命令文

こちらの文もわかっていると、さらにスルドイですよ。
動詞も一般動詞と be 動詞がありますよね。
命令文も一般動詞の命令文と、be 動詞の命令文があるんですね。
ではそれを見ていきましょう。

You are a doctor. あなたは医者です。
You are kind. あなたは親切です。

You ではじまる文の、**You** をカットすると命令文の形になります。
そうです、命令文には主語がない。
動詞は原形に戻る。これが命令文の特徴ですね。

am, are, is, were, was の原形は **be** です。だから **be** 動詞でしたよね。

Be a doctor. 医者になりなさい。
Be kind. 親切にしなさい。

> 文のはじまりは大文字。

先生になりなさい。
Be a teacher.

静かにしなさい。

Be quiet.

注意しなさい。

Be careful.

強くなりなさい。

Be strong.

強い男になりなさい。

Be a strong man.

美しくなりなさい。

Be beautiful.

幸せになりなさい。

Be happy.

さあ、どうですか。
形容詞の場合は、**Be** のあとは形容詞（例 **strong**）だけです。
数えられる名詞の場合は、名詞（例 **a teacher**）となりますね。
以上が、**be** 動詞の命令文の **[基本パターン]** です。

基本パターンの他に 3 つあります。その 1 つが **please** のつく命令文です。
please がつくと、ていねいな言い方になります。

Please be a doctor.　　　（どうぞ）医者になってください。
Please be kind.　　　　　（どうぞ）親切にしてください。

Be a doctor, please.　　　医者になってください。
Be kind, please.　　　　　親切にしてください。

先生になってください。
Please be a teacher.　　　Be a teacher, please.

静かにしてください。
Please be quiet.　　　　　Be quiet, please.

注意してください。
Please be careful.　　　　Be careful, please.

強くなりなさい。
Please be strong.

強い男になってください。
Please be a strong man.

美しくなってください。
Please be beautiful.

幸せになってください。
Please be happy.

以上が [おねがいパターン] です。

次の1つが Let's のつく命令文です。
Let's がつくと、人をさそうような言い方になります。

親切にしよう。/ やさしくなろう。
Let's be kind.

静かにしよう。
Let's be quiet.

注意しよう。
Let's be careful.

強くなろう。
Let's be strong.

美しくなろう。
Let's be beautiful.

幸せになろう。
Let's be happy.

どうです、簡単でしたか。
以上が [おさそいパターン] です。

残る 1 つが **Don't** のつく命令文です。

> 文のはじまりは大文字です。

弱虫になるな。
Don't be a coward.

遅れるな。
Don't be late.

愚か者になるな。
Don't be fool.

うるさくするな。
Don't be noisy.

きたなくするな。
Don't be dirty.

以上が [否定パターン] です。

それでは、**Please** ではじまる命令文を、もう少し見ておきましょう。

私に話して（教えて）ください。
Please tell me.

その道を私に話してください。
Please tell me the way.

駅へのその道を私に話してください。
Please tell me the way to the station.

行き方（方法）を私に教えてください。
Please tell me how to go.

駅への行き方を私に教えてください。
Please tell me how to go to the station.

道を聞く時など、よく使う文ですね。人に道を教えてもらっているわけですが、これらも命令文です。ちょっと意外でしたか？

引き続き **Please** の命令文です。

そのカードを私に見せてください。
Please show me the card.

その地図を私に見せてください。
Please show me the map.

その綿を私たちに見せてください。
Please show us the cotton.

あめ（キャンディ）を彼にあげてください。

Please give him a candy.

その綿菓子（綿あめ）を彼女たちに与えてください。

Please give them the cotton candy.

いかがでしたか。

命令文は動詞の原形からはじまる（一般動詞と be 動詞の原形）。

Please, Let's, Don't がつく場合がある。

和文を英文にできれば **OK** です。

銀の扉のコーナー

銀の扉のむこうには、特別な文が3つ待っています。

STAGE 56
進行形

ついに特別な文の出番です。何が特別なのか、それは見てのお楽しみ。

ここでは進行形という文を見ていきます。

現在、物事が進行している形の文です。正確には現在進行形です。そのままですね。

[普通の文]

私はテニスをします。

I play tennis.

[進行形の文]

私はテニスをしています。

I am playing tennis.

さて、普通の文と進行形の文のちがいを考えてみましょう。

普通の文は、普段の会話の中で使われます。
いつ：いつでも、朝、昼、夜を問わず
どこで：どこでも、家、学校、会社、食事中でも、風呂でも

進行形の文は、
いつ：現在
どこで：物事が進行しているその場所で（この場合、テニスをしている場所）

> 絵で見るちがい

[普通の文]　　　　　　　　[進行形の文]

> 文字で見るちがい

[普通の文]　　　私は　テニスを　します。
[進行形の文]　　私は　テニスを　しています。

進行形の方が【てい】の 2 文字が多いのがわかります。
[てい] の進行形と覚えましょう。

　　　　　[しています] は [てい] を外すと元の [します] に戻ります。

> ここでチョット注意

[私はペンを 1 本もっている。] の場合は進行形ではありません。
[もっている] は [てい] を外すと、×[もっる] となり日本語でなくなりますから。

　　I have a pen.　　一般動詞の文です。

同じように、[私は神戸に住んでいる。] も
　　I live in Kobe.　　一般動詞の文です。

[もっている have] や [住んでいる live] はもともと進行形のような意味をもつ一般動詞なので、進行形にはできない、する必要がないということです。
　[てい] を外せば進行形かどうかはわかりますからご安心を。

[普通の文]
　私はテレビを見ます。
I watch TV.

[進行形の文]
　私はテレビを見ています。
I am watching TV.

　トムとケンはテニスをしています。
Tom and Ken are playing tennis.

　彼らは野球をしています。
They are playing baseball.

　私たちはバスケットボールをしています。
We are playing basketball.

　1人（単数）の場合はどうでしょう。

　彼はバドミントンをしています。
He is playing badminton.

彼女は卓球をしています。
She is playing table tennis.

［ボブはギターを弾いています。］の場合には
Bob is playing the guitar.

［私の姉はピアノを弾いています。］の場合には
My sister is playing the piano.

［しています］の［す］は現在を表す be 動詞、am, are, is が担当します。
　I は am
　You と複数の主語は are
　単数の主語は is

［していました］の［た］は過去を表す be 動詞、were, was が担当します。
　You と複数の主語は were
　単数の主語は was

I が主語の場合
［しています］は［am playing］
［していました］は［was playing］となります。

進行形は be 動詞の文と同じルールで、
現在の場合
I am
You are

複数の場合は <u>are</u> を使います。

We are

They are

単数の場合は <u>is</u> を使います。(I と You はのぞく)

He is

She is

わかっていただけたと思いますが、念のため先ほどの 2 文を確認しておきましょう。

○私は　　　　I
○テニスを　　tennis
○していま　　playing
○す　　　　　am

私はテニスをしています。

○ **I am playing tennis.**

○私は　　　　I
○テニスを　　tennis
○していま　　playing
○した　　　　was

私はテニスをしていました。

○ **I was playing tennis.**

進行形は be 動詞を使う文だということ、わかっていただけたと思います。ではいろんな進行形の文を

[am, are, is, were, was] ＋○○ ing

に気をつけて見ていきましょう。

私は本を読んでいます。
I am reading a book.

僕は手紙を書いています。
I am writing a letter.

ミカは英語を話しています。
Mika is speaking English.

彼らは公園を（公園の中を）走っています。
They are running in the park.

アンは彼女のお姉さんを手伝っている。
Ann is helping her sister.

トムと彼の弟はテレビを見ている。
Tom and his brother are watching TV.

TV イコール television

たくさんの子どもたちがプールで泳いでいます。
Many children are swimming in the pool.

その少年は木の下に座っています。
The boy is sitting under the tree.

フレッドは今、ラジオを聞いている。
Fred is listening to the radio now.

私たちは今、働いています。
We are working now.

（私の）祖父は庭を歩いています。
My grandfather is walking in the garden.

トムの弟は自分の宿題をしている。
Tom's brother is doing his homework.

（私の）姉は自分の部屋で音楽を聞いています。
My sister is listening to music in her room.

（私の）母は台所で料理をしています。
My mother is cooking in the kitchen.

（私の）父は今、居間で新聞を読んでいる。
My father is reading a newspaper in the living room now.

STAGE 57
進行形の否定文・疑問文

わかれば簡単、進行形といったところでしょうか。

進行形は be 動詞を使う文と、前に書きました。

進行形にも肯定文の他に否定文、疑問文があるわけですが、ご安心ください。

普通の be 動詞の文とまったく同じルール、同じ方法で否定文、疑問文を作ります。やっぱり、簡単ですね。

[普通の be 動詞の文]

　　[肯定文] **He is a teacher.**　　　彼は先生です。
　　[否定文] **He isn't a teacher.**　　彼は先生ではありません。

　　　　be 動詞に not をつけるだけ（is に not をつけて is not、短縮形の isn't）。

[現在進行形の文]

　　[肯定文] **He is playing tennis.**　　彼はテニスをしています。
　　[否定文] **He isn't playing tennis.**　彼はテニスをしていません。

　　　　be 動詞に not をつけるだけ（is に not をつけて is not、短縮形の isn't）。

では他の進行形の否定文を見ていきましょう。

君は今、勉強をしていない。
You aren't studying now.

トムは今、彼のお姉さんを手伝っていません。

Tom isn't helping his sister now.

ボブと彼の弟はテレビを見ていない。

Bob and his brother aren't watching TV.

では進行形の疑問文に入ります。

普通のbe動詞の疑問文と合わせて見ておきましょう。

[普通のbe動詞の文]

　[肯定文] **He is a teacher.**　　　彼は先生です。

　[疑問文] **Is he a teacher?**　　　彼は先生ですか。

> be動詞を前に出すだけ（isを前に出してIs、最後に？）。

[現在進行形の文]

　[肯定文] **He is playing tennis.**　　　彼はテニスをしています。

　[疑問文] **Is he playing tennis?**　　　彼はテニスをしていますか。

> be動詞を前に出すだけ（isを前に出してIs、最後に？）。

では他の進行形の疑問文を見ていきましょう。

ミカは英語を話していますか。　　　　　　はい、話しています。

Is Mika speaking English?　　　　　**Yes, she is.**

彼らは公園を（公園の中を）走っていますか。	いいえ、走っていません。
Are they running in the park?	No, they aren't.
アンは彼女のお姉さんを手伝っていますか。	いいえ、手伝っていません。
Is Ann helping her sister?	No, she isn't.
トムと彼の弟はテレビを見ていますか。	はい、見ています。
Are Tom and his brother watching TV?	Yes, they are.
その少年はその木の下に座っていますか。	いいえ、座っていません。
Is the boy sitting under the tree?	No, he isn't.
あなたは今、勉強していますか。	はい、勉強しています。
Are you studying now?	Yes, I am.
あなたのお母さんは台所で料理をしていますか。	はい、料理をしています。
Is your mother cooking in the kitchen?	Yes, she is.

5W1H ではじまる進行形の疑問文

ここで下線部をたずねる疑問文を見ておきましょう。

トムは日高公園でテニスをしています。

Tom is playing tennis <u>in Hidaka Park</u>.

in Hidaka Park　をたずねる　Where
あとは　Tom is playing tennis　を疑問文にするだけです。

トムはどこでテニスをしていますか。
Where is Tom playing tennis?

5W1Hの疑問文は［いつ］［どこで］［何を］などを先に英作でしたね。

ケンはどこで野球をしていますか。
Where is Ken playing baseball?

彼らはどこで泳いでいますか。
Where are they swimming?

アンはどこで日本語を勉強していますか。
Where is Ann studying Japanese?

アンはあそこで何を勉強していますか。
What is Ann studying there?

アンはあそこで何をしているのですか。
What is Ann doing there?

あなたはここで何をしているのですか。
What are you doing here?

君たちは今、何をしているんですか。
What are you doing now?

STAGE 58
過去の進行形

ここからは過去進行形です。

過去の be 動詞 **were, was** を使う進行形の文です。

えっ！ たったそれだけで過去の進行形が作れるの？ そうなんです。過去に、物事が進行していた形の文です。ですから過去進行形です。そのままですね。

過去進行形を説明する時、先に見てきた現在進行形は外せません。
たとえば、

私は今、テニスをしています。
I am playing tennis now.

見ての通り、現在進行形の文です。ラケットを手にテニスをしているのでしょう。この風景が昨日（過去）だと過去進行形になるということです。

私は昨日、テニスをしていました。
I was playing tennis yesterday.

過去進行形の文は
いつ：過去
どこで：物事が進行しているその場所で（この場合、テニスをしている場所）

> 絵で見るちがい

［現在進行形の文］　　　　　［過去進行形の文］

> 文字で見るちがい

［現在進行形の文］　　　私は　テニスを　しています。
［過去進行形の文］　　　私は　テニスを　していました。

現在進行形は［す］で終わり、
過去進行形は［した］で終わります。

現在進行形の時制を担当する **am, are, is** を
were, was にするだけで過去進行形が作れます。

　［もっていた **had**］や［住んでいた **lived**］はもともと進行形のような意味をもつ一般動詞なので、進行形にはできない、する必要がないということでしたね。［てい］を外せば進行形かどうかはわかります。

［普通の文］（過去形）
　私は英語を勉強しました。
　I studied English.

[過去進行形の文]

私は英語を勉強していました。
I was studying English.

トムとケンはテニスをしていました。
Tom and Ken were playing tennis.

彼らは前の日曜日、野球をしていました。
They were playing baseball last Sunday.

私たちはその時、バスケットボールをしていました。
We were playing basketball then.

1人（単数）の場合はどうでしょう。

彼は昨日、バドミントンをしていました。
He was playing badminton yesterday.

彼女はその時、卓球をしていました。
She was playing table tennis then.

ボブは昨夜、ギターを弾いていました。
Bob was playing the guitar last night.

私の姉は昨日、ピアノを弾いていました。
My sister was playing the piano yesterday.

もう少し見ておきましょう。

私は図書館で本を読んでいました。
I was reading a book in the library.

僕は自分の部屋で手紙を書いていました。
I was writing a letter in my room.

ミカはその時、英語を話していました。
Mika was speaking English then.

彼らは校庭を走っていました。
They were running in the schoolyard.

アンはその時、彼女のお姉さんを手伝っていました。
Ann was helping her sister then.

トムと彼の弟はテレビを見ていました。
Tom and his brother were watching TV.

たくさんの子どもたちが海で泳いでいました。
Many children were swimming in the sea.

その少女は昨日、その木の下に立っていました。
The girl was standing under the tree yesterday.

トムの弟は自分の宿題をしていた。

Tom's brother was doing his homework.

ユミは昨夜、台所で料理をしていました。

Yumi was cooking in the kitchen last night.

私たちは前の日曜日、楽しい時間を過ごして（もって）いました。

We were having a good time last Sunday.

STAGE 59
過去進行形の否定文・疑問文

　過去進行形にも、肯定文の他に否定文、疑問文があるわけですが、ご安心ください。

　普通の be 動詞の文とまったく同じルール、同じ方法で否定文、疑問文を作ります。簡単ですね。

［普通の be 動詞の文］

　　［肯定文］**He was a teacher.**　　　彼は先生でした。
　　［否定文］**He wasn't a teacher.**　　彼は先生ではありませんでした。

> be 動詞に not をつけるだけ（was に not をつけて was not、短縮形の wasn't）。

［過去進行形の文］

　　［肯定文］**He was playing tennis.**　　彼はテニスをしていました。
　　［否定文］**He wasn't playing tennis.**　彼はテニスをしていませんでした。

> be 動詞に not をつけるだけ（was に not をつけて was not、短縮形の wasn't）。

では他の過去進行形の否定文を見ていきましょう。

私はその時、本を読んでいませんでした。

I was not reading a book then.

彼女はその時、ピアノを弾いてはいなかった。
She wasn't playing the piano then.

君は昨夜、勉強をしていなかった。
You weren't studying last night.

ケンと彼の弟はテレビを見ていなかった。
Ken and his brother weren't watching TV.

では過去進行形の疑問文に入ります。
普通の be 動詞の疑問文と合わせて見ておきましょう。

[普通の be 動詞の文]
 [肯定文] **He was a teacher.**   彼は先生でした。
 [疑問文] **Was he a teacher?**   彼は先生でしたか。

> be 動詞を前に出すだけ（was を前に出して Was、最後に？）。

[過去進行形の文]
 [肯定文] **He was playing tennis.**   彼はテニスをしていました。
 [疑問文] **Was he playing tennis?**   彼はテニスをしていましたか。

> be 動詞を前に出すだけ（was を前に出して Was、最後に？）。

では他の過去進行形の疑問文を見ていきましょう。

ミカは英語を話していましたか。	はい、話していました。
Was Mika speaking English?	**Yes, she was.**
彼らは校庭を走っていましたか。	いいえ、走っていませんでした。
Were they running in the schoolyard?	**No, they weren't.**
アンは彼女のお姉さんを手伝っていましたか。	いいえ、手伝っていませんでした。
Was Ann helping her sister?	**No, she wasn't.**
トムと彼の弟はテレビを見ていましたか。	はい、見ていました。
Were Tom and his brother watching TV?	**Yes, they were.**
その少女は、その木の下に座っていましたか。	いいえ、座っていませんでした。
Was the girl sitting under the tree?	**No, she wasn't.**
あなたはその時、勉強していましたか。	はい、勉強していました。
Were you studying then?	**Yes, I was.**

あなたのお母さんは台所で料理をしていましたか。　　はい、料理をしていました。

Was your mother cooking in the kitchen?　　**Yes, she was.**

5W1Hではじまる過去進行形の疑問文

ここで下線部をたずねる疑問文を見ておきましょう。

トムは日高公園でテニスをしていました。

Tom was playing tennis <u>in Hidaka Park</u>.

in Hidaka Park　をたずねる　　Where
あとは　**Tom was playing tennis**　を疑問文にするだけです。

トムはどこでテニスをしていましたか。

<u>Where</u> was Tom playing tennis?

5W1Hの疑問文は［いつ］［どこで］［何を］などを先に英作でしたね。

ボブはどこで野球をしていましたか。

Where was Bob playing baseball?

彼らはどこで泳いでいましたか。

Where were they swimming?

333

アンはどこで日本語を勉強していましたか。

Where was Ann studying Japanese?

アンはあそこで何を勉強していましたか。

What was Ann studying there?

アンはあそこで何をしていたのですか。

What was Ann doing there?

あなたはここで何をしていたのですか。

What were you doing here?

君たちはその時、何をしていたのですか。

What were you doing then?

以上が過去進行形、過去の **be** 動詞 **were, was** を使う進行形の文でした。

STAGE 60
受動態（受け身）

特別な文、第2弾です。はりきっていきましょう。
ここでは受動態という文を見ていきます。
物事を反対の立場から見た形の文です。

［普通の文］

彼は彼女を助けた。

He helped her.

［受動態の文］

彼女は彼に助けられた。

She was helped by him.

［普通の文］

多くの人々が英語を話します。

Many people speak English.

［受動態の文］

英語は多くの人々によって話されます。

English is spoken by many people.

［普通の文］

私の父はその門を開けます。

My father opens the gate.

[受動態の文]

その門は私の父によって開けられる。

The gate is opened by my father.

さて、普通の文と受動態の文のちがいを考えてみましょう。

普通の文は、主語の次に一般動詞が来る文です。

受動態の文は、be 動詞と spoken の文
　　　　　　　was helped, is spoken のように 2 つで意味を表す文

絵で見るちがい

[普通の文]　　　　　　　　[受動態の文]

文字で見るちがい

[普通の文]　　彼は 彼女を 助けた。
[受動態の文]　彼女は 彼に 助けられた。

受動態の方が [られ] の 2 文字が多いのがわかります。

他の受動態も見ますと、作られる、話される、歌われる、書かれる[れ]が共通して見られます。

[れ]の受動態と覚えましょう。

もう少し受動態の文を見ておきましょう。

あれらの窓はフレッドによって閉められる。
Those windows are closed by Fred.

これらのコンピュータは何人かの学生によって使われる。
These computers are used by some students.

あなたはみんなから愛されています。
You are loved by everyone.

これらの車は日本で作られた（日本製です）。
These cars were made in Japan.

日本製 made in Japan よく耳にしますね。

単数の場合はどうでしょう。

この部屋は私の母によって掃除される。
This room is cleaned by my mother.

この箱はケンによって作られた。
This box was made by Ken.

この辞書は多くの学生に使われる。

This dictionary is used by many students.

この手紙はアンによって書かれた。

This letter was written by Ann.

この家は約 50 年前に建てられました。

This house was built about fifty years ago.

> チョット一息のコーナー

［風］を英語で wind

wind が入ってくるところと言えば window ［窓］

どの窓かわかるように the window のように使われます。

英語はこの国で話される。
英語はこの国で話された。

［話される］の［る］は現在を表す be 動詞、am, are, is が担当します。

　I は am

　You と複数の主語は are

　単数の主語は is

［話された］の［た］は過去を表す be 動詞、were, was が担当します。

　You と複数の主語は were

　I と単数の主語は was

It が主語の場合
[話される] は [is spoken]
[話された] は [was spoken] となります。

わかっていただけたと思いますが、念のため先ほどの 2 文を確認しておきましょう。

○英語は　　English
○この国で　in this country
○話され　　spoken
○る　　　　is

英語はこの国で話される。
○ English is spoken in this country.

○英語は　　English
○この国で　in this country
○話され　　spoken
○た　　　　was

英語はこの国で話された。
○ English was spoken in this country.

受動態も be 動詞を使う文だということ、わかっていただけたと思います。
ではいろんな受動態の文を、be 動詞のつけ忘れに気をつけて見ていきましょう。

この犬小屋はトムによって作られました。
This doghouse was made by Tom.

これらの写真は私の兄によって撮られた。
These pictures were taken by my brother.

そのカップは昨日、ボブによってこわされた。
The cup was broken by Bob yesterday.

これらの本は多くの人々に読まれました。
These books were read by many people.

私たちは昨夜、そのパーティーに招待されました。
We were invited to the party last night.

わかれば簡単、受動態といったところでしょうか。
受動態は be 動詞を使う文です。

STAGE 61
受動態の否定文・疑問文

　受動態にも肯定文の他に否定文、疑問文があるわけですが、こちらも、普通の be 動詞の文とまったく同じルール、同じ方法で否定文、疑問文を作ります。

やっぱり、簡単ですね。

[普通の be 動詞の文]

　　[肯定文] **She is a student.**　　　彼女は学生です。
　　[否定文] **She isn't a student.**　　彼女は学生ではありません。

> be 動詞に not をつけるだけ（is に not をつけて is not、短縮形の isn't）。

[受動態の文]

　　[肯定文] **She was helped by him.**　　彼女は彼に助けられた。
　　[否定文] **She wasn't helped by him.**　彼女は彼には助けられなかった。

> be 動詞に not をつけるだけ（was に not をつけて was not、短縮形の wasn't）。

では他の受動態の否定文を見ていきましょう。

英語はこの村では話されません。

English isn't spoken in this village.

この機械は昨日、使われなかった。
This machine wasn't used yesterday.

私たちはそのパーティーに招待されなかった。
We weren't invited to the party.

では受動態の疑問文に入ります。
普通の be 動詞の疑問文と合わせて見ておきましょう。

[普通の be 動詞の文]
　[肯定文] **He is a doctor.**　　　　彼は医者です。
　[疑問文] **Is he a doctor?**　　　　彼は医者ですか。

> be 動詞を前に出すだけ（is を前に出して Is、最後に？）。

[受動態の文]
　[肯定文] **She was helped by him.**　　彼女は彼に助けられました。
　[疑問文] **Was she helped by him?**　　彼女は彼に助けられましたか。

> be 動詞を前に出すだけ（was を前に出して Was、最後に？）。

では他の受動態の疑問文を見ていきましょう。

アンはトムに助けられたのですか。　　はい、（彼女は）助けられました。
Was Ann helped by Tom?　　　　**Yes, she was.**

> 受動態は be 動詞の文。

英語はあなた方の国で話されますか。　　　はい、話されます。
Is English spoken in your country?　Yes, it is.

この机はボブによって作られたのですか。　はい、作られました。
Was this desk made by Bob?　Yes, it was.

この部屋はあなたのお母さんによっ　　　いいえ、ちがいます。
て掃除されるのですか。
**Is this room cleaned by your　No, it isn't.
mother?**

彼らはみんなから愛されていましたか。　はい、（彼らは）愛されていました。
Were they loved by everyone?　Yes, they were.

これらの車は日本で作られましたか（日本製）。　はい、（それらは）作られました。
Were these cars made in Japan?　Yes, they were.

この辞書は何人かの学生に使われますか。　はい、使われます。
**Is this dictionary used by any　Yes, it is.
students?**

> 肯定文の some が疑問文、否定文では any になる。

この箱はマイクによって作られましたか。　いいえ、ちがいます。
Was this box made by Mike?　No, it wasn't.

その手紙は英語で書かれましたか。　　　はい、そうです。
Was the letter written in English?　Yes, it was.

この学校は約 50 年前に建てられた　　はい、そうです。
のですか。
**Was this school built about　　Yes, it was.
fifty years ago?**

君はそのパーティーに招待されましたか。　いいえ、（僕は）招待されなかった。
Were you invited to the party?　No, I wasn't.

5W1H ではじまる受動態の疑問文

ここで下線部をたずねる疑問文を見ておきましょう。

アンは昨日、トムに助けられた。
Ann was helped by Tom yesterday.

yesterday をたずねる　When
あとは　**Ann was helped by Tom**　を疑問文にするだけです。

アンはいつトムに助けられたのですか。
When was Ann helped by Tom?

5W1H の疑問文は［いつ］［どこで］などを先に英作でしたね。

メアリーはどこで助けられたのですか。
Where was Mary helped?

この箱はいつ作られたのですか。
When was this box made?

あの車はどこで作られたのですか。
Where was that car made?

その手紙はいつ書かれたのですか。
When was the letter written?

この歌はどこで歌われたのですか。
Where was this song sung?

あなたはいつそのパーティーに招待されたのですか。
When were you invited to the party?

この学校はいつ建てられたのですか。
When was this school built?

電球はいつ発明されたのですか。
When was a light invented?

以上が、受動態の **5W1H** の文でした。

STAGE 62
現在完了形 ［継続］

　お待たせいたしました。最後の特別な文、現在完了形という文を見ていきます。

　これをマスターすれば英語の世界が広がります。

　現在の完了形なので時制（時代）は現在です。ですから現在完了形です。そのままですね。

[普通の文]（現在）

彼はここにいます。　　←　現在ここにいるのはわかるが、過去のことはわからない。現在のことのみを表す。

He is here.

[普通の文]（過去）

彼はここにいました。　　←　過去ここにいたことはわかるが、現在のことはわからない。過去のことのみを表す。

He was here.

[現在完了形の文]

彼はずっとここにいます。　　←　過去から現在までいることがわかる。過去と現在を1文で表す。

He has been here.

　さて、普通の文と現在完了形の文のちがいを考えてみましょう。

現在完了形も特別な文なので **has** と **been** で意味を表します。
時制を担当するのが、前にある **has** です。

主語によって **have** か **has** に分かれますが、これはもうおわかりと思います。

I, You, We, They, 複数は **have**

He, She, 単数は **has**　　これも **single** の法則

今まで習ってきた通りです。

現在完了形の文は現在の普通の文を基本に、**be** 動詞の文の場合 **be** 動詞（**am, are, is**）が **have been, has been** に変わった形になっています。

He　　is　　here.
　　　　↓
He has been here.

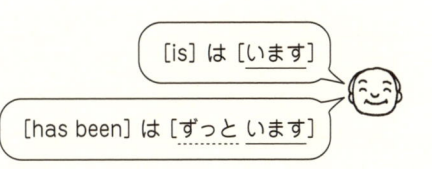

[is] は [います]

[has been] は [ずっと います]

絵で見るちがい

[現在]　　　　　[過去]　　　　　[過去から現在]

> 文字で見るちがい

[普通の文（現在）]　　彼は　ここに　います。
[普通の文（過去）]　　彼は　ここに　いました。
[現在完了形の文]　　　彼は　ずっと　ここに　います。

現在完了形の方が【ずっと】の文字が多いのがわかります。
【ずっと】の現在完了形と覚えましょう。

be 動詞の文の場合、
現在完了形では必ず **have been, has been** になります。簡単ですね。

私は 2 時間ここにいます。
I have been here for two hours.

> 2時間は for two hours
>
> 間（あいだ）の場合 for、アイダフォと覚えましょう。

私たちは昨日から東京にいます。
We have been in Tokyo since yesterday.

> 昨日からは since yesterday

上記の文ですが、過去から現在を表しています。
ですから、過去から現在を表せる言葉

[2 時間] for two hours
[昨日から] since yesterday

があるのです。

もう少し見ておきましょう。

あの少年はずっとその木の下にいます。
That boy has been under the tree.

彼女は3時間ずっと図書館にいます。
She has been in the library for three hours.

彼らは昨日からずっとこの町にいます。
They have been in this town since yesterday.

私は前の日曜日からずっといそがしい(です)。
I have been busy since last Sunday.

ミカとユミはずっと仲のよい友達です。
Mika and Yumi have been good friends.

私の姉は5年間、英語の先生をしています。
My sister has been an English teacher for five years.

一般動詞の文の場合

[普通の文](現在)

彼は神戸に住んでいます。
He lives in Kobe. ← 現在神戸に住んでいるのはわかるが、過去のことはわからない。現在のことのみを表す。

[普通の文]（過去）

彼は神戸に住んでいました。　← 過去神戸に住んでいたのはわかるが、現在のことはわからない。過去のことのみを表す。
He lived in Kobe.

[現在完了形の文]

彼はずっと神戸に住んでいます。　← 過去から現在までいることがわかる。過去と現在を1文で表す。
He has lived in Kobe.

さて、普通の文と現在完了形の文のちがいを考えてみましょう。

現在完了形も特別な文なので **has** と **lived** で意味を表します。
時制を担当するのが、前にある **has** です。

主語によって have か has に分かれますが、おわかりと思います。
I, You, We, They, 複数は **have**
He, She, 単数は **has**　　これも **single** の法則

現在完了形の文は現在の普通の文を基本に、一般動詞の文の場合、
一般動詞（**live**）が **have lived, has lived** に変わった形になっています。

He　　lives in Kobe.
　　↓
He has lived in Kobe.

[lives] は [住んでいます]
[has lived] は [ずっと　住んでいます]

> 絵で見るちがい

　　　　　[現在] 　　　　　　　[過去] 　　　　　　[過去から現在]

> 文字で見るちがい

[普通の文（現在）]　　彼は　神戸に　住んでいます。
[普通の文（過去）]　　彼は　神戸に　住んでいました。
[現在完了形の文]　　　彼は　ずっと　神戸に　住んでいます。

現在完了形の方が**[ずっと]**の文字が多いのがわかります。
[ずっと]の現在完了形と覚えましょう。

一般動詞の文の場合、
現在完了形では **have lived, has lived** や **have written, has written** などになります。簡単ですね。

私は2年間、この市に住んでいます。
I have lived in this city for two years.

> 2年間は for two years
> 間（あいだ）の場合 for、アイダフォと覚えましょう。

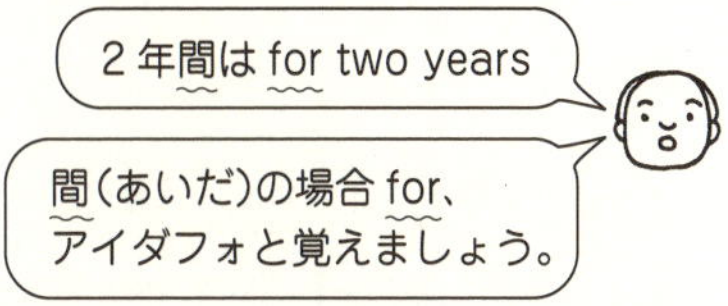

私たちは昨年から京都に住んでいます。
We have lived in Kyoto since last year.

> 昨年からは since last year

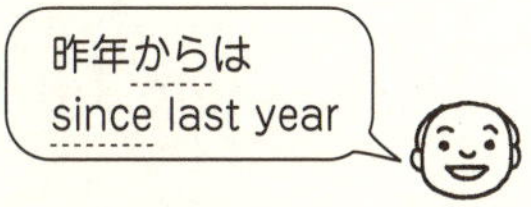

先ほどの文ですが、過去から現在を表しています。
ですから、過去から現在を表せる言葉

[2年間] for two years
[昨年から] since last year

が使われます。

もう少し見ておきましょう。

彼女たちはテニスを3年間ずっとやっています。
They have played tennis for three years.

私たちは英語を6年間ずっと勉強しています。
We have studied English for six years.

彼らは先週からずっとこの村に滞在している。
They have stayed in this village since last week.

ジェーンは1年間、日本語を学んでいます。
Jane has learned Japanese for a year.

ボブはあの自転車を2005年から使っている。
Bob has used that bike since 2005.

私は長い間ずっとこの辞書がほしかった。
I have wanted this dictionary for a long time.

ここをまちがえる、ここをまちがえやすいのコーナー

私は3日前からずっといそがしい。
× I have been busy three days ago.

さて、どこがちがうのかわかりますか。
ヒントとしては、この現在完了形は過去から現在の幅を表す特別な文だということ。

［3日前から］を× three days ago としてしまうのが、完全なまちがいです。でも、どこがいけないのか？

three days ago は普通の文（過去形）に使う言葉です。
I was busy.　　私はいそがしかった。（過去のある時点を表す）
three days ago　3日前（3日前の時点を表す）

I was busy three days ago.　私は3日前、いそがしかった。

three days ago 3日前（3日前の時点を表す）は、時間の幅は表せないので、幅を表す現在完了形には使えないのです。

ではどうすればよいのか、どう考えればよいのかですが、
［3日前から］と［3日間］は同じ意味だと考えればよいのです。

つまり、現在完了形では次の2文は同じということです。

私は3日前からずっといそがしい。
私は3日間ずっといそがしい。

○私は　I
○ずっといそがしい　have been busy
○3日前から＝3日間　for three days

○ I have been busy for three days.

わかっていただけたと思います。
ひっかからないように注意をしてくださいね。

同じようにもう1文も直しておきましょう。

私は2年前からこの市に住んでいる。＝私は2年間この市に住んでいる。
× I have lived in this city two years ago.

私は2年間この市に住んでいる。
○ I have lived in this city for two years.

　現在完了形は特別な文なので、have + lived, has lived の形をとると説明しました。そして時制を表すために have（has）が活躍してくれているということです。感謝。

現在完了形［継続］の否定文

　現在完了形にも肯定文の他に否定文、疑問文があるわけですが、ご安心ください。

　時制を担当する **have, has** が、**be** 動詞とまったく同じルール、同じ方法で否定文、疑問文を作ります。やっぱり、簡単ですね。

［普通の be 動詞の文］

　　［肯定文］**He is a teacher.**　　　彼は先生です。
　　［否定文］**He isn't a teacher.**　　彼は先生ではありません。

> be 動詞に not をつけるだけ。
> (is に not をつけて is not、短縮形の isn't)

［現在完了形の文］

　　［肯定文］**He has been here.**　　　彼はずっとここにいます。
　　［否定文］**He hasn't been here.**　彼はずっとここにはいません。

> has に not をつけるだけ。
> (has に not をつけて has not、短縮形の hasn't)

では他の文を見ていきましょう。

私は昨日からひまではありません。

I haven't been free since yesterday.

トムは3日前からこの町にはいない。

Tom hasn't been in this town for three days.

彼らは2年間、この機械を使っていない。

They haven't used this machine for two years.

彼女は先週からずっとピアノを弾いていない。

She hasn't played the piano since last week.

現在完了形［継続］の疑問文

では現在完了形の疑問文に入ります。
普通のbe動詞の疑問文と合わせて見ておきましょう。

[普通のbe動詞の文]
　　［肯定文］**He is a teacher.**　　　彼は先生です。
　　［疑問文］**Is he a teacher?**　　　彼は先生ですか。

> be動詞を前に出すだけ（isを前に出してIs、最後に？）。

[現在完了形の文]
　　［肯定文］**He has been here.**　　　彼はずっとここにいます。
　　［疑問文］**Has he been here?**　　　彼はずっとここにいますか。

> hasを前に出すだけ（hasを前に出してHas、最後に？）。

では他の現在完了形の疑問文を見ていきましょう。

彼らはずっとこの町にいるのですか。	はい、そうです。
Have they been in this town?	Yes, they have.
あなたは昨日からずっといそがしいのですか。	いいえ、ちがいます。
Have you been busy since yesterday?	No, I haven't.
あなたのお姉さんはずっと英語の先生をしているのですか。	はい、そうです。
Has your sister been an English teacher?	Yes, she has.
彼らは先週からずっとこの村に滞在しているのですか。	いいえ、ちがいます。
Have they stayed in this village since last week?	No, they haven't.
トムはあの自転車を2000年から使っているのですか。	はい、そうです。
Has Tom used that bike since 2000?	Yes, he has.
ジェーンは長い間、日本語を学んでいるのですか。	いいえ、ちがいます。
Has Jane learned Japanese for a long time?	No, she hasn't.

5W1Hではじまる現在完了形［継続］の疑問文

ここで下線部をたずねる疑問文を見ておきましょう。

彼は2週間ずっとこの町にいます。
He has been in this town for two weeks.

for two weeks をたずねる How long
あとは He has been in this town を疑問文にするだけです。

彼らはどのくらいずっとこの町にいるのですか。
How long have they been in this town?

私は5年間、神戸に住んでいます。
I have lived in Kobe for five years.

for five years をたずねる How long
あとは I have lived in Kobe を疑問文にするだけです。

あなたはどのくらいずっと神戸に住んでいるのですか。
How long have you lived in Kobe?

5W1Hの疑問文は［いつ］［どこで］［何を］などを先に英作でしたね。

あなたはどのくらい長くいそがしいのですか。
How long have you been busy?

あなたのお姉さんはどのくらい英語の先生をしているのですか。
How long has your sister been an English teacher?

彼らはどのくらいトムの家に滞在しているのですか。
How long have they stayed at Tom's house?

ジェーンはどのくらい長く日本語を学んでいるのですか。
How long has Jane learned Japanese?

君はどのくらい長くギターを弾いていますか。
How long have you played the guitar?

僕はそれを2時間ずっと弾いています。
I have played it for two hours.

2時間前の状態を、今も継続しているわけです。

ですから現在完了形の中で、ここまで見てきたものは、［継続］と呼ばれています。

継続ですから継続の幅を表す、

for two hours
since yesterday
How long

などの言葉が使われることが多いですよ。

STAGE 63
現在完了形 ［経験］

　ここでは現在完了形の中の［経験］という文を見ていきます。
　これはよく使う文だと思います。さっそくマスターしましょう。
　経験ですから、［〜をしたことがある］［〜を見たことがある］といった文になります。

　現在完了形なので **have + played** や **have + seen** と書くのは先ほどと同じです。簡単ですね。時制はもちろん現在です。現在完了形ですから。そのままですね。

［普通の文］（過去）
　私はハワイを訪れた。
　I visited Hawaii.

［現在完了形の文］
　私はハワイを訪れたことがある。
　I have visited Hawaii.

さて、普通の文と現在完了形の文のちがいを考えてみましょう。

　I visited Hawaii. 　　　ハワイを訪れた事実のみを言う。時制は過去。
　I have visited Hawaii. 　ハワイを訪れた経験がある。時制は現在。

現在完了形も特別な文なので have (has) と visited で意味を表して文を作ります。時制を担当するのが、前にある have です。

主語によって have か has に分かれますが、もうおわかりと思います。
I, You, We, They, 複数は have
He, She, 単数は has 　　これも single の法則

(絵で見るちがい)

［普通の文］　　　　　　　　［完了形〈経験〉］

(文字で見るちがい)

［普通の文］　　　彼は ハワイへ 行った。
［完了形の文］　　彼は ハワイへ 行った ことがある。

現在完了形の方が［ことがある］の文字が多いのがわかります。
経験だから［ことがある］の現在完了形と覚えましょう。

経験ですから、経験した回数を言うことも多いです。

[普通の文]（過去）

彼はカナダへ行った。　　　⇐　過去にカナダへ行ったことはわかるが、
He went to Canada.　　　　今のことはわからない。

[現在完了形の文]

彼はカナダへ行ったことがある。　⇐　過去にカナダへ行って帰ってきて
He has been to Canada.　　　　いるので、経験を話せる。

> カナダへ行ったままではない。

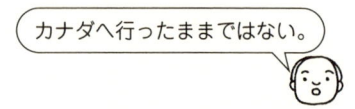

私は1度ハワイを訪れたことがあります。
I have visited Hawaii once.

> 1度（1回）は once

彼は2度カナダへ行ったことがある。
He has been to Canada twice.

> 2度（2回）は twice

これらの文ですが、経験を表しています。ですから経験した数を表せる言葉

once 1度（1回）、**twice** 2度（2回）、**three times** 3度（3回）、**four times** 4度（4回）、**many times** 何度も（何回も）

などが使われることがあります。

もう少し見ておきましょう。

私は1度バイオリンを弾いたことがある。
I have played the violin once.

私はケンに2度会ったことがあります。
I have seen Ken twice.

私たちはその国を3度訪れたことがあります。
We have visited the country three times.

彼はその場所へ何度も行ったことがある。
He has been to the place many times.

私の妹は彼のコンサートを見たことがある。
My sister has seen his concert.

私の父はこの本を読んだことがあります。
My father has read this book.

あなたは1度私の両親に会ったことがあります。
You have met my parents once.

ここをまちがえる、ここをまちがえやすいのコーナー

私はカナダへ行ったことがある。
× I have gone to Canada.

彼はカナダへ行ったことがある。
× He has gone to Canada.

もう気づきましたか。では見ていきましょう。
行ったことがあるは **have been** では？と思った方は正解です。

私はカナダへ行ったことがある。
○ I have been to Canada.

彼はカナダへ行ったことがある。
○ He has been to Canada.

[He has gone to Canada.] という文はありますが、意味は
[彼はカナダへ行った（ままです）。] 帰ってきていない。

[I have gone to Canada.] という文は無理ですね。意味は
[私はカナダへ行った（ままです）。] 帰ってきていない。

帰ってきていない私が、ここにいるのはおかしいですね。

わかっていただけたと思います。
[〜へ行ったことがある] は [have been to 〜（has been to 〜）]
OK ですね。

現在完了形［経験］の否定文

　現在完了形の［経験］にも、肯定文の他に否定文、疑問文があるわけですが、基本的に時制を担当する **have, has** が、**be** 動詞とまったく同じルール、同じ方法で否定文、疑問文を作ります。

では否定文を見ていきましょう。

have visited に否定の **not** を入れて ［**haven't visited**］
［訪れたことがありません］を表します。

私はロンドンを訪れたことがありません。
I haven't visited London.

彼はパリへ行ったことがありません。
He hasn't been to Paris.

ここまでは **OK** ですね。

have visited に強く否定の **never** を入れると ［**have never visited**］
［一度も訪れたことがありません］を表します。

私は一度もロンドンを訪れたことがありません。
I have never visited London.

彼は一度もパリへ行ったことがありません。
He has never been to Paris.

OK でしょうか。
他の否定文も見ておきましょう。

私はバイオリンを弾いたことがありません。
I haven't played the violin.

私は一度もバイオリンを弾いたことがありません。
I have never played the violin.

> not と never どちらも否定。

私はこの機械を使ったことがない。
I haven't used this machine.

私は一度もこの機械を使ったことがない。
I have never used this machine.

私たちはその国を訪れたことがありません。
We haven't visited the country.

私たちは一度もその国を訪れたことがありません。
We have never visited the country.

私の妹は彼女のコンサートを見たことがない。
My sister hasn't seen her concert.

私の妹は一度も彼女のコンサートを見たことがない。
My sister has never seen her concert.

彼はその場所へ行ったことがない。
He hasn't been to the place.

彼は一度もその場所へ行ったことがない。
He has never been to the place.

現在完了形［経験］の疑問文

では疑問文を見ていきましょう。

［ever 今までに］を主語の次に入れて［Have you ever visited?］［今までに訪れたことがありますか］を表します。

あなたは今までにロンドンを訪れたことがありますか。
Have you ever visited London?

はい、あります。　　いいえ、ありません。　　一度もありません。
Yes, I have.　　**No, I haven't.**　　**Never.**

彼は今までにパリへ行ったことがありますか。　　はい、あります。
Has he ever been to Paris?　　**Yes, he has.**

他の疑問文も見ておきましょう。

君は今までにバイオリンを弾いたことがありますか。　　はい、あります。
Have you ever played the violin?　　**Yes, I have.**

あなた方は今までにこの機械を使ったことがありますか。　　いいえ、ありません。
Have you ever used this machine?　　**No, we haven't.**

彼らは今までにその国を訪れたことがありますか。　　はい、あります。
Have they ever visited the country?　　**Yes, they have.**

君の妹は今までにその絵を見たことがありますか。　いいえ、ありません。
Has your sister ever seen the picture?　**No, she hasn't.**

ケンは今までにその場所へ行ったことがありますか。　一度もありません。
Has Ken ever been to the place?　**Never.**

5W1Hではじまる現在完了形［経験］の疑問文

ここで下線部をたずねる疑問文を見ておきましょう。

私は <u>1度</u> ハワイを訪れたことがあります。
I have visited Hawaii <u>once</u>.

<u>once</u> をたずねる　How many times（How often）
あとは　I have visited Hawaii　を疑問文にするだけです。

あなたは何回ハワイを訪れたことがありますか。
How many times have you visited Hawaii?

彼は <u>2度</u> カナダへ行ったことがある。
He has been to Canada <u>twice</u>.

<u>twice</u> をたずねる　How many times（How often）
あとは　He has been to Canada　を疑問文にするだけです。

彼は何回カナダへ行ったことがありますか。
How many times has he been to Canada?

君は何回バイオリンを弾いたことがありますか。

How many times have you played the violin?

あなた方は何回この機械を使ったことがありますか。

How many times have you used this machine?

彼らは何回その国を訪れたことがありますか。

How many times have they visited the country?

ケンは今までに何回その場所へ行ったことがありますか。

How many times has Ken ever been to the place?

現在完了形の中で、[経験]の用法を見てきました。

> point
> 経験ですから経験の回数を表す
> **once, twice, three times, many times** や
> 否定の **never**、疑問の **ever**
> などの言葉が使われることは多いですよ。

> 否定せねば　　否定せ never
> 疑問を言えば　疑問を言 ever

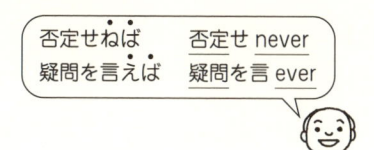

STAGE 64
現在完了形 ［完了］

ここがわかって使いこなせると、なかなかの実力ですよ。

次は現在完了形の中の［完了］という文を見ていきます。

完了ですから、［～をし終わったところです］［～をしたところです］といった文になります。

過去にはじめた動作や行動が現在、完了したということですね。

現在完了形の完了は have + finished の間に just や already を入れて **have just finished, have already finished** とするのが特徴です。

簡単ですね。時制はもちろん現在です。

［普通の文］（過去）

私は（私の）仕事を終えた。

I finished my work.

［現在完了形の文］

私はちょうど（私の）仕事を終えたところです。

I have just finished my work.

さて、普通の文と現在完了形の文のちがいを考えてみましょう。

I finished my work.　　　いつ終えたかがわからない。
　　　　　　　　　　　　　　時制は過去。

I have just finished my work.　仕事を終えたばかりだとわかる。
　　　　　　　　　　　　　　時制は現在。

絵で見るちがい

［普通の文］　　　　　　　　　［完了形〈完了〉］

文字で見るちがい

［普通の文］　　私は（私の）仕事を終えた。
［完了形の文］　私はちょうど（私の）仕事を終えたところです。

現在完了形の方が **［ちょうど］** や **［ところです］** の文字が多いのがわかります。完了だから［ところです］の現在完了形と覚えましょう。

完了ですから、いつ完了したのかを言うことが多いです。

彼はちょうど彼の仕事を終えたところです。
He has just finished his work.

> ちょうど just

彼女はもうすでにその本を読み終えました。
She has already read the book.

> もうすでに already

もう少し見ておきましょう。

私はちょうど私の部屋をそうじしたところです。
I have just cleaned my room.

彼らはもう昼食をすませました。
They have already finished lunch.

私たちはちょうどその車を洗い終えたところです。
We have just washed the car.

彼女はもうその手紙を書き終えました。
She has already written the letter.

> written は t が 2 つです。

私はちょうどここに着いたところです。
I have just arrived here.

アンはもうすでに彼女の家族のために朝食を作りました。
Ann has already made breakfast for her family.

現在完了形[完了]の否定文

現在完了形の[完了]にも、肯定文の他に否定文、疑問文があるわけですが、基本的に時制を担当する **have, has** が、**be** 動詞とまったく同じルールで作ります。

では否定文を見ていきましょう。

否定文では **just** や **already** は消えて[**haven't finished**]の形になります。文の終わりに[まだ]を表す[**yet**]をつけます。

私はまだ（私の）仕事を終えていません。
I haven't finished my work yet.

彼はまだ彼の仕事を終えていない。
He hasn't finished his work yet.

彼女はまだその本を読み終えていません。
She hasn't read the book yet.

もう少し見ておきましょう。

あなたはまだ（あなたの）部屋をそうじし終えていません。
You haven't cleaned your room yet.

彼らはまだ夕食をすませていません。
They haven't finished dinner yet.

私たちはまだこの車を洗い終えていない。
We haven't washed this car yet.

彼はまだその手紙を書き終えていません。
He hasn't written the letter yet.

私の弟はまだ駅に着いていません。
My brother hasn't arrived at the station yet.

トムはまだその箱を作り終えてはいません。
Tom hasn't made the box yet.

現在完了形［完了］の疑問文

では疑問文を見ていきましょう。

疑問文では just や already は消えて［Have ＋主語＋ finished］の形になります。文の終わりに［もうすでに］を表す［yet］をつけます。

あなたはもうすでに（あなたの）仕事を終えましたか。　はい、終えました。
Have you finished your work yet?　　　**Yes, I have.**

フレッドはもう彼の仕事を終えましたか。　いいえ、終えていません。
Has Fred finished his work yet?　　**No, he hasn't.**

ジェーンはもうその本を読み終えましたか。
Has Jane read the book yet?

もう少し見ておきましょう。

君はもう（君の）部屋をそうじし終えましたか。
Have you cleaned your room yet?

彼らはもう昼食をすませましたか。
Have they finished lunch yet?

君たちはもうあの車を洗い終えましたか。
Have you washed that car yet?

マイクはもうその手紙を書き終えましたか。
Has Mike written the letter yet?

彼の妹はもう駅に着きましたか。
Has his sister arrived at the station yet?

ボブはもうその箱を作り終えましたか。
Has Bob made the box yet?

> **point**
> **just, already** は肯定文で、**yet** は否定文と疑問文で使われる。
> 否定文の **yet** は［まだ］、疑問文の **yet** は［もう］［もうすでに］
> という意味でしたね。

STAGE 65
現在完了形 ［結果］

いよいよ完了形最後の文です。頑張っていますね。

現在完了形の中の［結果］という文を見ていきます。

結果ですから、過去に起きた出来事の結果、現在はどうなのかが表せます。

現在完了形なので have + lost や have + gone と書くのは、先ほどと同じです。簡単ですね。時制はもちろん現在です。

［普通の文］（過去）

　私は（私の）腕時計を失った。

　I lost my watch.

［現在完了形の文］

　私は（私の）腕時計を失った。

　I have lost my watch.

さて、普通の文と現在完了形の文のちがいを考えてみましょう。

| **I lost my watch.** | 腕時計を失った事実のみを言う。そのあとのことは言っていない（見つかったか不明）。時制は過去。 |

I have lost my watch.　腕時計を失い、現在も失ったままという意味（見つかっていない）。時制は現在。

和文を見るとどちらも同じに見えますが、現在完了形の方
I have lost my watch. の文は
私は腕時計を失った（ままだ）。

こんな感じになります。わかっていただけたでしょうか。
現在完了形は特別な文ですから、特別な意味をもった文を作る。
普通の文とはちがうんですね。

絵で見るちがい

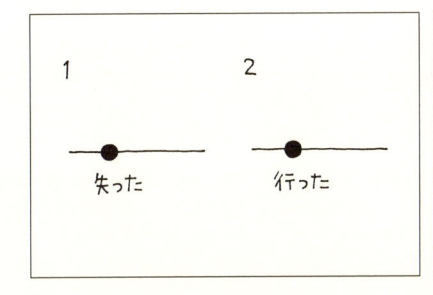

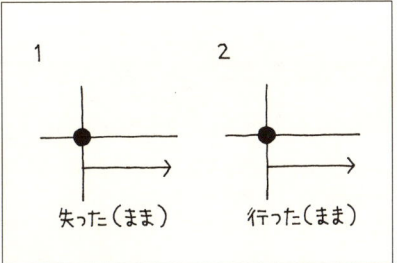

［〜したまま］の意味をもつのが［結果］です。
以前、出てきた文で
He has gone to Canada.
というのがありました。

意味をまだ覚えていらっしゃいますか。

さて、どちらだったでしょうか。

×彼はカナダへ行ったことがある。
○彼はカナダへ行ったままです。

もちろん○の方が正解です。正確には
彼はカナダへ行った（ままです）。

行ったままの
gone

もう少し見ておきましょう。

私の兄は1本のペンを失った（ままです）。
My brother has lost a pen.

彼らはニューヨークへ行った（ままです）。
They have gone to New York.

結果だから［したまま］の現在完了形と覚えましょう。

現在完了形、いかがでしたか。4種類ありましたが、現在完了形とわかっていれば**OK**。
　和文を見て英文にできれば、なお**OK**です。
　むずかしく考えないように。簡単にとらえていきましょう。

金の扉のコーナー

金の扉のむこうにはどんな文が待って
いるのでしょうか。これができると、
なお楽しいですよ。

STAGE 66
接続詞 [that] の文

基礎をしっかり積んでこそ、わかるところです。みなさんは大丈夫ですよ。接続詞ですから、何かをつなげる言葉というわけです。そのままですね。

[普通の文]

彼はいそがしい。

He is busy.

[接続詞の文]

私は、彼はいそがしいと思います。

I think that he is busy.

さて、普通の文と接続詞の文のちがいを考えてみましょう。

普通の文は、[彼はいそがしい。]と言い切っています。

接続詞の文は、I think.（私は思います。）と He is busy.（彼はいそがしい。）をつなげられるので、私の思いを述べることができます。
[私は、彼はいそがしいと思います。]

I think. と He is busy. の間に、つなぐ言葉（接続詞）の that を入れるだけで、I think that he is busy. の文のでき上がり。

文のはじまりでなくなったので、**He** は **he**（小文字）になっています。

もう少し見ておきましょう。

I think. と **She is kind.** で
I think that she is kind. 　私は彼女は親切だと思います。

I think. と **He is a doctor.** で
I think that he is a doctor. 　私は彼は医者だと思います。

I think. と **Ann likes music.** で
I think that Ann likes music. 　私はアンは音楽が好きだと思います。

> 名前はどこでも大文字なので Ann は大文字です。

I think. と **Tom will come here.** で
I think that Tom will come here 　私はトムはここに来るだろうと思います。

I think. と **This pen is Mika's.** で
I think that this pen is Mika's. 　私はこのペンはミカのだと思います。

ここまでは **OK** ですね。では次はどうでしょう。

I think. と **That is Tom's car.**

これも 2 文を **that** でつなぐだけです。

I think that that is Tom's car.　　私はあれはトムの車だと思います。

　that が 2 つ並んだので、少し変に思うかもしれませんが、これで正解なんですよ。think の次の that は接続詞、その次の that は［あれは］というおなじみの that です。

　<u>I know と他の文を that でつなぐ</u>と［～と（いうことを）知っている］という意味を表せます。

　I know. と He is busy. の間につなぐ言葉（接続詞）の that を入れるだけで

I know that he is busy.　　私は彼がいそがしいことを知っている。

もう少し見ておきましょう。

I know.　と　She is kind.　で
I know that she is kind.　　私は彼女が親切だということを知っている。

She knows.　と　He is a doctor.　で
She knows that he is a doctor.　　彼女は彼が医者だということを
　　　　　　　　　　　　　　　　　知っています。

I know.　と　Ann likes music.　で
I know that Ann likes music.　　私はアンは音楽が好きだということを知っています。

He knows. と You can play the piano well. で
He knows that you can play the piano well.
彼はあなたが上手にピアノを弾けることを知っている。

ここまでは **OK** ですね。では次は英作です。

<u>私は</u> 彼はいそがしいと <u>思います</u>。

まずは下線部から（言いたいことから）英作です。

I think
   that でつないで残りを英作
     he is busy
I think that he is busy.

<u>私は</u> 彼女は美しいと <u>思います</u>。
<u>I think</u> that she is beautiful.

> that でつなぐだけ。
> ザットこんなもんです。

<u>私は</u> 彼は社長だと <u>思います</u>。
<u>I think</u> that he is the president.

<u>私は</u> トムはつりが好きだと <u>思います</u>。
<u>I think</u> that Tom likes fishing.

<u>私は</u> 彼女たちがやさしいということを <u>知っている</u>。
<u>I know</u> that they are kind.

彼は 私が野球好きだということを 知っています。
He knows that I like baseball.

私たちは 彼がアメリカ合衆国の大統領だと 知っています。
We know that he is the President of the United States of America.

接続詞の that には、ある特技があります。
それは何なのか。ヒントは忍者です。

答えは、消える。
接続詞の that は省略できるんです。
忍者をイメージした人は、もう覚えましたね。

接続詞の省略、どうすれば that を省略した英文が作れるのでしょうか。
　アドバイスとしましては、見たままを英作してみましょう、ということになりますね。

私は 彼はいそがしいと 思います。
I think he is busy.　でき上がりです。

私は 彼は医者だと 思います。
I think he is a doctor.

私は アンは音楽が好きだと 思います。
I think Ann likes music.

私は 彼女が親切だということを 知っている。

I know she is kind.

彼は あなたが上手にピアノを弾くことを 知っている。

He knows you play the piano well.

私は あれはトムの車だと 思います。

I think that is Tom's car.

> 接続詞の that を省略しているので
> この that は［あれは］の that です。

STAGE 67
接続詞 ［when］ の文

それでは他の接続詞を使った文も見ていきましょう。
これが使いこなせると、かなりいい線をいっています。

接続詞の when ［〜する時］を見ていきます。
＊この when は×疑問詞の［いつ］ではありません。

My brother was watching TV. と I came home. を接続詞の when でつなぐと

My brother was watching TV when I came home.

意味としては、
［私の弟はテレビを見ていた、私が家に帰った時］と、なりますが
when 以降（when I came home）から訳すので
［私が家に帰った時、私の弟はテレビを見ていた。］と、なります。

⎡ My mother was cooking. と I came home. を when でつなぐと

My mother was cooking when I came home.
⎣ 私が家に帰った時、私の母は料理をしていました。

⎡ My sister was playing tennis. と I went to the park. を when でつなぐと

My sister was playing tennis when I went to the park.
⎣ 私が公園へ行った時、私の妹はテニスをしていました。

⎡ Tom helped me. と I was busy. を when でつなぐと

Tom helped me when I was busy.
⎣ 私がいそがしかった時、トムが私を助けて（手伝って）くれました。

⎡ Please be quiet. と You are in this room. を when でつなぐと

Please be quiet when you are in this room.
⎣ あなたがこの部屋にいる時は、どうぞ静かにしてください。

> 文のはじまりでなくなったので、You は you（小文字）になっています。

ここまでは **OK** ですね。では次は英作です。

私が家に帰った時、私の妹は宿題をしていた。

まずは下線部から（言いたいことから）英作です。

My sister was doing her homework

whenでつないで残りを英作

I came home

My sister was doing her homework when I came home.

私が家に帰った時、私の父は　ラジオを　聞いていました。
My father was listening to the radio when I came home.

私が公園へ行った時、私の友達は　卓球を　していました。
My friends were playing table tennis when I went to the park.

私がいそがしかった時、ボブとケンが　私を　助けてくれました。
Bob and Ken helped me when I was busy.

あなた方がこの部屋にいる時は、どうぞ静かにしてください。
Please be quiet when you are in this room.

（命令文から）

接続詞の when には、ある特技があります。
（今回は消えません。省略できるのは that のみです。）
接続詞の when は文の先頭に立つことができる。
（when 以降の文を引き連れて）

では、どうすれば when が文の先頭に立つ英文が作れるのでしょうか。

アドバイスとしましては、見たままを英作してみましょう、ということになりますね。

では見たままを英作です。

私が家に帰った時、私の弟はテレビを見ていた。
前の文［私が家に帰った時、］から英作です。

When I came home,

残りを英作　［ , ］が必要です。

my brother was watching TV

When I came home, my brother was watching TV.

チョット一息のコーナー

My brother was watching TV when I came home.

When I came home,

前に出した文がここまで、という印に、［ , ］を打ちます。
home のあとのピリオドの位置です。
和文だと句点［、］の位置に［ , ］です。
どれも同じことを言っています。

私が家に帰った時、私の姉は料理をしていました。
When I came home, my sister was cooking.

私が駅へ行った時、私の弟は友達を待っていました。
When I went to the station, my brother was waiting for his friend.

wait for 〜を待つ

僕がいそがしかった時、クラスメートが僕を助けてくれました。
When I was busy, my classmates helped me.

君がこの部屋にいる時は、どうぞ静かにしてください。
When you are in this room, please be quiet.

私がおじさんを訪ねた時、彼はメガネを探していました。
When I visited my uncle, he was looking for his glasses.

look for 〜を探す

君たちがこの部屋にいる時、君たちは英語を話さなければなりません。
When you are in this room, you must speak English.

STAGE 68
接続詞 [if] の文

ここは知って使ってみたいところですね。喜んでマスター。

接続詞の if [もし〜ならば] を見ていきます。
* if に続く文には will はつきません（未来のことを言う時でも）。

I will help you. と You are tired. を接続詞の if でつなぐと

I will help you if you are tired.

意味としては、[私はあなたを手伝いましょう、もしあなたが疲れているのなら] と、なりますが、if 以降（if you are tired）から訳すので

[もしあなたが疲れているのなら、私はあなたを手伝いましょう。]

と、なります。

I'll help her. と She is busy. を if でつなぐと

I'll help her if she is busy.
もし彼女がいそがしいなら、私は彼女を手伝うつもりです。

Go to the hospital. と You are sick. を if でつなぐと

Go to the hospital if you are sick.
もし君が病気なら、病院へ行きなさい。

Please call me. と You can go. を if でつなぐと

Please call me if you can go.
もし（君が）行けるのなら、お電話ください。

Be careful. と You swim in the sea. を if でつなぐと

Be careful if you swim in the sea.
もし海で泳ぐなら、気をつけなさい。

ここまでは **OK** ですね。では次は英作です。

もしあなたがとてもいそがしいならば、私は あなたを 手伝いましょう。
　　　　　　　　　　　　　まずは下線部から（言いたいことから）英作です。

I will help you

　　　　　　　if でつないで残りを英作

　　　　　　　　　　you are very busy

I will help you if you are very busy.

もし彼が疲れているのなら、私は 彼を 手伝うつもりです。
I'll help him if he is tired.

もし君が病気なら、すぐに病院へ行きなさい。
Go to the hospital soon if you are sick.

> 命令文から

もし（君が）そこへ行けるのなら、お電話ください。
Please call me if you can go there.

もし池で泳ぐなら、気をつけなさい。
Be careful if you swim in the pond.

接続詞の <u>if</u> には、ある特技があります。
接続詞の <u>if は文の先頭に立つことができる</u>（**if** 以降の文を引き連れて）。

では、どうすれば **if** が文の先頭に立つ英文が作れるのでしょうか。
　アドバイスとしましては、<u>見たままを英作してみましょう</u>、ということになりますね。

では見たままを英作です。

<u>もし彼が疲れているならば</u>、私は彼を手伝いましょう。

前の文［もし彼が疲れているならば］から英作です。
If he is tired,

> ［,］が必要です。

　　　　　残りを英作
　　　　　　　I will help him

If he is tired, I will help him.

前に出した文がここまで、という印に、[,] を打ちます。
tired のあとのピリオドの位置です。
和文だと句点 [、] の位置に [,] です。

もし彼女がいそがしいなら、私は彼女を手伝うつもりです。
If she is busy, I'll help her.

もし君が病気なら、病院へ行きなさい。
If you are sick, go to the hospital.

もし（君が）行けるのなら、お電話ください。
If you can go, please call me.

もし海で泳ぐなら、気をつけなさい。
If you swim in the sea, be careful.

もし時間があれば、私の家に来なさい。
If you have time, come to my house.

もし（君が）このカードがほしいなら、（私はそれを）君にあげよう。
If you want this card, I will give it to you.

以上が接続詞の　**that**（省略できる）
　　　　　　　　when（先頭に立つ）→ **When**
　　　　　　　　if（先頭に立つ）→ **If**
でした。

わかると楽しいですね。この調子で進んでいきましょう。

STAGE 69
間接疑問文

　ここでは間接疑問文というのを見ていきます。
　実は質問の多いところです。ここのルールをしっかり、かっちり押さえましょう。みなさんなら心配いりません。
　普通の疑問文と間接疑問文はどうちがうのか、そこから見ていきましょう。

［普通の文］
　あなたはどこに住んでいますか。
　Where do you live?

［間接疑問文］
　私はあなたがどこに住んでいるのか知っている。
　I know where you live.

間接疑問文ですが

　I know + where + you live.

　I know と **you live** を疑問詞の **where** でつないだ形になります。**where** のあとは、肯定の形○ **you live** となります。× **do you live**

［普通の文］
　彼はどこに住んでいますか。
　Where does he live?

[間接疑問文]

私は彼がどこに住んでいるのか知っている。

I know where he lives.

where のあとは肯定の形　he lives

チョット一息のコーナー

間接疑問文と呼ばれていますが、
文のはじまりが
I know（肯定）の場合、[？] はつきません。[．] になります。

I know where he lives.
[私は彼がどこに住んでいるのか知っています。]

文のはじまりが
Do you know（疑問）の場合は、[？] がつきます。

Do you know where he lives?
[あなたは彼がどこに住んでいるのか知っていますか。]

では、間接疑問文のルール、
疑問詞でつないで、あとは肯定にそって次の文を見ていきましょう。

⎡ I know. と When does she come home?

⎢ I know when she comes home.
⎣ 私は彼女がいつ帰ってくるか知っています。

文のはじまりでなくなったので、When は when（小文字）になっています。

もう少し見ておきましょう。

⎡ I know. と What does he have?

⎢ I know what he has.
⎣ 私は彼が何をもっているのか知っています。

⎡ I know. と What did Ann buy?

⎢ I know what Ann bought.
⎣ 私はアンが何を買ったか知っています。

⎡ I know. と Where is Tom?

⎢ I know where Tom is.
⎣ 私はトムがどこにいるか知っています。

⎡ I know. と How old is he?

⎢ I know how old he is.
⎣ 私は彼が何歳か知っています。

> be 動詞の文、is he? の肯定は he is.

I know. と What is he doing?

I know <u>what</u> he is doing.
私は彼が何をしているのか知っています。

ここまでは OK ですね。では次は英作です。

<u>私は</u> あなたがどこに住んでいるのか <u>知っている</u>。
まずは下線部から（言いたいことから）英作です。

I know
  where 疑問詞でつないで残りを英作
    you live

I know where you live.

<u>私は</u> ボブがどこに住んでいるのか <u>知っている</u>。

I know
  where
    Bob lives

I know where Bob lives.

疑問詞でつないで、あとは肯定。もう OK ですね。

チョット一息のコーナー

［私は彼がどこに住んでいるのか知っている。］の
［彼がどこに住んでいるのか］が、なぜ肯定になるのか、しっくりこない人のために

［彼がどこに住んでいるのかということを］と考えてください。
［私は彼がどこに住んでいるのかということを知っている。］

I know where he lives.

OKでしょうか。

では引き続き見ていきましょう。

私は彼が いつ 帰ってくるか知っています。
I know when he comes home.

私は彼女が何をもっているのか知っています。
I know what she has.

私はメアリーが何を買ったか知っています。
I know what Mary bought.

私は彼がどこにいるか知っています。
I know where he is.

私は私たちの先生が何歳か知っています。
I know how old our teacher is.

私は私の娘が何をしているのか知っています。
I know what my daughter is doing.

彼女は彼らがどこに住んでいるのか知っている。
She knows where they live.

私たちは彼がいつ帰ってくるか知っています。
We know when he comes home.

私は彼らが何歳か知っています。
I know how old they are.

私は彼がその時、何をしていたのか知っています。
I know what he was doing then.

間接疑問文の否定文、疑問文も合わせて見ておきましょう。

私はあなたがどこに住んでいるのか知りません。
I don't know where you live.

あなたはマイクがどこに住んでいるのか知っていますか。
Do you know where Mike lives?

フレッドはいつあなたがそこへ行ったのか知りません。
Fred doesn't know when you went there.

ミカはトムが両手（の中）に何をもっているのか知っていますか。
Does Mika know what Tom has in his hands?

君は昨日、ジェーンが何を買ったか知っていますか。
Do you know what Jane bought yesterday?

あなた方はケンが今どこにいるか知っていますか。
Do you know where Ken is now?

彼はこのラケットがだれのものか知りません。
He doesn't know whose this racket is.　　Whose is this racket?

私はこれがだれのラケットか知りません（わかりません）。
I don't know whose racket this is.　　Whose racket is this?

彼らは今、何時か知っていますか（わかっていますか）。
Do they know what time it is now?　　it が先、○ it is　× is it

以上が間接疑問文です。疑問詞でつないで、あとは肯定でしたね。

ついに接続詞や
間接疑問文もクリアですね。
たいしたものです。

白金(プラチナ)の扉のコーナー

この扉のむこうには、英語のいろんな要素を含んだ文が待っています。

STAGE 70
関係代名詞 ［パターン１］

　関係代名詞というのを見ていきます。
　英語のいろんな要素がつまった文です。ここがわかればすごいですよ。でもきっと大丈夫。
　それでは普通の文と関係代名詞の文はどうちがうのか、そこから見ていきましょう。

［普通の文］
　私はその少年たちを知っている。
I know the boys.

　彼らは英語を話します。
They speak English.

［関係代名詞の文］
　私は英語を話すその少年たちを知っている。
I know the boys who speak English.

　関係代名詞の文ですが
I know the boys ＋ who speak English　　の形になっていますね。
I know the boys ＋ they speak English　　のようですが、
they は代名詞で、この位置（文中）では使えません。

そんな時、代名詞に関係のある関係代名詞 **who** が代わってくれるのです。
I know the boys を **they** に代わって **who** でつないだ形になります。

I know the boys who speak English.

> **point** 関係代名詞の文を作るために、水泳のクロールのようにうしろの下線部が前に行くので、**クロールの法則**と私は呼んでいます。

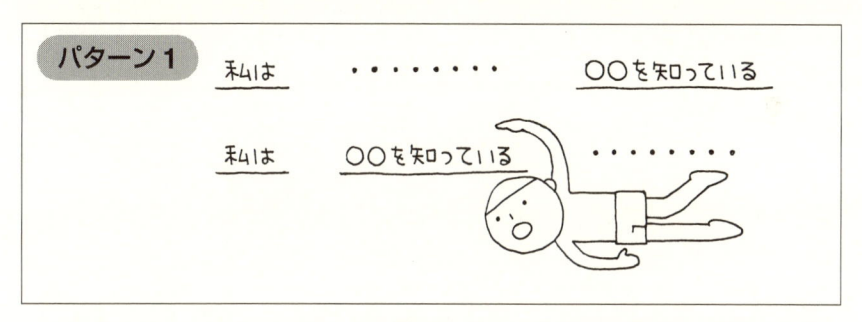

```
パターン1   私は  ・・・・・・・   ○○を知っている

           私は   ○○を知っている   ・・・・・・・
```

人の代名詞、（I, you, we, they, he, she）の関係代名詞が **who** です。

[普通の文]

　私はその少年を知っている。

　I know the boy.

　彼は英語を話します。

　He speaks English.

[関係代名詞の文]

　私は英語を話すその少年を知っている。

　I know the boy who speaks English.

　もともと **He speaks** なので、**who speaks** になります。

> チョット一息のコーナー

I know the boys who speak English. の文の who の前後を who なしで見ると The boys speak English.

I know the boy who speaks English. の文の who の前後を who なしで見ると The boy speaks English.

という、ちゃんとした文になっています。

ではもう少し見ておきましょう。

⎡ I have an aunt.　と　She lives in Kyoto.

⎢ I have an aunt who lives in Kyoto.
⎣ 私は京都に住んでいるおばがいます（おばをもっている）。

⎡ He has a friend.　と　She can play the piano well.

⎢ He has a friend who can play the piano well.
⎣ 彼はピアノが上手に弾ける友達をもっている。

⎡ Do you know the girl?　と　She has blue eyes.

⎢ Do you know the girl who has blue eyes?
⎣ あなたは青い（両）目をしたその少女を知っていますか。

⎡ Does Ann have an uncle?　と　He lives in Canada.

Does Ann have an uncle who lives in Canada?
⎣ アンはカナダに住んでいるおじさんがいますか。

⎡ Fred is the student.　と　He speaks Japanese very well.

Fred is the student who speaks Japanese very well.
⎣ フレッドは日本語をとても上手に話す学生です。

⎡ Mika is the girl.　と　She came to see you.

Mika is the girl who came to see you.
⎣ ミカは君に会いに来た少女です。

ここまでは **OK** ですね。では次は英作です。

英語は言いたいことから、まずは基本の文を英作

私は　フランス語を話す　その少女たちを知っている。

<u>I know the girls</u>　　残りを英作、[who はフランス語を話す] と考える
　　　　　　　　　who speak French

I know the girls who speak French.

407

もう少し説明を加えると

英語は言いたいことから、まずは基本の文に下線を引く

<u>私は</u> フランス語を話す <u>その少女たちを知っている。</u>

うしろの下線を前に出すと

<u>私は その少女たちを知っている</u>　who はフランス語を話す

I know the girls who speak French.

もう少し見ておきましょう。

[<u>私は</u> ロシア語を話す <u>その少年を知っている。</u>
　<u>私は その少年を知っている</u>　who はロシア語を話す
　I know the boy who speaks Russian.

[<u>私は</u> ハワイに住んでいる <u>おじがいます。</u>
　<u>私は おじがいます</u>　who はハワイに住んでいる
　I have an uncle who lives in Hawaii.

[<u>彼は</u> バイオリンが上手に弾ける <u>友達をもっている。</u>
　<u>彼は 友達をもっている</u>　who はバイオリンが上手に弾ける
　He has a friend who can play the violin well.

[<u>あなたは</u> 青い（両）目をした <u>その少年を知っていますか。</u>
　<u>あなたは その少年を知っていますか</u>　who は青い（両）目をした（もっている）
　Do you know the boy who has blue eyes?

⎡ ジェーンは　カリフォルニアに住んでいる　おばさんがいますか。
　　⎢ ジェーンは　おばさんがいますか　who はカリフォルニアに住んでいる
　　⎣ **Does Jane have an aunt who lives in California?**

　　⎡ フレッドは　オランダ語をとても上手に話す　学生です。
　　⎢ フレッドは　学生です　who はオランダ語をとても上手に話す
　　⎣ **Fred is the student who speaks Dutch very well.**

　　⎡ ユキは　僕に会いに来た　少女です。
　　⎢ ユキは　少女です　who は僕に会いに来た
　　⎣ **Yuki is the girl who came to see me.**

さあ、いかがでしたか。

人を表す **they** や **he** などの代名詞の代わりに、

人を表す関係代名詞 **who** を使う、それだけでしたね。

次は物を表す関係代名詞の文を見ておきましょう。

[普通の文]

私は犬を 2 匹飼っている（もっている）。

I have two dogs.

それらは速く走る。

They run fast.

　　　　　　　　　この They は物を表す　○ [それら] × （彼ら）ではない。

［関係代名詞の文］

　私は速く走る犬を 2 匹飼っている（もっている）。

　I have two dogs which run fast.

関係代名詞の文ですが

　I have two dogs ＋ which run fast　の形になっていますね。

　I have two dogs ＋ they run fast　のようですが、

代名詞の **they** はこの位置（文中）では使えません。

そんな時、代名詞に関係のある関係代名詞 **which** が代わってくれるのです。

　I have two dogs を物の **they** に代わって **which** でつないだ形になります。

　I have two dogs which run fast.

　物の代名詞（**they, it**）の関係代名詞が **which** です。

［普通の文］

　私は犬を 1 匹飼っている（もっている）。

　I have a dog.

　それは速く走る。

　It runs fast.

（it は単数（1 つ）なので runs になります。）

［関係代名詞の文］

　私は速く走る犬を 1 匹飼っている。

　I have a dog which runs fast.

ではもう少し見ておきましょう。

> She has a cat. と It can swim well.
>
> She has a cat which can swim well.
> 彼女は上手に泳げるネコを飼っている。

> Do you know the car? と It runs very fast.
>
> Do you know the car which runs very fast?
> あなたはとても速く走るその車を知っていますか。

> This is the bus. と It goes to Hidaka Park.
>
> This is the bus which goes to Hidaka Park.
> これは日高公園へ行くバスです。

ここまでは OK ですね。では次は英作です。

> ケンは　上手に泳げる　犬を飼っている。
> ケンは　犬を飼っている　which は上手に泳げる
> Ken has a dog which can swim well.

> あなたは　とても速く走る　そのシマウマを知っていますか。
> あなたは　そのシマウマを知っていますか　which はとても速く走る
> Do you know the zebra which runs very fast?

> あれは 金沢へ行く 列車です。
> あれは 列車です which は金沢へ行く
> That is the train which goes to Kanazawa.

さあ、いかがでしたか。
物を表す they（それら）や it（それ）などの代名詞の代わりに物を表す関係代名詞 which を使う、それだけでしたね。

ここで<u>進行形</u>や<u>受動態</u>を含む関係代名詞の文を見ておきましょう。

> I know the boy.　と　He is playing the guitar.
>
> I know the boy who is playing the guitar.
> 私はギターを弾いているその少年を知っている。

> Do you know the girl?　と　She is talking with Bob.
>
> Do you know the girl who is talking with Bob?
> あなたはボブと話をしているその少女を知っていますか。

> Look at the man.　と　He is standing under that tree.
>
> Look at the man who is standing under that tree.
> あの木の下に立っている男の人を見なさい。

⎡ I know the little girl. と She was helped by Tom.

⎢ I know the little girl who was helped by Tom.
⎣ 私はトムによって助けられたその幼い少女を知っている。

⎡ This is a book. と It was written ten years ago.

⎢ This is a book which was written ten years ago.
⎣ これは10年前に書かれた本です。

⎡ My father has a car. と It was made in Japan.

⎢ My father has a car which was made in Japan.
⎣ 私の父は日本製の（日本で作られた）車をもっています。

ここまではOKですね。では次は英作です。

私は　ゴルフをしている　その少年を知っている。
私は　その少年を知っている　who はゴルフをしている
I know the boy who is playing golf.

英作時、うしろの下線部を前に出す［クロールの法則］でしたよね。

あなたは　ナンシーと踊っている　その男の人を知っていますか。
あなたは　その男の人を知っていますか　who はナンシーと踊っている
Do you know the man who is dancing with Nancy?

むこうに立っている　自由の女神像を見なさい。

自由の女神像を見なさい　which はむこうに立っている

Look at the Statue of Liberty which is standing over there.

> 命令文は主語がないので、前の（主語の）下線部はナシです。

私は　ボブによって助けられた　その小学生（男）を知っている。

私は　その小学生（男）を知っている　who はボブによって助けられた

I know the schoolboy who was helped by Bob.

> 小学生（女）
> schoolgirl

これは　約 400 年前に書かれた　本です。

これは　本です　which は約 400 年前に書かれた

This is a book which was written about four hundred years ago.

私の父は　日本製の（日本で作られた）　腕時計をもっています。

私の父は　腕時計をもっています　which は日本製の（日本で作られた）

My father has a watch which was made in Japan.

以上が、進行形や受動態を含む関係代名詞の文でした。

なぜわざわざ紹介したかと言いますと、

関係代名詞の文の中でも、進行形や受動態を含む文では

who（which）と次の **be** 動詞を 2 つセットで省略できるのをお伝えしたかったからです。

I know the boy who is playing the guitar.
I know the boy　　　　playing the guitar.　　⇐省略
I know the boy playing the guitar.　　でき上がり。

これで **OK** ということです。他のも見ておきましょう。

Do you know the girl who is talking with Bob?
Do you know the girl talking with Bob?

Look at the man who is standing under that tree.
Look at the man standing under that tree.

I know the little girl who was helped by Tom.
I know the little girl helped by Tom.

This is a book which was written ten years ago.
This is a book written ten years ago.

My father has a car which was made in Japan.
My father has a car made in Japan.

このようになります。
　関係代名詞の **who** と **be** 動詞、**which** と **be** 動詞を省略するだけなので簡単ですね。

では、どうすれば **who** と be 動詞、**which** と be 動詞を省略した英文が作れるのでしょうか。

アドバイスとしましては、見たままを英作してみましょう、ということになりますね。

私は　ギターを　弾いている　その少年を知っている。
私は　その少年を知っている　ギターを　弾いている
I know the boy playing the guitar.

あなたは　ボブと話をしている　その少女を知っていますか。
あなたは　その少女を知っていますか　ボブと　話をしている
Do you know the girl talking with Bob?

あの木の下に立っている　男の人を見なさい。
男の人を見なさい　あの木の下に　立っている
Look at the man standing under that tree.

命令文は主語がない。

私は　トムによって助けられた　その幼い少女を知っている。
私は　その幼い少女を知っている　トムによって　助けられた
I know the little girl helped by Tom.

| I know | the little girl | helped | by Tom. |

これは　10年前に書かれた　本です。
これは　本です　10年前に　書かれた
This is a book <u>written</u> <u>ten years ago</u>.

私の父は　日本製の（日本で作られた）車をもっています。
私の父は　車をもっています　日本製の（<u>日本で</u>　<u>作られた</u>）
My father has a car <u>made</u> <u>in Japan</u>.

関係代名詞の文の英作、もうバッチリですね。それはよかった。

チョット一息のコーナー

　関係代名詞の文がわかりにくいという声が多いのですが、そうだと思います。日本語にはない文なのでね。

たとえば、関係代名詞の文の
［あなたはボブと話をしているあの少女を知っていますか。］の場合
［Do you know that girl who is talking with Bob?］

日本人だと
［あの少女を知っていますか］［Do you know that girl?］
（えっ、どの子）
［ボブと話している］［She is talking with Bob.］
（あー、あの子ね）
と言っているので、関係代名詞の文がないのですよ。

みなさんは、もうバッチリですね。

以上が、関係代名詞のパターン1と私が呼んでいるものでした。

STAGE 71
関係代名詞 [パターン 2]

　ここまでわかれば、さすがと言われそう。言われましょう！
　ここでは関係代名詞のパターン 2 というのを見ていきますが、その前にパターン 1 とパターン 2 をすっきりと整理しておきましょう。

パターン 1　I know the boy.
　　　　　　動詞のあとの the boy を詳しく説明（目的語の the boy）。

パターン 2　The boy is Tom.
　　　　　　動詞の前の The boy を詳しく説明（主語の The boy）。

パターン 1　I know the boy who is playing tennis.
　　　　　　私は　テニスをしている　その少年を知っている。

パターン 2　The boy who is playing tennis is Tom.
　　　　　　テニスをしている　その少年はトムです。

　普通の文と関係代名詞の文はどうちがうのか、そこから見ていきましょう。

[普通の文]
　その少年たちは私の友人（たち）です。
　The boys are my friends.

彼らは英語を上手に話す。

They speak English well.

［関係代名詞の文］

英語を上手に話すその少年たちは私の友人（たち）です。

The boys who speak English well are my friends.

関係代名詞の文ですが、**The boys ＋ who speak English well ＋ are my friends** の形になっていますね。

The boys ＋ they speak English well ＋ are my friends のようですが、**they** は代名詞でこの位置（文中）では使えません。

そんな時、代名詞に関係のある関係代名詞 **who** が代わってくれるのです。**The boys** の代名詞の **they** に代わって **who** でつないだ形になります。

The boys who speak English well are my friends.

人の代名詞（**I, you, we, they, he, she**）の関係代名詞が **who** です。

［普通の文］

その少年は私の友人です。

The boy is my friend.

彼は英語を上手に話す。

He speaks English well.

[関係代名詞の文]

英語を上手に話すその少年は私の友人です。

The boy who speaks English well is my friend.

もともと **he speaks** なので **who speaks** になります。

> チョット一息のコーナー

<u>The boys</u> who <u>speak English</u>. の who の前後を who なしで見ると

The boys speak English.

<u>The boy</u> who <u>speaks English</u>. の who の前後を who なしで見ると

The boy speaks English.

という、ちゃんとした形になっています。

> パターン2 では

The boy is my friend　　　be 動詞の前で 2 つに分けて
The boy ⇔ is my friend　　左右に広げて

The boy　　　　　　　　　　is my friend　who 以降をはさむ形
　↓ who speaks English　　↓　　　　　　になります。
The boy who speaks English is my friend.

　　　　　　　　　　　　　　　　　　　でき上がり。簡単ですね。

ではもう少し見ておきましょう。

The woman is my aunt. と She lives in Kyoto.

The woman who lives in Kyoto is my aunt.
京都に住んでいるその女の人は私のおばです。

The student is Billy. と He can play the piano well.

The student who can play the piano well is Billy.
ピアノが上手に弾けるその学生はビリーです。

The girl is Mary. と She has blue eyes.

The girl who has blue eyes is Mary.
青い（両）目をしたその少女はメアリーです。

The man is Ann's uncle. と He lives in Canada.

The man who lives in Canada is Ann's uncle.
カナダに住んでいるその男の人はアンのおじさんです。

The student is Fred. と He speaks Japanese very well.

The student who speaks Japanese very well is Fred.
日本語をとても上手に話すその学生はフレッドです。

The girl is Mika. と She came to see you.

The girl who came to see you is Mika.
君に会いに来たその少女はミカです。

ここまでは OK ですね。では次は英作です。

前の下線部、主語から英作。

英語を上手に話す　その少年たちは　私の友人（たち）です。

The boys　主語の説明、[who は英語を上手に話す] と考える
　　　　　who speak English well
　　　　　　　　　　　　　　あとの下線部を英作
　　　　　　　　　　　　　are my friends
The boys who speak English well are my friends.

もう少し説明を加えると
英語は言いたいことから、まずは基本の文に下線を引く

英語を上手に話す　その少年たちは　私の友人（たち）です。
　　　　　　＊下線部を前に出すと
その少年たちは　who は英語を上手に話す　私の友人（たち）です。
　　　　　　＊この形で英作すると

The boys who speak English well are my friends.

英作時、下線部を前に出す [クロールの法則]。

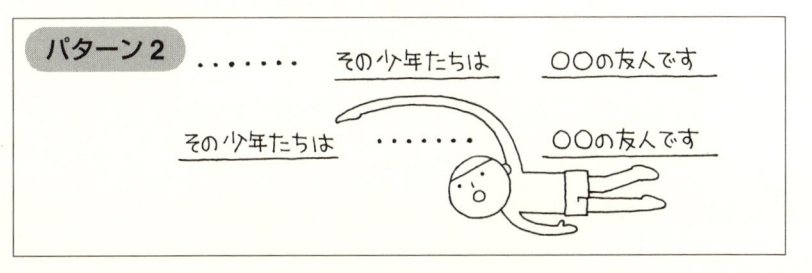

| パターン2 ...... その少年たちは　〇〇の友人です
その少年たちは　......　〇〇の友人です |

もう少し見ておきましょう。

ロシア語を上手に話す　その少年は　私の友人です。
その少年は　who はロシア語を上手に話す　私の友人です
The boy who speaks Russian well is my friend.

ハワイに住んでいる　その男の人は　私のおじです。
その男の人は　who はハワイに住んでいる　私のおじです
The man who lives in Hawaii is my uncle.

オルガンが上手に弾ける　その学生は　ビリーです。
その学生は　who はオルガンが上手に弾ける　ビリーです
The student who can play the organ well is Billy.

青い（両）目をした　その少女は　僕の妹です。
その少女は　who は青い（両）目をした　僕の妹です
The girl who has blue eyes is my sister.

メキシコに住んでいる　その男の人は　ボブのおじさんです。
その男の人は　who はメキシコに住んでいる　ボブのおじさんです
The man who lives in Mexico is Bob's uncle.

スペイン語をとても上手に話す　その少年は　ポールです。
その少年は　who はスペイン語をとても上手に話す　ポールです
The boy who speaks Spanish very well is Paul.

私に会いに来た その少女は あなたの娘です。
その少女は who は私に会いに来た あなたの娘です
The girl who came to see me is your daughter.

さあ、いかがでしたか。
人を表す they や he などの代名詞の代わりに、
人を表す関係代名詞 who を使う、それだけでしたね。

今度は物を表す関係代名詞の文を見ておきましょう。

[普通の文]
その2匹の犬は私のものです。
The two dogs are mine.

それらは速く走る。
They run fast.

この They は物を表す ○[それら] ×（彼ら）ではない。

[関係代名詞の文]
速く走るその2匹の犬は私のものです。
The two dogs which run fast are mine.

関係代名詞の文ですが
　The two dogs + which run fast　の形になっていますね。
　The two dogs + they run fast　のようですが、
代名詞の they はこの位置（文中）では使えません。そんな時、代名詞に
関係のある関係代名詞が代わってくれるのです。

The two dogs を物の they に代わって which でつないだ形になります。

The two dogs which run fast are mine.

物の代名詞（they, it）の関係代名詞が which です。

[普通の文]

その犬は私のものです。

The dog is mine.

それは速く走る。

It runs fast.

> It は単数（1つ）なので runs になります。

[関係代名詞の文]

速く走るその犬は私のものです。

The dog which runs fast is mine.

ではもう少し見ておきましょう。

　The cat is hers. と It can swim well.

　The cat which can swim well is hers.
　上手に泳げるそのネコは彼女のものです。

　The car is my brother's. と It runs very fast.

　The car which runs very fast is my brother's.
　とても速く走るその車は私の兄のものです。

⎡ The bus is very big.　と　It goes to Hidaka Park.

⎣ The bus which goes to Hidaka Park is very big.
　日高公園へ行くそのバスはとても大きいです。

ここまでは OK ですね。この調子でもう少し見ておきましょう。

上手に泳げる　その犬は　彼のものです。
その犬は　which は上手に泳げる　彼のものです
The dog which can swim well is his.

とても速く走る　その車は　赤い。
その車は　which はとても速く走る　赤い
The car which runs very fast is red.

金沢へ行く　その列車は　とても素敵です。
その列車は　which は金沢へ行く　とても素敵です
The train which goes to Kanazawa is very nice.

さあ、いかがでしたか。
物を表す they（それら）や it（それ）などの代名詞の代わりに、物を表す関係代名詞 which を使う、それだけでしたね。

ここで進行形や受動態を含む関係代名詞の文を見ておきましょう。

⎡ The boy is Mike.　と　He is playing the guitar.

⎢ The boy who is playing the guitar is Mike.
⎣ ギターを弾いているその少年はマイクです。

⎡ The girl is Nancy.　と　She is talking with Bob.

⎢ The girl who is talking with Bob is Nancy.
⎣ ボブと話をしているその少女はナンシーです。

⎡ The man is our teacher.　と　He is standing under that tree.

⎢ The man who is standing under that tree is our teacher.
⎣ あの木の下に立っているその男の人は私たちの先生です。

⎡ The little girl is his daughter.　と　She was helped by Tom.

⎢ The little girl who was helped by Tom is his daughter.
⎣ トムによって助けられたその幼い少女は彼の娘です。

⎡ The book is wonderful.　と　It was written ten years ago.

⎢ The book which was written ten years ago is wonderful.
⎣ 10年前に書かれたその本はすばらしい（です）。

⎡ The car is very nice.　と　It was made in Japan.

⎢ The car which was made in Japan is very nice.
⎣ 日本製の（日本で作られた）その車はとても素敵です。

ここまでは **OK** ですね。では次は英作です。

ゴルフをしている　その男の人たちは　私の友人です。
その男の人たちは　who はゴルフをしている　私の友人です
The men who are playing golf are my friends.

ナンシーと踊っている　その男の人は　スミスさんです。
その男の人は　who はナンシーと踊っている　スミスさんです
The man who is dancing with Nancy is Mr. Smith.

むこうに立っている　自由の女神像は　彼らの宝物です。
自由の女神像は　which はむこうに立っている　彼らの宝物です
The Statue of Liberty which is standing over there is their treasure.

（宝島は treasure island）

あなたに助けられた　その幼い少年は　私たちの息子です。
その幼い少年は　who はあなたに助けられた　私たちの息子です
The little boy who was helped by you is our son.

50年前に描かれた　その絵は　すばらしい（です）。
その絵は　which は50年前に描かれた　すばらしい（です）
The picture which was painted fifty years ago is wonderful.

日本製の（日本で作られた）　その腕時計は　とても素敵です。
その腕時計は　which は日本製の（日本で作られた）　とても素敵です
The watch which was made in Japan is very nice.

以上が、進行形や受動態を含む関係代名詞の文でした。
なぜわざわざ紹介したかと言いますと、
関係代名詞の文の中でも、進行形や受動態を含む文では
who（which）と次のbe動詞を2つセットで省略できるのをお伝えしたかったからです。

The boy who is playing the guitar is Mike.
The boy　　　　playing the guitar is Mike.　　⇦省略
The boy playing the guitar is Mike.　　でき上がり。

これでOKということです。
他のも見ておきましょう。

The girl who is talking with Bob is Nancy.
The girl talking with Bob is Nancy.

The little girl who was helped by Tom is his daughter.
The little girl helped by Tom is his daughter.

The book which was written ten years ago is wonderful.
The book written ten years ago is wonderful.

The car which was made in Japan is very nice.
The car made in Japan is very nice.

このようになります。

関係代名詞の who と be 動詞、which と be 動詞を省略するだけなので簡単ですね。

では、どうすれば who と be 動詞、which と be 動詞を省略した英文が作れるのでしょうか。

アドバイスとしましては、見たままを英作してみましょう、ということになりますね。

ギターを　弾いている　その少年は　マイクです。
その少年は　ギターを　弾いている　マイクです
The boy playing the guitar is Mike.

ボブと　話をしている　その少女は　ナンシーです。
その少女は　ボブと　話をしている　ナンシーです
The girl talking with Bob is Nancy.

あの木の下に　立っている　その男の人は　私たちの先生です。
その男の人は　あの木の下に　立っている　私たちの先生です
The man standing under that tree is our teacher.

トムによって　助けられた　その幼い少女は　彼の娘です。
その幼い少女は　トムによって　助けられた　彼の娘です
The little girl helped by Tom is his daughter.

10年前に 書かれた その本は すばらしい（です）。
その本は 10年前に 書かれた すばらしい（です）
The book written ten years ago is wonderful.

日本製の（日本で 作られた） その車は とても素敵です。
その車は 日本製の（日本で 作られた） とても素敵です
The car made in Japan is very nice.

関係代名詞のパターン2の文の英作も、もうバッチリですね。
それはよかった。

STAGE 72
関係代名詞の that

ここではもう 1 つの関係代名詞を紹介します。見慣れた文字ですよ。

［人を表す関係代名詞は who］でしたね。
私は上手に踊れるその少女を知っている。
I know the girl who can dance well.

［物を表す関係代名詞は which］ですが［that］もまた物を表す関係代名詞です。

これは京都へ行く列車です。
This is the train which goes to Kyoto.
This is the train that goes to Kyoto.

物の場合 which, that　どちらでも OK なのです。

> チョット一息のコーナー

　物の関係代名詞に that がありますが、接続詞にも that があるので、わかりやすいように物の関係代名詞は which をメインに説明させていただきました。

STAGE 73
目的格の関係代名詞

今までは主格（主語）の関係代名詞を長きにわたり説明してきました。ここでは目的格（目的語）の関係代名詞を手短に説明します。

This is a book．　と　I bought it yesterday.

> 代名詞 it は a book のことで、目的語。

This is a book that I bought yesterday.
これは 私が昨日、買った 本です。

> 代名詞 it が関係代名詞 that に代わり、名詞 a book のあとへ。

This is a letter．　と　I wrote it last night.
This is a letter that I wrote last night.
これは 昨夜、私が書いた 手紙です。

> 代名詞 it が関係代名詞 that に代わる。

> パターン2

The dog is mine．　と　You saw it yesterday.
The dog that you saw yesterday is mine.
あなたが昨日、見たその犬は私のです。

> 代名詞 it が関係代名詞 that に代わる。

では次は英作です。

これは 私が昨日、買った スイカです。
これは スイカです that 私が昨日、買った
This is a watermelon that I bought yesterday.
This is a watermelon which I bought yesterday.

これは 昨夜、私が受け取った 手紙です。
これは 手紙です that 昨夜、私が受け取った
This is a letter that I received last night.
This is a letter which I received last night.

あなたが昨日、見た その白馬は 私のです。
その白馬は that あなたが昨日、見た 私のです
The white horse that you saw yesterday is mine.
The white horse which you saw yesterday is mine.

目的格の関係代名詞は省略できます。これを言いたかったんです。

では、どうすれば省略した英文が作れるのでしょうか。
　アドバイスとしましては、見たままを英作してみましょう、ということになりますね。

これは 私が昨日、買った 本です。
これは 本です 私が昨日、買った
This is a book I bought yesterday.

これは 昨夜、私が書いた 手紙です。
これは 手紙です 昨夜、私が書いた
This is a letter I wrote last night.

あなたが昨日、見た その犬は 私のです。
その犬は あなたが昨日、見た 私のです
The dog you saw yesterday is mine.

この方が簡単、そんな声が聞こえてきそうですね。私もそう思います。

チョット一息のコーナー

英語では yesterday, last night などは文の最後にきます。

[あなたは昨日、その犬を見ました。]
[You saw the dog yesterday.]

こんな感じです。よく見る文です。

[これはあなたが昨日、見たその犬です。]
[This is the dog which you saw yesterday.]

こんなのもありますね。

ところが関係代名詞のパターン 2 の場合

The dog is mine.

The dog ⇔ is mine.　　　　　2 つに分けるので

The dog you saw yesterday is mine.

yesterday のあとに **is mine** がくるので、**yesterday** が文の最後でなくなります。

［あなたが昨日、見たその犬は私のです。］
［The dog you saw yesterday is mine.］

関係代名詞のパターン **2** のルールが理解できたみなさんは、もうおわかりですね。

関係代名詞をマスターしたみなさんはすごい。さすがです。このあとはリラックスしてどうぞ。

虹の扉のコーナー

虹の扉のむこうには、いろいろな文が待っています。
さあ、がんばって進んでいきましょう。

STAGE 74
There is, There are の文

やさしく感じるところかも。ちがいがわかれば楽しくなっていきますよ。
それでは There is, There are の文を説明します。
今ごろ be 動詞の文ですか、という声が聞こえてきそうですが、そうです。はじめの段階で説明すると、ややこしいので分けさせていただきました。

英語は言いたいことから、でした。したがって、次の文の場合

あなたのペンが あの机の上に あります。

Your pen is on that desk.

1番目に言いたいのは ［あなたのペンが］　　Your pen
2番目に言いたいのは ［あります］　　　　　is
3番目に言いたいのは ［あの机の上に］　　　on that desk

あなたのペンが　あの机の上に　あります。
Your pen is on that desk.　となります。

440

ナンシーのラケットが　ベンチの上に　あります。
Nancy's racket is on the bench.

持ち主のわかっている場合は、この順になります。
ここまでは **OK** ですね。

ところが、持ち主がわからない場合もあるんですよ。
見ておきましょう。

1 本のペンが あの机の上に あります。

持ち主がわからない場合は
［あります］
（何が？）
［1 本のペンが］
（どこに？）
［あの机の上に］

こんな感じで、この順になります。

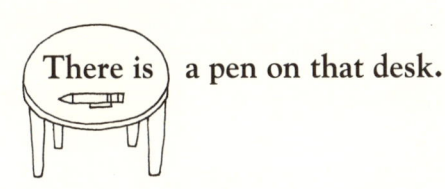

There is　a pen on that desk.

1 番目に言いたいのは［あります］　　　　There is
2 番目に言いたいのは［1 本のペンが］　　a pen
3 番目に言いたいのは［あの机の上に］　　on that desk

1本のペンが あの机の上に あります。
There is a pen on that desk.

1本のラケットが ベンチの上に あります。
There is a racket on the bench.

2個のボールが 箱の中に あります。
There are two balls in the box.

> Point
> [あります] は There is　次の言葉が 1 つ（単数）の場合
> 　　　　　　There are　次の言葉が 2 つ以上（複数）の場合

何冊かの本が テーブルの上に あります。
There are some books on the table.

たくさんの犬が 公園に います。
There are many dogs in the park.

There is, There are の疑問文

be 動詞の疑問文ですから、be 動詞が前に行って ? マークでしたね。

その箱の中にボール（1個）がありますか。
Is there a ball in the box?

はい、あります。　　　いいえ、ありません。
Yes, there is.　　　　No, there isn't.

その机の中に何本かペンがありますか。
Are there any pens in the desk?

はい、あります。　　　いいえ、ありません。
Yes, there are.　　　No, there aren't.

過去の場合

be 動詞の文ですから、be 動詞が過去になるだけですね。

1本のペンが あの机の上に ありました。
There was a pen on the desk.

1本のラケットが ベンチの上に ありました。
There was a racket on the bench.

2個のボールが 箱の中に ありました。
There were two balls in the box.

> point
>
> [ありました] は **There was**　次の言葉が1つ（単数）の場合
> 　　　　　　　 **There were**　次の言葉が2つ以上（複数）の場合

何枚かの絵が 壁の上に ありました。
There were some pictures on the wall.

たくさんのネコが 公園に いました。

There were many cats in the park.

There was, There were の疑問文

be 動詞の疑問文ですから、be 動詞が前に行って ? マークでしたね。

その箱の中に ボール（1個）が ありましたか。

Was there a ball in the box?

はい、ありました。　　いいえ、ありませんでした。

Yes, there was.　　**No, there wasn't.**

その机の中に 何本かペンが ありましたか。

Were there any pens in the desk?

はい、ありました。　　いいえ、ありませんでした。

Yes, there were.　　**No, there weren't.**

STAGE 75
不可算名詞

ここでは、水や砂糖のような名詞についてふれておきます。

単数と複数の区別が必要な英語ですが、水やミルクやコーヒー、砂糖や塩といった名詞は数えられません。ですから**不可算名詞**と呼ばれています。そのままですね。

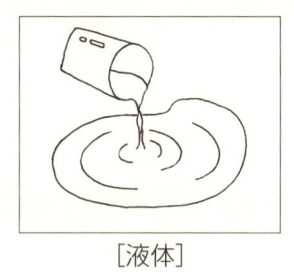

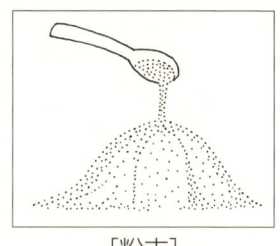

文章で見ておきましょう。

[液体]　　　　　[粉末]

ビンの中に　少しの水が　あります。
There is a little water in the bottle.

プールの中に　たくさんの水が　あります。
There is much water in the pool.

不可算名詞に複数はありません。

○ water　× waters
○ sugar　× sugars

したがって、**不可算名詞は単数あつかい**です。

ですから、[たくさんの水][much water]も単数あつかい。
be動詞がisになっているのはそのためです。

> Point
> 不可算名詞の場合 [たくさん] は量を表す
> ○ [much] を使います。
> × [many] は使えません。数を表すmanyは、数えられない不可算名詞には使えない。

waterやsugarなどの場合、いつでもbe動詞は単数になります。簡単ですね。

もう少し見ておきましょう。

ビンの中に 少しのミルクが あります。
There is a little milk in the bottle.

その白い箱の中に いくらかの砂糖が あります。
There is some sugar in the white box.

かごの中に いくつかのくだものが あります。
There is some fruit in the basket.

チョット一息のコーナー

　［くだもの］は不可算名詞ですか？と言われそうですが、不可算名詞です。ただし、［りんご］や［バナナ］となると数えられます。

There <u>are</u> two apples on the table.
テーブルの上に2個のりんごがあります。

There <u>are</u> some bananas in the box.
箱の中に何本かのバナナがあります。

この通り <u>OK</u> です。［くだもの］と言った場合は不可算名詞、<u>fruit</u> の複数形はありません。わかっていただけましたね。

ただし、［くだもの］は不可算名詞なのですが、
［野菜］は数えられる（可算名詞）なのです。

There are some vegetables in the basket.
かごの中にいくつかの野菜があります。

　どうして［野菜］が可算名詞なのに［くだもの］は不可算名詞なんですか、と聞かれ私も困った時期がありました。くだものの方はブドウがあるからかも、あれは数えるのが大変だから、とお考えください。

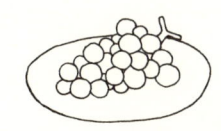

では、もう少し見ておきましょう。

その箱の中に いくらかのお金が あります。
There is some money in the box.

あの銀行には たくさんのお金が ある。
There is much money in that bank.

> チョット一息のコーナー

［お金］も不可算名詞ですか？と言われそうですが、不可算名詞です。ただし、［コイン］や［お札］となると数えられます。

There are two coins on the table. テーブルの上に2枚のコインがあります。

There are some bills in the box. 箱の中に何枚かのお札があります。

この通りOKです。［お金］と言った場合は不可算名詞、moneyの複数形はありません。

ではどうして［お金］は不可算名詞なのかというと、1万円は何枚？と聞いた時、答えは1つではないから、とお考えください。

1枚、2枚、6枚、10枚などが考えられますね。1万円札が1枚、5千円札が2枚、5千円札1枚と千円札5枚、千円札10枚など、これにコインも入れれば、もっとパターンが増えますね。と、いろいろな1万円があ

るわけです。
　それに対し、数えられる名詞の場合はだれが数えても同じ数になりますからね。

　では次は液体や粉（不可算名詞）が、入れ物（可算名詞）に入った場合を見ておきましょう。

　その前に次の文を英作してみましょう。

テーブルの上に　カップが1つ　あります。
There is a cup on the table.

テーブルの上に　カップが2つ　あります。
There are two cups on the table.

液体や粉（不可算名詞）が、入れ物（可算名詞）に入った場合はどうでしょうか。

テーブルの上に　コーヒーが1杯　あります。
（コーヒーのカップが1つ）
There is a cup of coffee on the table.

テーブルの上に　コーヒーが2杯　あります。（コーヒーのカップが2つ）
There are two cups of coffee on the table.

液体や粉（不可算名詞）が、入れ物（可算名詞）に入った場合は、入れ物の数を数える。数えられる名詞が単数か複数かを見るということです。

3杯のミルクが　机の上に　あります。
There are three glasses of milk on the desk.

お茶が5杯　テーブルの上に　あります。
There are five cups of tea on the table.

ビンに入った塩が　箱の中に　あります。
There is a bottle of salt in the box.

ビンに入ったミルクが2本　テーブルの下に　ありました。
There were two bottles of milk under the table.

昨日の午後、机の上に1杯の紅茶が　ありました。
There was a cup of tea on the desk yesterday afternoon.

チョットー息のコーナー

　英語では、熱い飲み物（コーヒーやお茶など）は **cup** に、
　　　　　冷たい飲み物（水やミルクなど）は **glass** に入れます。

There is, There are の文は、持ち主がわからない時に使われること、それと数えられない名詞、不可算名詞についての説明でした。

わかれば簡単、もうバッチリですね。

STAGE 76
You look happy. の文

happy が多い楽しいところです。幸せな気分でいきましょう。

ここでは You look happy. He looks happy. の文を説明します。

今ごろ一般動詞の文ですか？という声が聞こえてきそうですが、そうです。これもはじめの段階で説明すると、ややこしいので分けさせていただきました。

今まで習ってきた be 動詞の文に

You are happy.	あなたは幸せです。
He is happy.	彼は幸せです。

がありました。

ここでは一般動詞の文で

You look happy.	あなたは幸せ（そう）に見える。
He looks happy.	彼は幸せ（そう）に見える。

を見ていきます。

彼らはいそがしそうに見える。
They look busy.

彼女は悲しそうに見える。
She looks sad.

あの自転車は新しいように見えます。
That bike looks new.

これらの絵はちがうように見えます。
These pictures look different.

フレッドはひまなようには見えません。
Fred doesn't look free.

| 彼女は楽しそうに見えますか。 | はい、見えます。 | いいえ、見えません。 |
| **Does she look happy?** | **Yes, she does.** | **No, she doesn't.** |

| あの列車は古く見えますか。 | はい、見えます。 | いいえ、見えません。 |
| **Does that train look old?** | **Yes, it does.** | **No, it doesn't.** |

彼らはいそがしそうに見えた。
They looked busy.

彼は疲れているように見えた。
He looked tired.

フレッドはひまなようには見えませんでした。
Fred didn't look free.

彼女は楽しそうに見えましたか。　はい、見えました。　いいえ、見えませんでした。

Did she look happy?　　**Yes, she did.**　　**No, she didn't.**

その人形はかわいく見えましたか。　はい、見えました。　いいえ、見えませんでした。

Did the doll look pretty?　　**Yes, it did.**　　**No, it didn't.**

> チョット一息のコーナー

自分のことを **I am happy.** はよくわかりますが、他人のことを
You are happy. や **She is happy.** は何でわかるの？と言われそうです。

You look happy. や **She looks happy.** は自分にはそう見えるということで、自然ですよね。

That looks new. が ［あれは新しく見える。］
に対して

That sounds wonderful. は ［あれはすばらしく思われる。］
を表します。

その質問はむずかしそうに思われる。
The question sounds difficult.

君の計画はとてもよいように思われる。

Your plan sounds very good.

この表現も知っておくといいでしょう。

STAGE 77
頻度を表す言葉

押さえておきたい言葉があるんです。それは…。
ここでは頻度を表す言葉を見ていきます。
具体的に回数を言うわけではありませんが、知っておくと便利な言葉です。

always［いつも、常に］
usually［ふつう、たいてい］
often［しばしば、たびたび］
sometimes［時々］

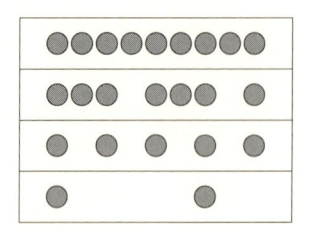

always ＞ usually ＞ often ＞ sometimes の関係になっています。

実際に一般動詞の文で見てみましょう。
その前に普通の文から復習しておきましょう。

あなたはいそがしそうに見える。
You look busy.

頻度を表す言葉を加えると

あなたはいつも、いそがしそうに見える。
You always look busy.

あなたはたいてい、いそがしそうに見える。
You usually look busy.

あなたはしばしば、いそがしそうに見える。
You often look busy.

あなたは時々、いそがしそうに見える。
You sometimes look busy.

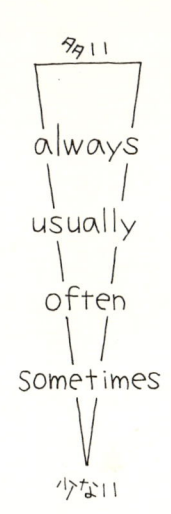

多い
always
usually
often
sometimes
少ない

この頻度を表す言葉は、一般動詞の文の場合
主語の次に入れる（一般動詞の前）というルールがあります。
守ってくださいね。

彼女は幸せそうに見える。
She looks happy.

頻度を表す言葉を加えると

彼女はいつも幸せそうに見える。
She always looks happy.

彼女はたいてい幸せそうに見える。
She usually looks happy.

彼女はしばしば幸せそうに見える。
She often looks happy.

彼女は時々、幸せそうに見える。
She sometimes looks happy.

なぜ、本の終わりの方でこんな簡単な言葉を出してくるのだろうと思われる方がいらっしゃるかもしれませんね。
それは、すみません書くのを忘れていました。
ではなくて、ある言葉とかんちがいしないように、あえて分けたからです。

その言葉とはズバリ助動詞（**must, will, may, can** など）です。

助動詞も主語の次に入ります。そして、動詞が原形に戻る。

She looks happy. に助動詞が入ると looks は look に戻る。

She will look happy. 彼女は幸せに見えるだろう（見えるでしょう）。

これに対し、頻度を表す言葉（**always, usually, often, sometimes**）は looks は looks のまま、原形には戻りません。ないのと同じあつかいです。
She が主語の、頻度を表す言葉の文をもう一度ご覧ください。

She often looks happy.

このように looks のままです。これで正解です。
なぜなら、頻度を表す言葉は助動詞ではないからです。

動詞に気をつけて、もう少し見ておきましょう。

アンはいつも6時に起きます。
Ann always gets up at six.

ボブはたいてい自転車で学校へ行きます。
Bob usually goes to school by bike.

私の妹はしばしばピアノを弾きます。
My sister often plays the piano.

ケンは時々、図書館で英語を勉強します。
Ken sometimes studies English in the library.

チョット一息のコーナー

頻度を表す言葉は、一般動詞の文の場合、一般動詞の前と言いました。
Tom often plays soccer.［トムはしばしばサッカーをします。］

これに対し、be 動詞の文の場合、be 動詞のあとに入れます。
Tom is often late for school.［トムはしばしば学校に遅れます。］

be 動詞のあとに often が入る、これだけちがうんですよ。
あきらかに助動詞とはちがいますね。

STAGE 78
I will give him a card. の文

　人を大切にすると、英作は楽になります。
　ここでは、**I will give him a card.**［私は彼にカードをあげるつもりで
す。］の文を見ていきます。

　　まずは下線部を英作［私は　彼に　カードを　あげる　つもりです。］

I will give

残りは［彼に　カードを］の 2 つです。
人と物ではどちらが大事でしょう？

人が 1 番大事ですね。物は 2 番目（普通はそうです）。
その順で **him**、次に **a card** で、でき上がり。

I will give him a card.

もう少し見ておきましょう。

私はあなたに絵をあげましょう。

I will give you a picture.

> 目の前にあなたがいるので［あげるつもりです］より［あげましょう］の方がいいでしょう。

私は彼女にこの本をあげるつもりです。

I will give her this book.

> I will の短縮形は I'll です。
> I'll give her this book. でも OK。

私はアンにプレゼントをあげるつもりです。

I'll give Ann a present.

私の両親は私に新しい辞書をくれるでしょう。

My parents will give me a new dictionary.

give の他の動詞も見ておきましょう。

僕はフレッドに日本語を教えるつもりです。

I'll teach Fred Japanese.

私はマイクにいくつかの歌を教えるつもりです。

I'll teach Mike some songs.

私は彼らにこの地図を見せるつもりです。

I'll show them this map.

私は私の娘に人形を買うつもりです。
I'll buy my daughter a doll.

私は私の息子にバットとボールを買うつもりです。
I'll buy my son a bat and a ball.

○ a bat and a ball
× a bat and ball

よく見かけるミスです。
and や **or** の前後にそれぞれ 1 つの名詞が来る時、
後ろの **a** を忘れないように気をつけましょう。

チョット一息のコーナー

普通は **I'll give** のあとは **Tom**（人）、**this present**（物）となります。

○ **I'll give Tom this present.**
　［私はトムに、このプレゼントをあげるつもりです。］

普通でない場合（**this present** を強く言いたい場合など）、順番が入れ替わることがあります。

× **I'll give this present Tom.**
○ **I'll give this present to Tom.**
　［私はこのプレゼントをトムにあげるつもりです。］

トムになので **to Tom** になります。（**to** が必要）

大事な［人］を後回しにしたのだから、おわびとして to を［人］の前に差し出している、と考えていると to のつけ忘れがなくなりますよ。

人の道は踏み外してはいけません。

外した時は誠意を見せる、これが大事。to をお忘れなく。

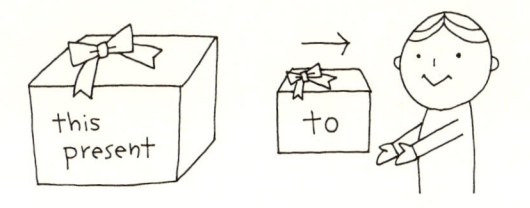

STAGE 79
We call him Mike. の文

あなたは、だれを何と呼んでいますか。敬意や心が入るといいですね。

ここでは、**We call him Mike.** [私たちは彼をマイクと呼びます。] を見ていきます。

まずは下線部を英作。

[私たちは 彼を マイクと 呼びます。]

We call

残りは [彼を マイクと] の 2 つです

[私たちは呼びます。] と言われたら、どう聞き返しますか？

だれを（何を）ですね。　　次に何て呼ぶのですね。

彼を him　　　　　　　次に Mike　ででき上がり。

We call him Mike.

もう少し見ておきましょう。

私たちは彼女をベスと呼びます。
We call her Beth.

彼は彼女をミカりんと呼びます。

He calls her Mika - line.

彼らは私をユキと呼びます。

They call me Yuki.

私たちはその犬をポチと呼びます。

We call the dog Pochi.

彼らはそのネコをタマと呼びます。

They call the cat Tama.

モモはその少年をタローと呼びました。

Momo called the boy Taro.

理解だけでなく、感覚的にもわかっていると思います。いいことです。

STAGE 80
This book made me happy. の文

何があなたを幸せにしてくれますか。そんなページですよ。
　ここでは This book made me happy. [この本は私を幸せにしました。] の文を見ていきます。

まずは下線部を英作。
[この本は　私を　幸せに　しました。]
This book made

残りは [私を　幸せに] の2つです
人とそれ以外では、どちらが大事でしょう？

人が1番大事ですね。　　それ以外は2番目
その順で **me**　　　　次に **happy**　ででき上がり。

This book made me happy.

もう少し見ておきましょう。

その本は彼女を悲しい気持ちにしました。
The book made her sad.

> made →人
> の順。

この話は多くの人々を幸せにしました。

This story made a lot of people happy.

その知らせは彼を有名にしました。

The news made him famous.

この写真がボブをおこらせました。

This picture made Bob angry.

その手紙はユキを幸せにしました。

The letter made Yuki happy.

彼らの音楽が私たちを幸せにしました。

Their music made us happy.

いかがでしたか。わかると楽しいですね。楽しく進めましょう。

STAGE 81
感嘆文 I

英語を使っていると、ほめることが多いことに気がつきます。
ここでは感嘆文というのを見ていきます。
文字通り、感心してほめたたえる文です。
そして発音の通り、簡単な文です。

なんて美しいのだろう。

How beautiful!

なんて強いのだろう。

How strong!

なんて親切なのだろう。

How kind!

なんてむずかしいのだろう。

How difficult!

なんて速いのだろう。

How fast!

このように、
[なんて] は [**How**]、次に [残りの言葉]。
最後は目立つように [！マーク] です。

もう少し見ていきましょう。

この湖は　なんて美しいのだろう。
　　　　　　英語は言いたいことからなので
How beautiful
　　　　　残りを英作
　　　　　　　　this lake is
How beautiful this lake is!

なぜ、最後の **is** がいるのかですって!?　いい質問です。
[この湖はなんて美しいのだろう。] の基本となる文がありまして、それは
(この湖はとても美しいです。)
This lake is very beautiful.

感嘆文にするために（とても）の **very** を [なんて] の **How** にして
How beautiful
次に残りの言葉 **this lake is**
！マークで、でき上がり。

How beautiful this lake is!　　　この湖はなんて美しいのだろう。

わかっていただけたでしょうか。動詞がないと文になりませんから必要です。

彼は　なんて強いのだろう。
（基本の文 He is very strong.）
How strong he is!

彼女たちは　なんて親切なのだろう。
（基本の文 They are very kind.）
How kind they are!

この質問は　なんてむずかしいのだろう。
（基本の文 This question is very difficult.）
How difficult this question is!

あの車は　なんて速く　走るのだろう。
（基本の文 That car runs very fast.）
How fast that car runs!

［なんて］の次に、言いたい言葉が 1 つの場合
この湖はなんて美しいのだろう。

基本の文の very の次の言葉が 1 つの場合
This lake is very beautiful.

同じことを言っていますが、
［なんて］に How を使います。

STAGE 82
感嘆文 Ⅱ

いいところをほめると、今度はほめられたりするんですね。
どんどんよい言葉をマスターしましょう。
ここでは、もう 1 つの感嘆文を見ていきます。
もう 1 つの感嘆文も簡単な文です。

［なんて］の次に、言いたい言葉が 2 つ以上の場合
これはなんて美しい 湖なのだろう。

基本の文の very の次の言葉が 2 つ以上の場合
This is a very beautiful lake.

同じことを言っていますが、
［なんて］に **What** を使います。

なんて美しい 湖なのだろう。
What a beautiful lake!

なんて強い 男なのだろう。
What a strong man!

なんて親切な 少女たちなのだろう。
What kind girls!

なんてむずかしい 質問なのだろう。

What a difficult question!

なんて速い 車なのだろう。

What a fast car!

このように
［なんて］は［**What**］、次に［残りの言葉］。
最後は目立つように［！マーク］です。

もう少し見ていきましょう。

これはなんて美しい 湖なのだろう。
　　　　　英語は言いたいことからなので
What a beautiful lake
　　　残りを英作
　　　　　　　　　　　this is
What a beautiful lake this is!

なぜ、最後の **is** がいるのかですって !?　いい質問です。
　［これはなんて美しい湖なのだろう。］の基本となる文がありまして、それは
（これはとても美しい湖です。）
This is a very beautiful lake.

感嘆文にするために（とても）の **very** を［なんて］の **What** にして
What a beautiful lake

次に残りの言葉 <u>this is</u>
！マークで、でき上がり。

What a beautiful lake this is!　これはなんて美しい湖なのだろう。

わかっていただけたでしょうか。動詞がないと文になりませんから必要です。

彼は　なんて強い　男なのだろう。
（基本の文 He is a <u>very</u> strong man.）
What a strong man he is!

彼女たちは　なんて親切な　少女たちなのだろう。
（基本の文 They are <u>very</u> kind girls.）
What kind girls they are!

これは　なんてむずかしい　質問なのだろう。
（基本の文 This is a <u>very</u> difficult question.）
What a difficult question this is!

あれは　なんて速い　車なのだろう。
（基本の文 That is a <u>very</u> fast car.）
What a fast car that is!

感嘆文は 2 種類あります。

[なんて] の次に言いたい言葉が 1 つの場合

この湖はなんて美しいのだろう。

基本の文の very の次の言葉が 1 つの場合
This lake is very beautiful.

[なんて] に **How** を使います。

[なんて] の次に言いたい言葉が 2 つ以上の場合

これはなんて美しい　湖なのだろう。

基本の文の very の次の言葉が 2 つ以上の場合
This is a very beautiful lake.

[なんて] に **What** を使います。

以上が、**How** と **What** の感嘆文でした。

（形容詞）

（形容詞と名詞）

STAGE 83
It is easy for Ann to speak English. の文

やっぱり英語って言いたいことから言うんだと思えるところです。
楽しく見ていきましょう。

[アンにとって 英語を話すことは 簡単です。] を英作すると
[**It is easy for Ann to speak English.**] こうなります。

英語は、言いたいことから英作です。覚えていらっしゃいますね。
この文の場合、[簡単です] が一番言いたいので

[アンにとって 英語を話すことは 簡単です。]
It is easy

　　　　　　次に大事な人 [アンにとって]
　　　　　　[アンにとって 英語を話すことは]
for Ann

　　　　　　　残りが [英語を話すことは]
　　　　　　[英語を話すことは]
to speak English

It is easy for Ann to speak English.

> チョット一息のコーナー

［簡単です。］は［It is easy.］になりますが、
これは［7時です。］が［It is seven.］になるのと同じです。
［それは7時です。］と書いてないですけど、
主語がないと文にならないので、仮の主語をつけます。
この It は仮主語と言います。そのままですね。

でも、命令文は主語がなくても文になるですって！ その通り。
よく気づかれましたね。さすがです。
命令文は例外。上の説明からのぞいてください。

引き続き見ていきましょう。

私にとって英語を話すことはむずかしいです。
It is difficult for me to speak English.

私たちにとって日本語を学ぶことは大切です。
It is important for us to learn Japanese.

メアリーにとってピアノを弾くことは簡単です。
It is easy for Mary to play the piano.

彼らにとって野球をすることはたいへん楽しいです。
It is a lot of fun for them to play baseball.

僕たちにとってお年寄りを助けることは大切です。

It is important for us to help old people.

私たちにとって早起きは（早く起きることは）よいことです。

It is good for us to get up early.

彼にとって早起きは簡単ではない。

It is not easy for him to get up early.

君にとって本を読むことは大切です。

It is important for you to read books.

私たちにとってエネルギーを節約することは可能です。

It is possible for us to save energy.

いかがでしたでしょうか。

3つの部分からできていることがわかれば、問題ないですね。

It is easy for Ann to speak English.
　言いたい　　　人　　　　残り

英語はカタマリとその並べ方です。

STAGE 84
2つ以上で意味を表す言葉

このあたりがわかって使えると、ランクアップでしょうね。

[私は 歴史が 好きです。] を英作すると
[I like history.] になります。

[好きです] は [like] になります。
1つの言葉です。

ところが、次の文の場合
[私は 歴史 に興味があります。] を英作すると
[I am interested in history.] になります。

2つ以上で [興味がある] を表します。

ここではこういう文を見ていきます。

▶ [be interested in 〜] で [〜に興味がある]

彼は サッカーに 興味があります。
He is interested in soccer.

▶ ［be surprised at ～］で［～に驚く］

私は　その知らせ　に驚いた。
I was surprised at the news.

▶ ［be known to ～］で［～に知られている］

彼女は　みんな　に知られている。
She is known to everyone.

▶ ［be afraid of ～］で［～を恐れる］

人々はその動物を恐れた。
People were afraid of the animal.

▶ ［be proud of ～］で［～を誇りに思う］

私たちは君を誇りに思います。
We are proud of you.

▶ ［be covered with ～］で［～におおわれている］

その丘はたくさんの雪でおおわれていました。
The hill was covered with much snow.

▶ ［be made of ～］は［～でできている］

この机は木材でできています。
This desk is made of wood.

▶ [be made from ~] は [~から作られる]

バターは牛乳から作られる。

Butter is made from milk.

▶ [be made into ~] は [~に作られる]（加工されて~になる）

牛乳は加工されてバターになります。

Milk is made into butter.

チョット一息のコーナー

be made of と be made from について少しふれておきましょう。[~でできている] が [be made of]、[~から作られる] が [be made from] と日本語で分けてもらうといいですが、ちがいとしては

質の変化しない場合が **be made of**（木材も机も同じ木）

質の変化する場合が **be made from**（バターと牛乳はちがう）

[加工される] のは **be made into**　これは **OK** ですね。

STAGE 85
依頼する Will you ～? の文

▶ ［Will you ～?］は［～してくれませんか］

窓を閉めてくれませんか。
Will you close the window?

目の前のあなた you に依頼しているので
Will you は決まり文句です。
英語は言いたいことから英作です。
この文の場合、［くれませんか］が一番言いたいので

［窓を　閉めて　くれませんか。］
Will you
　　　　　（どうするの）
　　　　　［窓を　閉めて］
　　　　　close
　　　　　　　（何を）
　　　　　　　［窓を］（その窓）
　　　　　　　the window

［窓を閉めて］を［**close the window**］でもいいですよ。

Will you close the window?

門を開けてくれませんか。
Will you open the gate?

私に日本語を教えてくれませんか。
Will you teach me Japanese?

僕の家に来ませんか。
Will you come to my house?

明かりをつけてくれませんか。
Will you turn on the light?

私の宿題を手伝ってくれませんか。
(私を手伝ってくれませんか、私の宿題と)
Will you help me with my homework?

返事も見ておきましょう。

はい、もちろん。どうもすみません。できません。今、いそがしいです。
Sure.　　　　**I'm sorry.**　　　**I can't.**　　**I'm busy now.**

Will you が **Would you** になると、もっとていねいな言い方になります。このあとに出てきます。お楽しみに。

STAGE 86
ちょっと長い決まり文句の文

ここがわかって使えると、かなりいい感じです。ではいきますよ。

▶ ［I would like to go to 〜］で［〜へ行きたいのですが］
　［I'd like to go to 〜］（短縮形）

図書館 へ行きたいのですが。
I'd like to go to the library.

I'd like to go to が決まり文句なので、あとは名詞を入れるだけです。

I'd like to go to the hospital.	病院　へ行きたいのですが。
Hidaka Park.	日高公園
the zoo.	動物園
the station.	駅

▶ ［Could you tell me the way to 〜］で［〜へはどう行けばいいですか］

図書館 へはどう行けばいいですか。
Could you tell me the way to the library?

Could you tell me the way to が決まり文句なので、あとは名詞を入れるだけです。

<u>Could you tell me the way to</u> the hospital?　病院 へはどう行けばいいですか。
　　　　　　　　　　　　　Hidaka Park?　日高公園
　　　　　　　　　　　　　the post office?　郵便局
　　　　　　　　　　　　　the bus stop?　バスの停留所

▶ [How can I get to ～] で [～へはどの乗り物で行けばいいですか]

図書館 へはどの乗り物で行けばいいですか。
How can I get to the library?

How can I get to が決まり文句なので、あとは名詞を入れるだけです。

<u>How can I get to</u> the hospital?　病院 へはどの乗り物で行けばいいですか。
　　　　　　　　　　　Hidaka Park?　日高公園
　　　　　　　　　　　the museum?　博物館
　　　　　　　　　　　the post office?　郵便局

▶ [I would like ～] で [～をいただきたい、～がほしいのですが]
　[I'd like ～]（短縮形）

水を 1 杯 ほしいのですが。
<u>I'd like</u> a glass of water.

I'd like が決まり文句なので、あとは名詞を入れるだけです。

■―484

I'd like a cup of coffee.	（1杯の）コーヒー　がほしいのですが。
some fruit.	くだもの
a cup of soup.	（1杯の）スープ
some Japanese food.	日本食

チョット一息のコーナー

soup をローマ字読みすると、石けん（ソープ）とまちがえそうになります。正しくはスープ soup、そして、ソープ（石けん）soap です。

覚え方としては

スープを入れられるよう上が開いている u のある方が soup、

カップ cup に入るのがスープ soup です。

▶ ［Would you like ～］で［～をいかがですか、～はいかがですか］

水を 1 杯　いかがですか。

Would you like a glass of water?

Would you like が決まり文句なので、あとは名詞を入れるだけです。

Would you like a cup of coffee?	コーヒーはいかがですか。
some more cake?	ケーキをもう少し
something to drink?	飲み物を何か
something to eat?	食べ物を何か

ここでは答え方も見ておきましょう。

Yes, please.	はい、いただきます。
No, thank you.	いいえ、けっこうです。

▶ ［Would you tell ～］で［～に言っていただけませんか］

ケンに6時に家に帰るように言っていただけませんか。

英語は言いたいことから英作です。覚えていらっしゃいますね。
この文の場合、［言っていただけませんか］が一番言いたいので

［ケンに　6時に　家に帰るように　言っていただけませんか。］
Would you tell

　　　　（だれに（人）［ケンに］）
　　　　［ケンに　6時に　家に帰るように］
　　　　Ken

　　　　　　（どこへ（場所）［家に帰るように］）
　　　　　　［6時に　家に帰るように］
　　　　　　to come home

　　　　　　　　（いつ（時間）［6時に］）
　　　　　　　　at six

Would you tell Ken to come home at six?

> **Point:** **Would you tell** のあとは、［人 ＜ 場所 ＜ 時間］の小さい順になっていますね。

トムに 正午に 図書館へ 行くように 言っていただけませんか。
Would you tell Tom to go to the library at noon?

私の兄に つりに行くように 言っていただけませんか。
Would you tell my brother to go fishing?

ミカに夕食を作ってくれるように言っていただけませんか。
Would you tell Mika to make dinner?

▶ ［**Would you ask ～**］で［～に頼んでいただけませんか］

メアリーに ピアノを 弾いてくれるように 頼んでいただけませんか。
Would you ask

　　　　　　メアリーに ピアノを 弾いてくれるように
　　　　　　Mary
　　　　　　　　　　　ピアノを 弾いてくれるように
　　　　　　　　　　　to play the piano

Would you ask Mary to play the piano?

> ask には［たずねる］という意味の他に［頼む］という意味もあります。今回は後者です。

［ピアノを 弾いてくれるように］（ピアノを弾くことを）を英作すると
[to play the piano] となります。これで **OK** です。

彼に 絵を 描いてくれるように 頼んでいただけませんか。
Would you ask him to draw a picture?　draw　paint

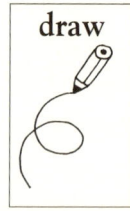

彼に 私に電話をかけてくれるように 頼んでいただけませんか。
Would you ask him to call me?

彼女に 私に英語を教えてくれるように 頼んでいただけませんか。
Would you ask her to teach me English?

Would you 〜 ? は、相手にていねいに頼む時に使います。
答え方も見ておきましょう。

いいですよ。　　もちろん。　　はい、もちろん。
OK.　　　　**Of course.**　　**Sure.**

並べ方がわかると簡単ですね。みなさんはルールだけでなく、感覚でも英語がわかってきていらっしゃるようですね。いいことです。

STAGE 87
so that の文

接続詞を理解しているみなさんなら、ここも大丈夫です。

この機械はたいへん古いので、私は（それを）使うことができない。
This machine is so old that I can't use it.

[この機械はたいへん古いので、私は（それを）使うことができない。] は2つの文 [この機械はたいへん古い（です）。] と [私は（それを）使うことができない。] からできています。

[**This machine is so old.**] と [**I can't use it.**] です。
これを that でつなぐと
[**This machine is so old that I can't use it.**] こうなるわけです。

英語は言いたいことから英作、で説明しますと
この文の場合、[この機械はたいへん古いので] が一番言いたいので

[この機械はたいへん古いので、私は（それを）使うことができない。]
This machine is so old
    that でつないで、残りの文
      [私は（それを）使うことができない]
    I can't use it.

This machine is so old that I can't use it.

> 2つの文なので主語も2つ（This machine と I）あります。

ではもう少し見ておきましょう。

トムはたいへんいそがしいので、（彼は）テレビを見ることができません。
Tom is so busy that he can't watch TV.

私はたいへん疲れているので、彼らを手伝うことができません。
I am so tired that I can't help them.

その質問はたいへんむずかしいので、私は（それに）答えることができません。
The question is so difficult that I can't answer it.

あの犬はたいへん年をとっているので、（それは）速く走ることができない。
That dog is so old that it can't run fast.

STAGE 88
too to の文

いよいよラストステージです。

この機械はあまりにも古すぎて使うことができない。
This machine is too old to use.

今回見ていく［**too to**］は否定の意味があります。
（**not** などはないが否定の意味を表す）
［あまりにも〜すぎてできない］を表します。

［この機械はあまりにも古すぎて　使うことが　できない。］

英語は言いたいことから英作、で説明しますと
　この文の場合、［この機械はあまりにも古すぎて　できない］が一番言いたいので

［この機械はあまりにも古すぎて　使うことが　できない。］
This machine is too old
　　　　　　　　　残りの文［使うことが］
　　　　　　　　　　to use
This machine is too old to use.

491

too to の文は主語は 1 つ (This machine) です。
ではもう少し見ておきましょう。

トムはあまりにもいそがしすぎてテレビを見ることができません。
Tom is too busy to watch TV.

私はあまりにも疲れて彼らを手伝うことができません。
I am too tired to help them.

その質問はあまりにもむずかしすぎて答えることができません。
The question is too difficult to answer.

あの犬はあまりにも年をとりすぎているので速く走ることができない。
That dog is too old to run fast.

お気づきの通り、[so that] の文と [too to] の文は似ていて、どちらでも表せます。簡単に理解できると楽ですね。

> チョット一息のコーナー

「too to の文で否定になるのがしっくりこない、思いもよらないことだ」
という人のために (1 人もいないことを願いますが)、
　私の記憶が正しければ、
　彼のシェークスピアもこう言っています。
「この天と地の間には、哲学などの思いもよらぬことがあるのだよ。」

と、いうことで［too　to］は［あまりにも〜すぎてできない］と押さえてください。

　いよいよここまで来ました。この分厚い本をよく頑張られました。すばらしいことです。あなたは最後までやり遂げる人だと私は確信していました。なぜそう言えるかというと、今、まさに最後のページを読まれているからです。

　［遊の扉のページ］とあとがきを残すのみとなりましたが、過去形の動詞がとっさに出ない、たとえば［私はその本を買いました。］の買いましたが思い出せない、そんな時でも大丈夫というのを最後にお伝えしたいので、ぜひご覧になってください（中学英語では習わないので本文ではなく、あとがきにてお伝えします）。

　これにて語りかける中学英語の授業を終了いたします。
　みなさまにとって明日が今日よりも、もっと素敵な1日でありますように。

特別授業

さて、本文最後の、とっさに過去の不規則動詞が出なかった時にどうするかですが

決め手は［did］、原形の動詞の前に did を入れるだけ。

［私はその本を買いました。］の場合

I did buy the book.　　私は本当にその本を買いました。

＊この［did］は過去を表す助動詞、助動詞が入ると動詞は原形なので、did ＋ 原形（現在）で過去を表せます。

意味は［本当に～だった］

yesterday などをつけると、なおいいですね。

I did buy the book yesterday.　＊完全に過去だとわかります。

買った bought → did buy 　　思った thought → did think
教えた taught → did teach 　 捕まえた caught → did catch
行った went → did go　　など。

[英作文にチャレンジ]

遊の扉のコーナー

英文を愉しく、くり返し考えられるようになっています。

授業は終わっているので、肩の力を抜いて、やってみたい人だけ扉を開いてください。今までどんどん読み進めてきた内容が、きちんと身についているかの確認ができます。単語帳のように、ゲーム感覚で進んでいってください！

- 和文を見て考えてみる。
- 次のページの和文と英文を見て納得。
  （1問ずつでも、何問かでも自由ですよ。）
- ちょっと忘れてる、思い出したい時は、右に本文で該当するページ数を表示してある親切設計です。

最初から完璧に英作文できなくてもOK！
安心して愉しく、くり返してください。
注）書き込んでしまうと、くり返せなくなり……
　　　　　　　　　　　終わってしまうよ。

英作文のコーナー１

1. 彼女はとても美しい。

2. あなたはとてもよい歌手です。

3. 私たちはパイロットではありません。

4. これらはあなたの辞書ではない。

5. あなたは今いそがしいですか。

6. トムは野球の選手ですか。

7. 今日の日付は何ですか。

8. あなたの誕生日はいつですか。

9. 私は英語の先生でした。

10. 私たちは医者でした。

英作文のコーナー1［答え］   本書のページ

1. 彼女はとても美しい。
   She is very beautiful.　　　　30

2. あなたはとてもよい歌手です。
   You are a very good singer.　　　　35

3. 私たちはパイロットではありません。
   We aren't pilots.　　　　43

4. これらはあなたの辞書ではない。
   These aren't your dictionaries.　　　　44

5. あなたは今いそがしいですか。
   Are you busy now?　　　　45

6. トムは野球の選手ですか。
   Is Tom a baseball player?　　　　46

7. 今日の日付は何ですか。
   What date is it today?　　　　53

8. あなたの誕生日はいつですか。
   When is your birthday?　　　　54

9. 私は英語の先生でした。
   I was an English teacher.　　　　57

10. 私たちは医者でした。
    We were doctors.　　　　58

英作文のコーナー 2

1. 僕は昨夜、自分の部屋にはいなかった。

2. 君は放課後、図書館にはいなかった。

3. アンはこの学校の生徒でしたか。

4. 私の母はその時、台所にいましたか。

5. 私は来年10才になります。

6. 彼女は来年、中学生です。

7. 私は医者になるつもりはありません。

8. 私の妹は来月この町にはいないだろう。

9. マイクは来年7才ですか。

10. 彼らは次の日曜日、公園にいるでしょうか。

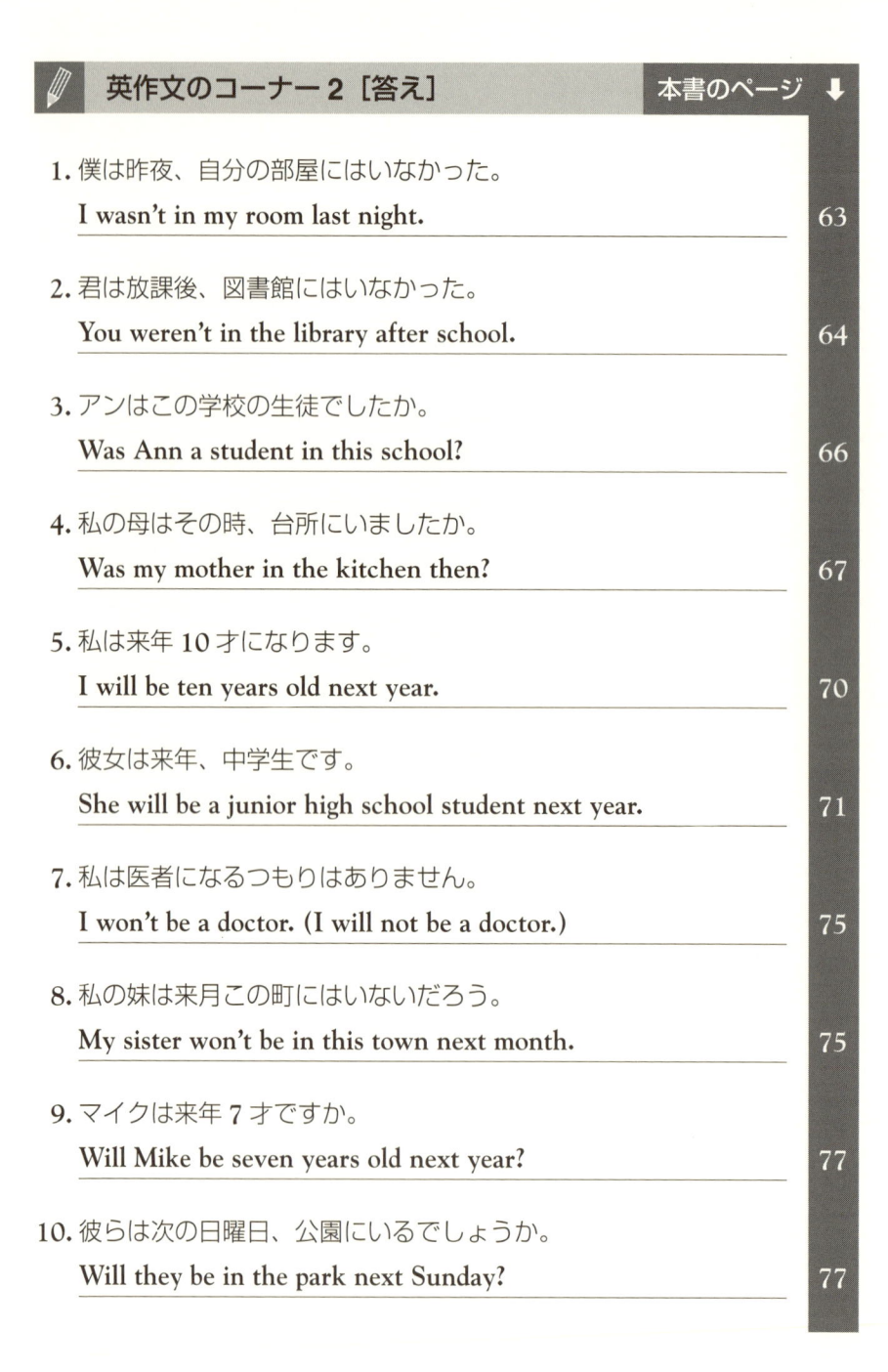

英作文のコーナー2［答え］　　本書のページ

1. 僕は昨夜、自分の部屋にはいなかった。
   I wasn't in my room last night.　　63

2. 君は放課後、図書館にはいなかった。
   You weren't in the library after school.　　64

3. アンはこの学校の生徒でしたか。
   Was Ann a student in this school?　　66

4. 私の母はその時、台所にいましたか。
   Was my mother in the kitchen then?　　67

5. 私は来年10才になります。
   I will be ten years old next year.　　70

6. 彼女は来年、中学生です。
   She will be a junior high school student next year.　　71

7. 私は医者になるつもりはありません。
   I won't be a doctor. (I will not be a doctor.)　　75

8. 私の妹は来月この町にはいないだろう。
   My sister won't be in this town next month.　　75

9. マイクは来年7才ですか。
   Will Mike be seven years old next year?　　77

10. 彼らは次の日曜日、公園にいるでしょうか。
    Will they be in the park next Sunday?　　77

英作文のコーナー3

1. トムとケンはサッカーをします。

2. 僕の兄はこのコンピュータを使います。

3. ミカはソフトボールをしますか。

4. あなたはピアノを弾きますか。

5. 彼らは図書館へは行きません。

6. 私の弟は辞書をもっていません。

7. 私たちは自転車で学校へ行きます。

8. 私の父は朝食のあと、新聞を読みます。

9. 私は毎朝、公園でケンとテニスをします。

10. 僕の兄は放課後、図書館でアンと英語の勉強をします。

英作文のコーナー 3 [答え]　　　本書のページ

1. トムとケンはサッカーをします。
   Tom and Ken play soccer.　　　85

2. 僕の兄はこのコンピュータを使います。
   My brother uses this computer.　　　92

3. ミカはソフトボールをしますか。
   Does Mika play softball?　　　105

4. あなたはピアノを弾きますか。
   Do you play the piano?　　　106

5. 彼らは図書館へは行きません。
   They don't go to the library.　　　113

6. 私の弟は辞書をもっていません。
   My brother doesn't have a dictionary.　　　114

7. 私たちは自転車で学校へ行きます。
   We go to school by bike.　　　116

8. 私の父は朝食のあと、新聞を読みます。
   My father reads a newspaper after breakfast.　　　116

9. 私は毎朝、公園でケンとテニスをします。
   I play tennis with Ken in the park every morning.　　　118

10. 僕の兄は放課後、図書館でアンと英語の勉強をします。
    My brother studies English with Ann in the library after school.　　　120

英作文のコーナー 4

1. あなたはなぜ英語を勉強するのですか。

2. 君の妹は毎朝どうやって学校へ行きますか。

3. 私の弟はネコが好きでした。

4. 私は 2 日前に手紙を受け取りました。

5. 君とフレッドはその野球の試合を見たのかい。

6. 君の妹は何枚かのお皿を洗いましたか。

7. 彼はニューヨークには住んでいなかった。

8. ケンは前の金曜日、剣道の練習をしなかった。

9. 僕の弟は昨夜、10 時に寝ました。

10. 私は駅で再び彼に会った。

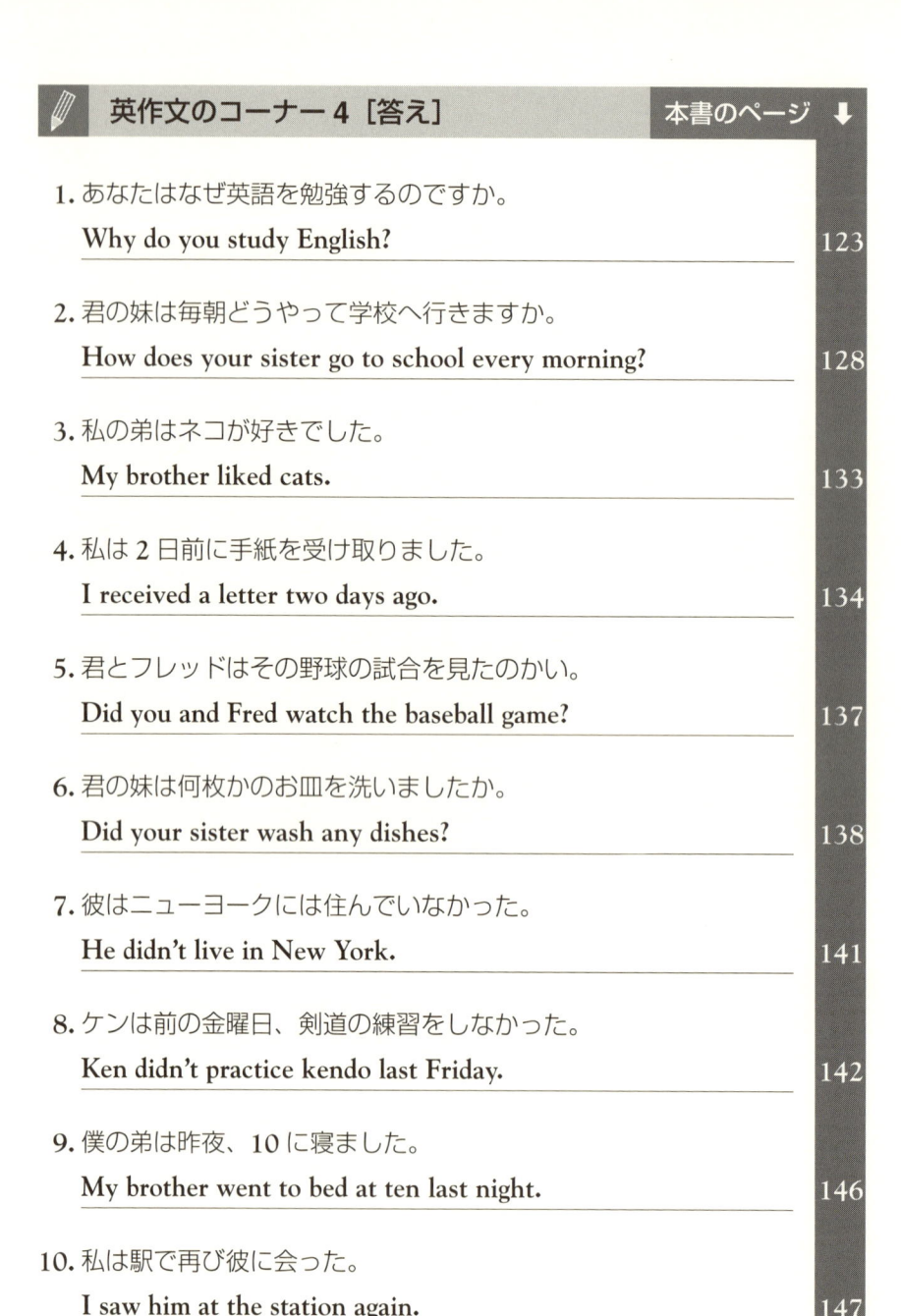

英作文のコーナー4 [答え]　　本書のページ

1. あなたはなぜ英語を勉強するのですか。
   Why do you study English?　　123

2. 君の妹は毎朝どうやって学校へ行きますか。
   How does your sister go to school every morning?　　128

3. 私の弟はネコが好きでした。
   My brother liked cats.　　133

4. 私は2日前に手紙を受け取りました。
   I received a letter two days ago.　　134

5. 君とフレッドはその野球の試合を見たのかい。
   Did you and Fred watch the baseball game?　　137

6. 君の妹は何枚かのお皿を洗いましたか。
   Did your sister wash any dishes?　　138

7. 彼はニューヨークには住んでいなかった。
   He didn't live in New York.　　141

8. ケンは前の金曜日、剣道の練習をしなかった。
   Ken didn't practice kendo last Friday.　　142

9. 僕の弟は昨夜、10に寝ました。
   My brother went to bed at ten last night.　　146

10. 私は駅で再び彼に会った。
    I saw him at the station again.　　147

英作文のコーナー 5

1. メアリーはその時フランス語を話しましたか。

2. あなたは彼といっしょに楽しい時間を過ごしましたか。

3. あなたは昨日どうやって図書館へ行ったのですか。

4. あなたのお父さんはいつ郵便受けを作りましたか。

5. ジェーンはその時、日本語を話しませんでした。

6. 私たちはオーストラリアの英語がわかりませんでした。

7. 彼らは来年、日本に来るでしょう。

8. 彼らは次の12月に北海道へ行くでしょう。

9. トムとボブは次の日曜日、教会へ行くでしょうか。

10. 彼女たちは次の夏、沖縄を訪れるでしょうか。

英作文のコーナー 5 [答え] 本書のページ

1. メアリーはその時フランス語を話しましたか。
   Did Mary speak French then? — 148

2. あなたは彼といっしょに楽しい時間を過ごしましたか。
   Did you have a good time with him? — 150

3. あなたは昨日どうやって図書館へ行ったのですか。
   How did you go to the library yesterday? — 153

4. あなたのお父さんはいつ郵便受けを作りましたか。
   When did your father make a mailbox? — 154

5. ジェーンはその時、日本語を話しませんでした。
   Jane didn't speak Japanese then. — 156

6. 私たちはオーストラリアの英語がわかりませんでした。
   We didn't understand Australian English. — 157

7. 彼らは来年、日本に来るでしょう。
   They will come to Japan next year. — 161

8. 彼らは次の12月に北海道へ行くでしょう。
   They will go to Hokkaido next December. — 162

9. トムとボブは次の日曜日、教会へ行くでしょうか。
   Will Tom and Bob go to church next Sunday? — 164

10. 彼女たちは次の夏、沖縄を訪れるでしょうか。
    Will they visit Okinawa next summer? — 165

英作文のコーナー 6

1. 彼のおじさんはいつ英国へ行くつもりですか。

2. あなたは次の日曜日、何をするつもりですか。

3. ケンはバドミントンをしないでしょう。

4. メアリーは日本食を食べないでしょう。

5. 私たちは明日、花火を見るつもりです。

6. 僕は1日中、友達と遊ぶつもりです。

7. 私は（私の）宿題をします。

8. あなたは毎朝、何をしますか。

9. あなたは手を洗わなければならない。

10. 私の母は早く起きることができる。

英作文のコーナー 6 ［答え］　　　本書のページ

1. 彼のおじさんはいつ英国へ行くつもりですか。
   When will his uncle go to the UK?　　168

2. あなたは次の日曜日、何をするつもりですか。
   What will you do next Sunday?　　168

3. ケンはバドミントンをしないでしょう。
   Ken won't play badminton.　　169

4. メアリーは日本食を食べないでしょう。
   Mary won't eat Japanese food.　　171

5. 私たちは明日、花火を見るつもりです。
   We are going to watch the fireworks tomorrow.　　177

6. 僕は1日中、友達と遊ぶつもりです。
   I am going to play with my friend all day.　　178

7. 私は（私の）宿題をします。
   I do my homework.　　189

8. あなたは毎朝、何をしますか。
   What do you do every morning?　　190

9. あなたは手を洗わなければならない。
   You must wash your hands.　　196

10. 私の母は早く起きることができる。
    My mother can get up early.　　198

英作文のコーナー 7

1. あの白い犬はポチかもしれない。

2. 彼のお父さんは医者のはずがない。

3. 私は早く起きなければなりませんか。

4. あの馬は速く走れますか。

5. あなたはそこへ行ってはいけません。

6. フレッドはバイオリンが弾けません。

7. 彼らは日本語を学ばなければならない。（* have to, has to を使って）

8. 彼は速く走らなければならない。

9. 私たちは彼らを助けなければなりませんか。

10. 彼女は早く寝なければなりませんか。

英作文のコーナー7 [答え]　　　　　　　　　　本書のページ

1. あの白い犬はポチかもしれない。
   That white dog may be Pochi.　　　　　　　　　　202

2. 彼のお父さんは医者のはずがない。
   His father can't be a doctor.　　　　　　　　　　202

3. 私は早く起きなければなりませんか。
   Must I get up early?　　　　　　　　　　　　　　208

4. あの馬は速く走れますか。
   Can that horse run fast?　　　　　　　　　　　　209

5. あなたはそこへ行ってはいけません。
   You must not go there. (You mustn't go there.)　　215

6. フレッドはバイオリンが弾けません。
   Fred can not play the violin. (Fred can't play the violin.)　215

7. 彼らは日本語を学ばなければならない。
   They have to learn Japanese.　　　　　　　　　　218

8. 彼は速く走らなければならない。
   He has to run fast.　　　　　　　　　　　　　　　219

9. 私たちは彼らを助けなければなりませんか。
   Do we have to help them?　　　　　　　　　　　　222

10. 彼女は早く寝なければなりませんか。
    Does she have to go to bed early?　　　　　　　222

英作文のコーナー 8

1. あなたは手を上げる必要はありません。（＊ have to を使って）

2. その少年は夕食を料理する必要がない。

3. あなたは車を運転することができる。（＊ be able to を使って）

4. （私の）母はピアノを弾くことができる。

5. 彼女たちは上手に料理ができますか。

6. あなたのお父さんはこの機械を使えますか。

7. 私は野球をすることができません。

8. 彼の犬は速く走ることができません。

9. 彼らは日本語を学ばなければならなかった。（＊ had to）

10. 彼女は昨日、早く起きなければならなかった。

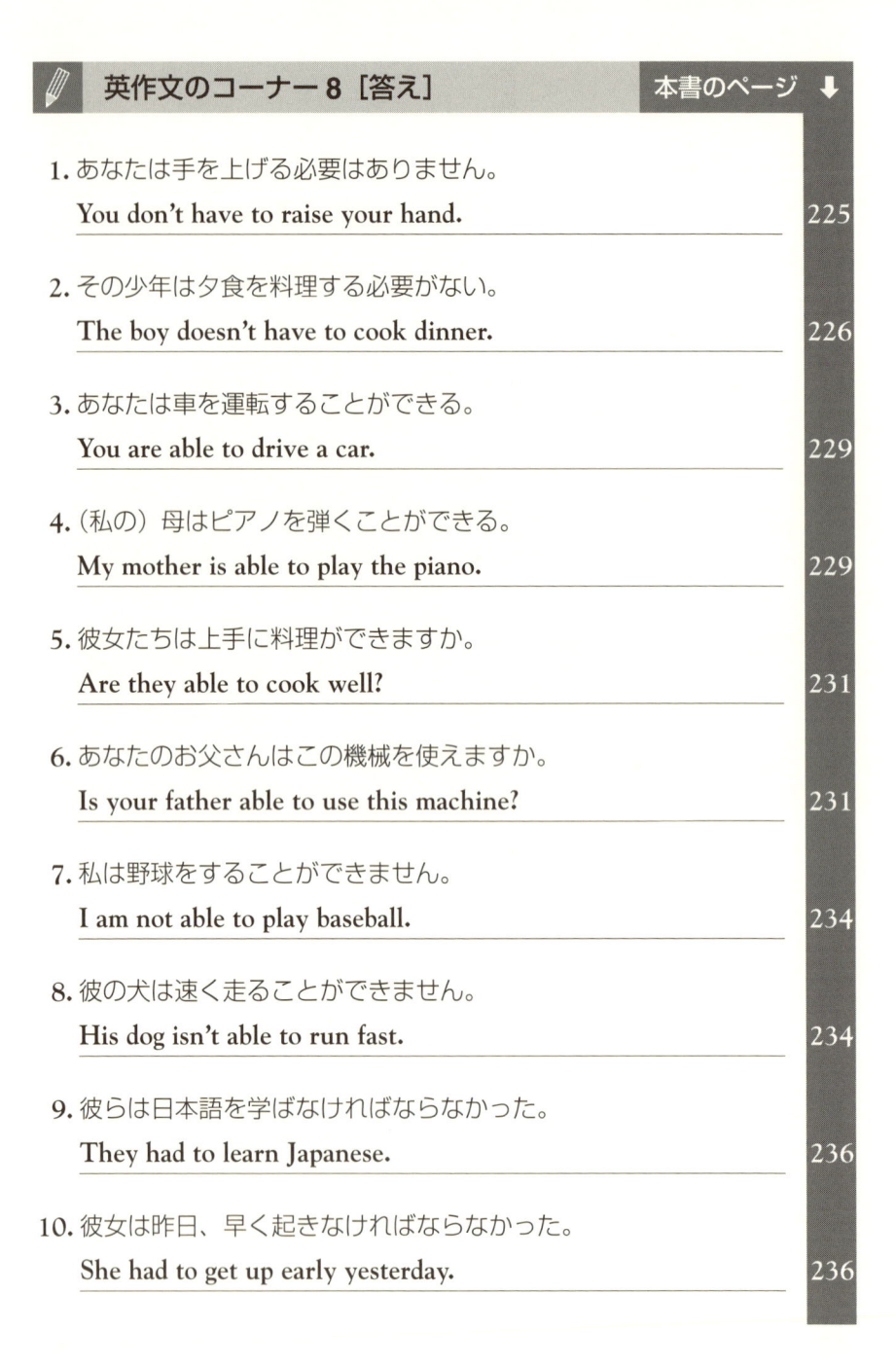

英作文のコーナー 8 ［答え］　　　　　本書のページ

1. あなたは手を上げる必要はありません。
   You don't have to raise your hand.　　225

2. その少年は夕食を料理する必要がない。
   The boy doesn't have to cook dinner.　　226

3. あなたは車を運転することができる。
   You are able to drive a car.　　229

4. （私の）母はピアノを弾くことができる。
   My mother is able to play the piano.　　229

5. 彼女たちは上手に料理ができますか。
   Are they able to cook well?　　231

6. あなたのお父さんはこの機械を使えますか。
   Is your father able to use this machine?　　231

7. 私は野球をすることができません。
   I am not able to play baseball.　　234

8. 彼の犬は速く走ることができません。
   His dog isn't able to run fast.　　234

9. 彼らは日本語を学ばなければならなかった。
   They had to learn Japanese.　　236

10. 彼女は昨日、早く起きなければならなかった。
    She had to get up early yesterday.　　236

英作文のコーナー 9

1. （私の）母はケーキを作るつもりでした。（＊ be going to）

2. 私たちは美術館へ行くつもりでした。

3. 彼らはその時、英語を話せました。（＊ be able to）

4. 私はその場所に行くことができました。

5. フレッドは私と同じ年です。

6. あなたはナンシーと同じくらい上手にピアノが弾けます。

7. ケンはボブと同じくらいの背の高さですか。

8. トムはポールと同じくらい速く走りますか。

9. 私は（私の）母と同じくらい早くは起きません。

10. ナンシーは私と同じくらい上手にピアノが弾けません。

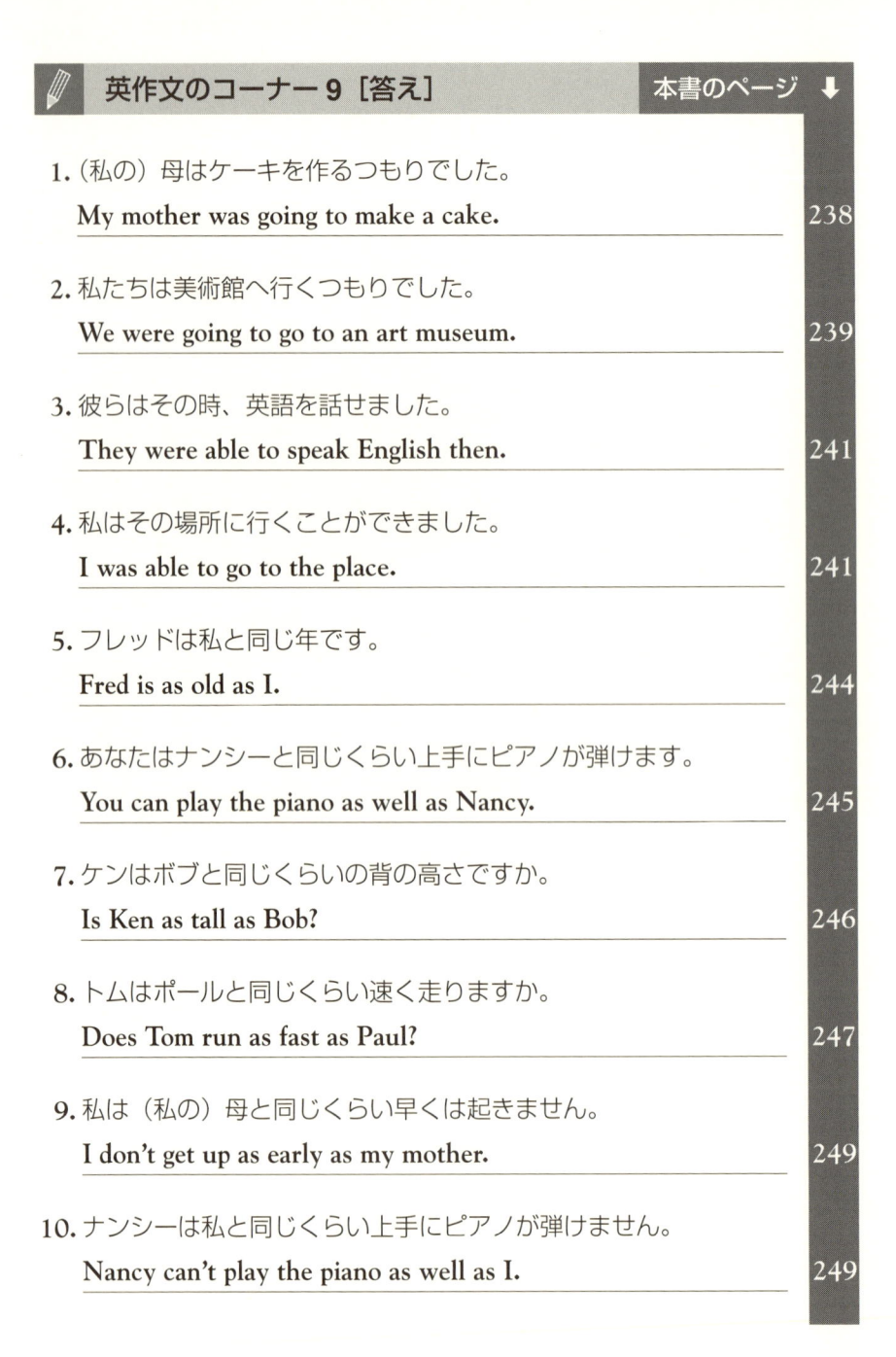

英作文のコーナー 9 ［答え］　　本書のページ

1. （私の）母はケーキを作るつもりでした。
   My mother was going to make a cake. — 238

2. 私たちは美術館へ行くつもりでした。
   We were going to go to an art museum. — 239

3. 彼らはその時、英語を話せました。
   They were able to speak English then. — 241

4. 私はその場所に行くことができました。
   I was able to go to the place. — 241

5. フレッドは私と同じ年です。
   Fred is as old as I. — 244

6. あなたはナンシーと同じくらい上手にピアノが弾けます。
   You can play the piano as well as Nancy. — 245

7. ケンはボブと同じくらいの背の高さですか。
   Is Ken as tall as Bob? — 246

8. トムはポールと同じくらい速く走りますか。
   Does Tom run as fast as Paul? — 247

9. 私は（私の）母と同じくらい早くは起きません。
   I don't get up as early as my mother. — 249

10. ナンシーは私と同じくらい上手にピアノが弾けません。
    Nancy can't play the piano as well as I. — 249

英作文のコーナー 10

1. 彼女は私の妹よりも若いです。

2. 私たちのクラスでは野球はテニスよりも人気があります。

3. 彼の車は私の車よりも新しいですか。

4. あなたの腕時計は彼女のよりもよいですか。

5. このカバンは8つの中で一番大きいです。

6. メアリーは彼女の家族の中で一番美しい（です）。

7. あのビルはこの市で一番高いですか。

8. あなたはどの動物が一番好きですか。

9. 私はあなたに会えて幸せです。

10. 私の弟はテレビを見るのが好きです。

英作文のコーナー 10 [答え] 　　　　　　本書のページ

1. 彼女は私の妹よりも若いです。
   She is younger than my sister. 　　　　252

2. 私たちのクラスでは野球はテニスよりも人気があります。
   Baseball is more popular than tennis in our class. 　　　　254

3. 彼の車は私の車よりも新しいですか。
   Is his car newer than my car? 　　　　257

4. あなたの腕時計は彼女のよりもよいですか。
   Is your watch better than hers? 　　　　258

5. このカバンは8つの中で一番大きいです。
   This bag is the biggest of the eight. 　　　　266

6. メアリーは彼女の家族の中で一番美しい（です）。
   Mary is the most beautiful in her family. 　　　　267

7. あのビルはこの市で一番高いですか。
   Is that building the highest in this city? 　　　　270

8. あなたはどの動物が一番好きですか。
   Which animal do you like the best? 　　　　273

9. 私はあなたに会えて幸せです。
   I am happy to see you. 　　　　276

10. 私の弟はテレビを見るのが好きです。
    My brother likes to watch TV. 　　　　279

英作文のコーナー 11

1. あなたは何になりたいのですか。

2. 彼女は音楽の先生になりたいのです。

3. 私は今、何をすればよいのかわかりません。

4. ビルはコンピュータの使い方を知っていた。

5. 私はテレビを見るのをやめました。

6. 彼女たちは前の日曜日、買い物を楽しみました。

7. 公園へ行こう。

8. 川で泳ぐな。

9. 静かにしなさい。

10. そのカードを私に見せてください。

英作文のコーナー 11 ［答え］　　本書のページ

1. あなたは何になりたいのですか。
   What do you want to be?　　287

2. 彼女は音楽の先生になりたいのです。
   She wants to be a music teacher.　　288

3. 私は今、何をすればよいのかわかりません。
   I don't know what to do now.　　291

4. ビルはコンピュータの使い方を知っていた。
   Bill knew how to use a computer.　　294

5. 私はテレビを見るのをやめました。
   I stopped watching TV.　　297

6. 彼女たちは前の日曜日、買い物を楽しみました。
   They enjoyed shopping last Sunday.　　298

7. 公園へ行こう。
   Let's go to the park.　　304

8. 川で泳ぐな。
   Don't swim in the river.　　305

9. 静かにしなさい。
   Be quiet.　　307

10. そのカードを私に見せてください。
    Please show me the card.　　311

英作文のコーナー 12

1. 僕は手紙を書いています。

2. （私の）姉は自分の部屋で音楽を聞いています。

3. あなたは今、勉強していますか。

4. あなたはここで何をしているのですか。

5. 彼女はその時、卓球をしていました。

6. たくさんの子どもたちが海で泳いでいました。

7. アンは彼女のお姉さんを手伝っていましたか。

8. 君たちはその時、何をしていたのですか。

9. この犬小屋はトムによって作られました。

10. これらの本は多くの人々に読まれました。

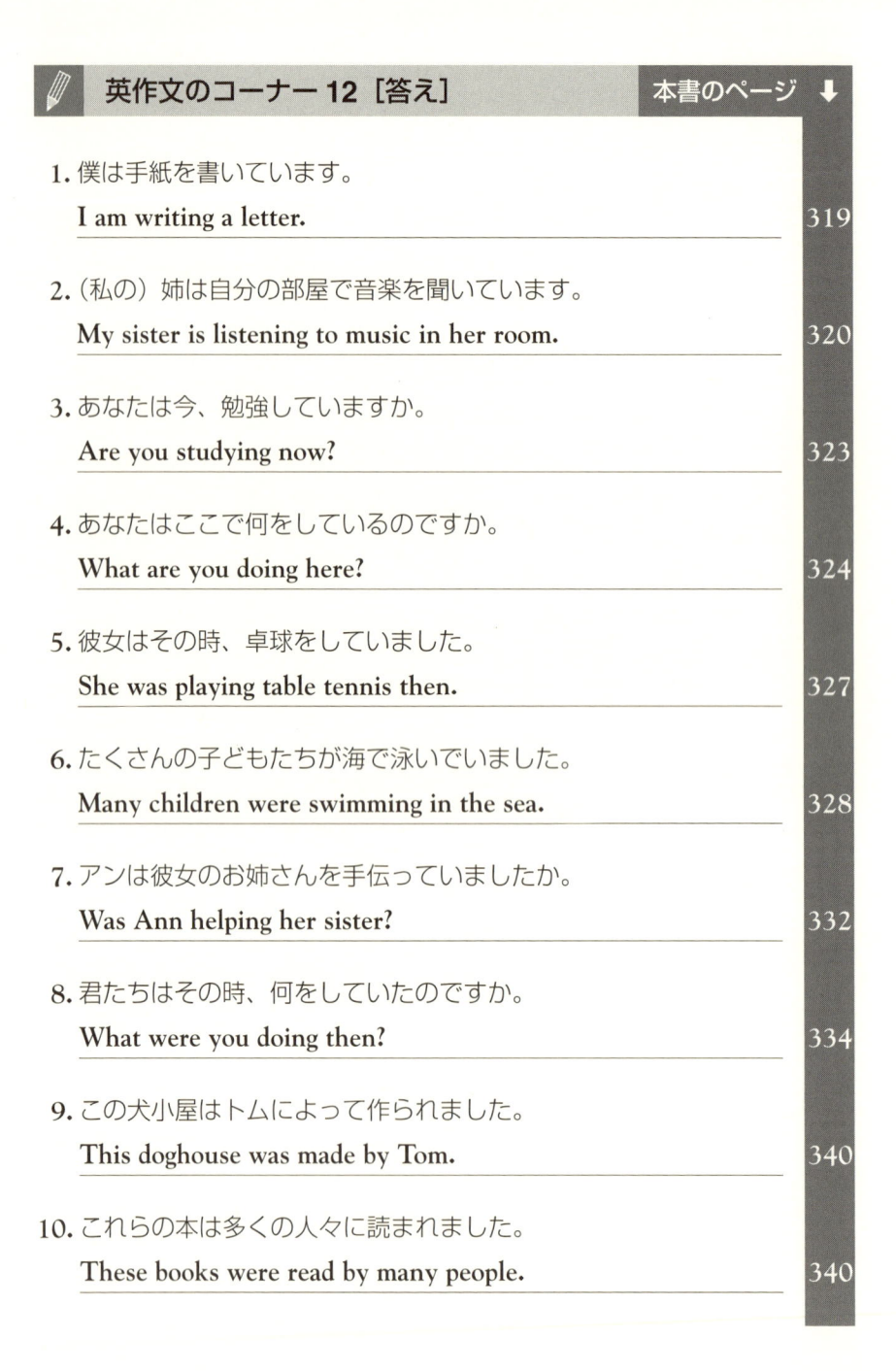

英作文のコーナー 12 ［答え］　　　本書のページ ↓

1. 僕は手紙を書いています。
   I am writing a letter. ……319

2. （私の）姉は自分の部屋で音楽を聞いています。
   My sister is listening to music in her room. ……320

3. あなたは今、勉強していますか。
   Are you studying now? ……323

4. あなたはここで何をしているのですか。
   What are you doing here? ……324

5. 彼女はその時、卓球をしていました。
   She was playing table tennis then. ……327

6. たくさんの子どもたちが海で泳いでいました。
   Many children were swimming in the sea. ……328

7. アンは彼女のお姉さんを手伝っていましたか。
   Was Ann helping her sister? ……332

8. 君たちはその時、何をしていたのですか。
   What were you doing then? ……334

9. この犬小屋はトムによって作られました。
   This doghouse was made by Tom. ……340

10. これらの本は多くの人々に読まれました。
    These books were read by many people. ……340

英作文のコーナー 13

1. 英語はこの村では話されません。

2. その手紙は英語で書かれましたか。

3. 彼女は 3 時間ずっと図書館にいます。

4. 私たちは昨年から京都に住んでいます。

5. 私は 1 度ハワイを訪れたことがある。

6. 彼はその場所へ何度も行ったことがある。

7. 彼はちょうど彼の仕事を終えたところです。

8. 君たちはもうあの車を洗い終えましたか。

9. 私の兄は 1 本のペンを失った（ままです）。

10. 彼らはニューヨークへ行った（ままです）。

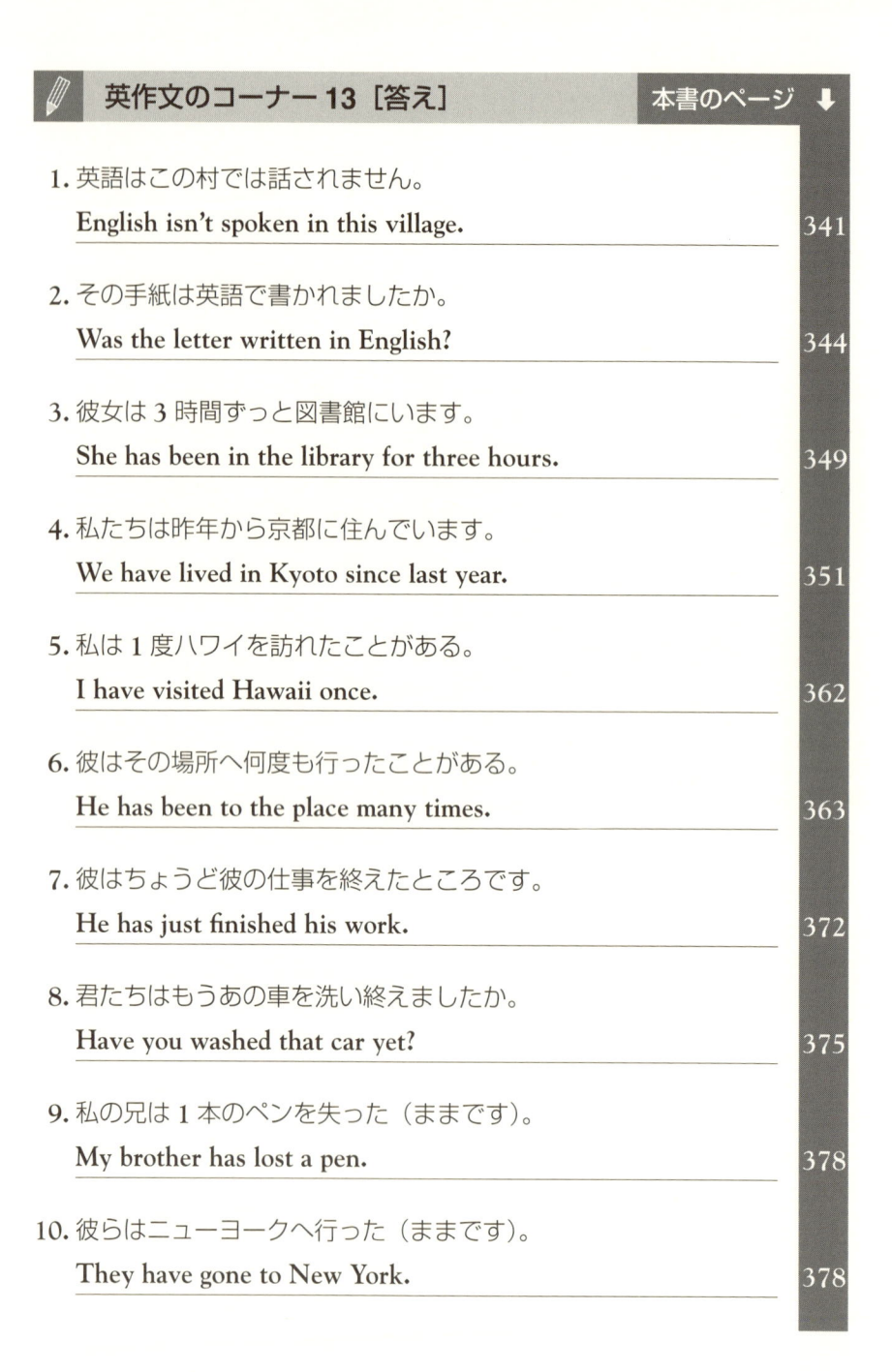

英作文のコーナー 13 ［答え］　　本書のページ

1. 英語はこの村では話されません。
   English isn't spoken in this village. 　　341

2. その手紙は英語で書かれましたか。
   Was the letter written in English? 　　344

3. 彼女は3時間ずっと図書館にいます。
   She has been in the library for three hours. 　　349

4. 私たちは昨年から京都に住んでいます。
   We have lived in Kyoto since last year. 　　351

5. 私は1度ハワイを訪れたことがある。
   I have visited Hawaii once. 　　362

6. 彼はその場所へ何度も行ったことがある。
   He has been to the place many times. 　　363

7. 彼はちょうど彼の仕事を終えたところです。
   He has just finished his work. 　　372

8. 君たちはもうあの車を洗い終えましたか。
   Have you washed that car yet? 　　375

9. 私の兄は1本のペンを失った（ままです）。
   My brother has lost a pen. 　　378

10. 彼らはニューヨークへ行った（ままです）。
    They have gone to New York. 　　378

英作文のコーナー 14

1. 私は彼女は美しいと思います。

2. 私は彼女たちがやさしいということを知っている。

3. 私が家に帰った時、私の母は料理をしていました。

4. あなたがこの部屋にいる時は、どうぞ静かにしてください。

5. もしあなたが疲れているのなら、私はあなたを手伝いましょう。

6. もし海で泳ぐなら、気をつけなさい。

7. 私は彼がどこに住んでいるのか知っている。

8. 君は昨日、ジェーンが何を買ったか知っていますか。

9. 私は英語を話すその少年を知っている。

10. あなたは青い（両）目をしたその少女を知っていますか。

英作文のコーナー 14 ［答え］　本書のページ

1. 私は彼女は美しいと思います。
   I think that she is beautiful.
   (I think she is beautiful.) 　383

2. 私は彼女たちがやさしいということを知っている。
   I know that they are kind.
   (I know they are kind.) 　383

3. 私が家に帰った時、私の母は料理をしていました。
   My mother was cooking when I came home.
   (When I came home, my mother was cooking.) 　387

4. あなたがこの部屋にいる時は、どうぞ静かにしてください。
   Please be quiet when you are in this room.
   (When you are in this room, please be quiet.) 　387

5. もしあなたが疲れているのなら、私はあなたを手伝いましょう。
   I will help you if you are tired.
   (If you are tired, I will help you.) 　391

6. もし海で泳ぐなら、気をつけなさい。
   Be careful if you swim in the sea.
   (If you swim in the sea, be careful.) 　392

7. 私は彼がどこに住んでいるのか知っている。
   I know where he lives. 　396

8. 君は昨日、ジェーンが何を買ったか知っていますか。
   Do you know what Jane bought yesterday? 　401

9. 私は英語を話すその少年を知っている。
   I know the boy who speaks English. 　405

10. あなたは青い（両）目をしたその少女を知っていますか。
    Do you know the girl who has blue eyes? 　406

英作文のコーナー 15

1. ピアノが上手に弾けるその学生はビリーです。

2. 青い（両）目をしたその少女はメアリーです。

3. これは京都へ行く列車です。

4. これは私が昨日、買った本です。

5. 1本のラケットがベンチの上にあります。

6. 何枚かの絵が壁の上にありました。

7. プールの中にたくさんの水があります。

8. お茶が5杯テーブルの上にあります。

9. あなたは幸せそうに見える。

10. 彼女は楽しそうに見えましたか。

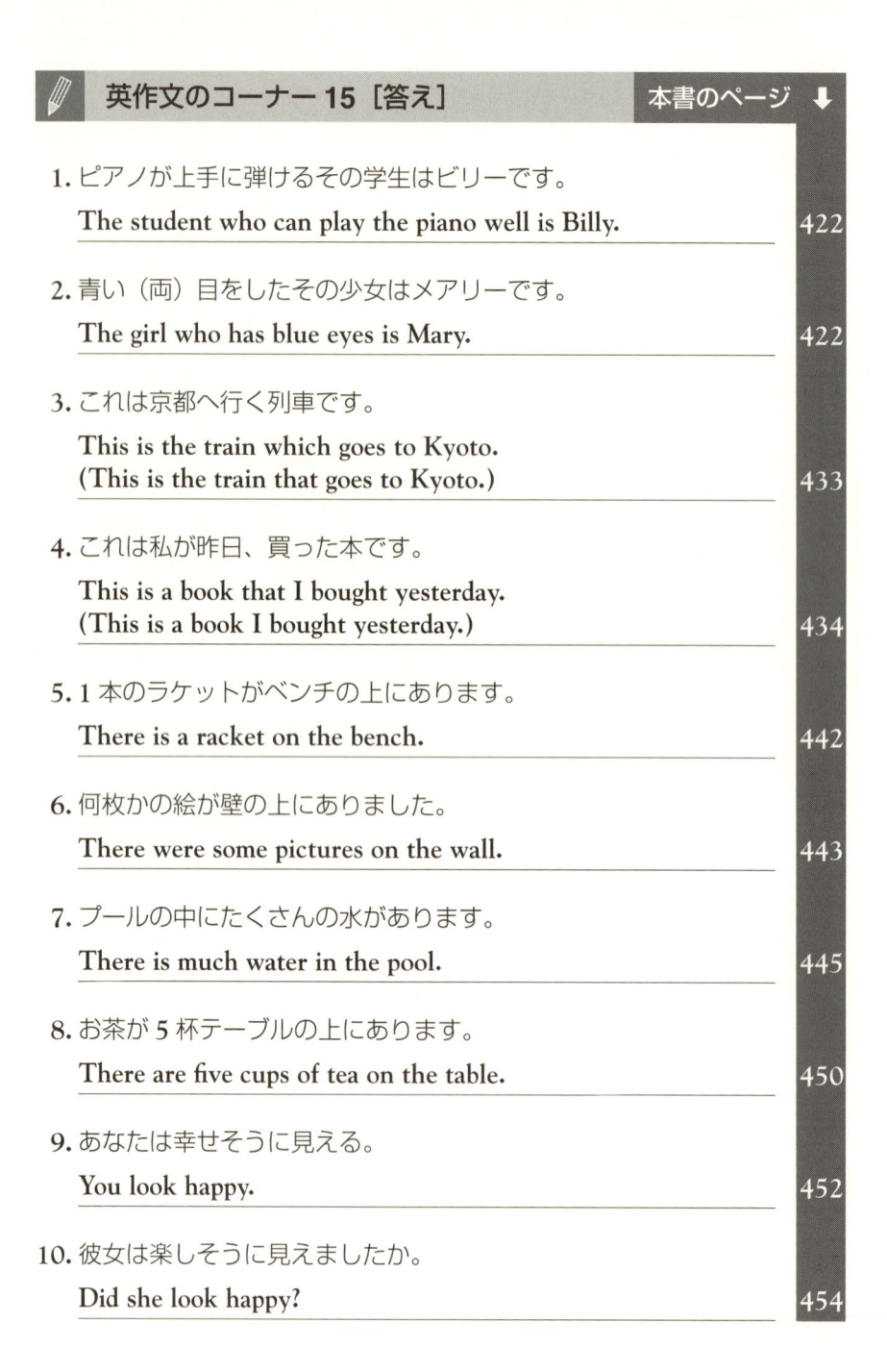

英作文のコーナー 15 ［答え］　　　本書のページ ⬇

1. ピアノが上手に弾けるその学生はビリーです。
   The student who can play the piano well is Billy.　　422

2. 青い（両）目をしたその少女はメアリーです。
   The girl who has blue eyes is Mary.　　422

3. これは京都へ行く列車です。
   This is the train which goes to Kyoto.
   (This is the train that goes to Kyoto.)　　433

4. これは私が昨日、買った本です。
   This is a book that I bought yesterday.
   (This is a book I bought yesterday.)　　434

5. 1本のラケットがベンチの上にあります。
   There is a racket on the bench.　　442

6. 何枚かの絵が壁の上にありました。
   There were some pictures on the wall.　　443

7. プールの中にたくさんの水があります。
   There is much water in the pool.　　445

8. お茶が5杯テーブルの上にあります。
   There are five cups of tea on the table.　　450

9. あなたは幸せそうに見える。
   You look happy.　　452

10. 彼女は楽しそうに見えましたか。
    Did she look happy?　　454

英作文のコーナー 16

1. アンはいつも 6 時に起きます。

2. ケンは時々、図書館で英語を勉強します。

3. 私は彼にカードをあげるつもりです。

4. 私の両親は私に新しい辞書をくれるでしょう。

5. 私たちは彼女をベスと呼びます。

6. 彼らは私をユキと呼びます。

7. この本は私を幸せにしました。

8. 彼らの音楽が私たちを幸せにしました。

9. この湖はなんて美しいのだろう。

10. あの車はなんて速く走るのだろう。

英作文のコーナー 16 ［答え］

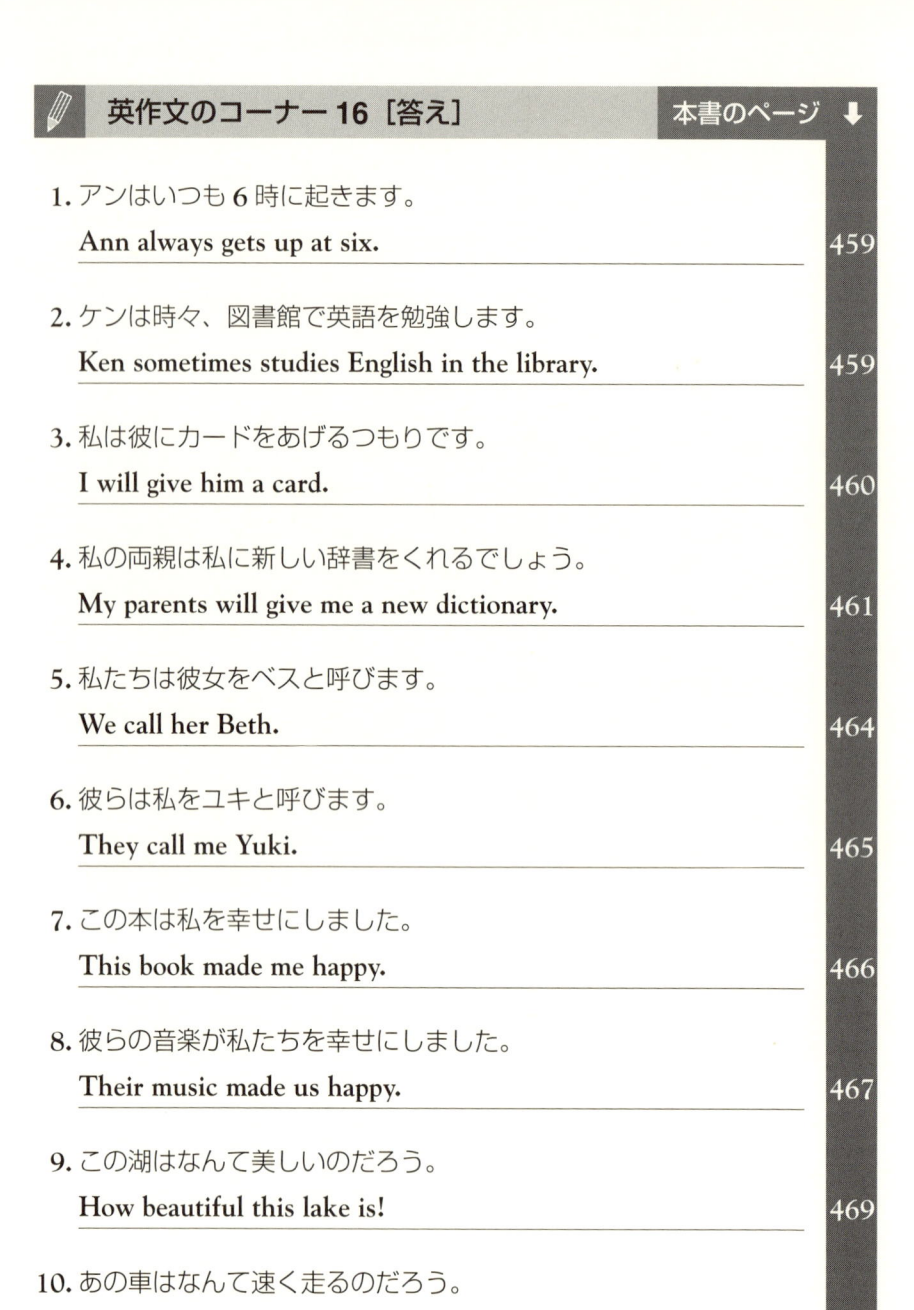

本書のページ

1. アンはいつも6時に起きます。
   Ann always gets up at six. — 459

2. ケンは時々、図書館で英語を勉強します。
   Ken sometimes studies English in the library. — 459

3. 私は彼にカードをあげるつもりです。
   I will give him a card. — 460

4. 私の両親は私に新しい辞書をくれるでしょう。
   My parents will give me a new dictionary. — 461

5. 私たちは彼女をベスと呼びます。
   We call her Beth. — 464

6. 彼らは私をユキと呼びます。
   They call me Yuki. — 465

7. この本は私を幸せにしました。
   This book made me happy. — 466

8. 彼らの音楽が私たちを幸せにしました。
   Their music made us happy. — 467

9. この湖はなんて美しいのだろう。
   How beautiful this lake is! — 469

10. あの車はなんて速く走るのだろう。
    How fast that car runs! — 470

英作文のコーナー 17

1. 彼はなんて強い男なのだろう。

2. 彼女たちはなんて親切な少女たちなのだろう。

3. アンにとって英語を話すことは簡単です。

4. 私たちにとって早起きはよいことです。

5. 私は歴史に興味があります。

6. 私たちは君を誇りに思います。

7. 門を開けてくれませんか。

8. 僕の家に来ませんか。

9. 図書館へ行きたいのですが。

10. 水を1杯いかがですか。

英作文のコーナー 17 ［答え］　本書のページ

1. 彼はなんて強い男なのだろう。
   What a strong man he is! —— 473

2. 彼女たちはなんて親切な少女たちなのだろう。
   What kind girls they are! —— 473

3. アンにとって英語を話すことは簡単です。
   It is easy for Ann to speak English. —— 475

4. 私たちにとって早起きはよいことです。
   It is good for us to get up early. —— 477

5. 私は歴史に興味があります。
   I am interested in history. —— 478

6. 私たちは君を誇りに思います。
   We are proud of you. —— 479

7. 門を開けてくれませんか。
   Will you open the gate? —— 482

8. 僕の家に来ませんか。
   Will you come to my house? —— 482

9. 図書館へ行きたいのですが。
   I'd like to go to the library. —— 483

10. 水を1杯いかがですか。
    Would you like a glass of water? —— 485

英作文のコーナー 18

1. この機械はたいへん古いので、私は（それを）使うことができない。

2. 私はたいへん疲れているので、彼らを手伝うことができません。

3. この機械はあまりにも古すぎて使うことができない。

4. 私はあまりにも疲れて彼らを手伝うことができません。

5. あなたはみんなから愛されています。

6. それを忘れてはいけません。

英作文のコーナー 18 ［答え］　　　本書のページ ↓

1. この機械はたいへん古いので、私は（それを）使うことができない。
   This machine is so old that I can't use it.　　　489

2. 私はたいへん疲れているので、彼らを手伝うことができません。
   I am so tired that I can't help them.　　　490

3. この機械はあまりにも古すぎて使うことができない。
   This machine is too old to use.　　　491

4. 私はあまりにも疲れて彼らを手伝うことができません。
   I am too tired to help them.　　　492

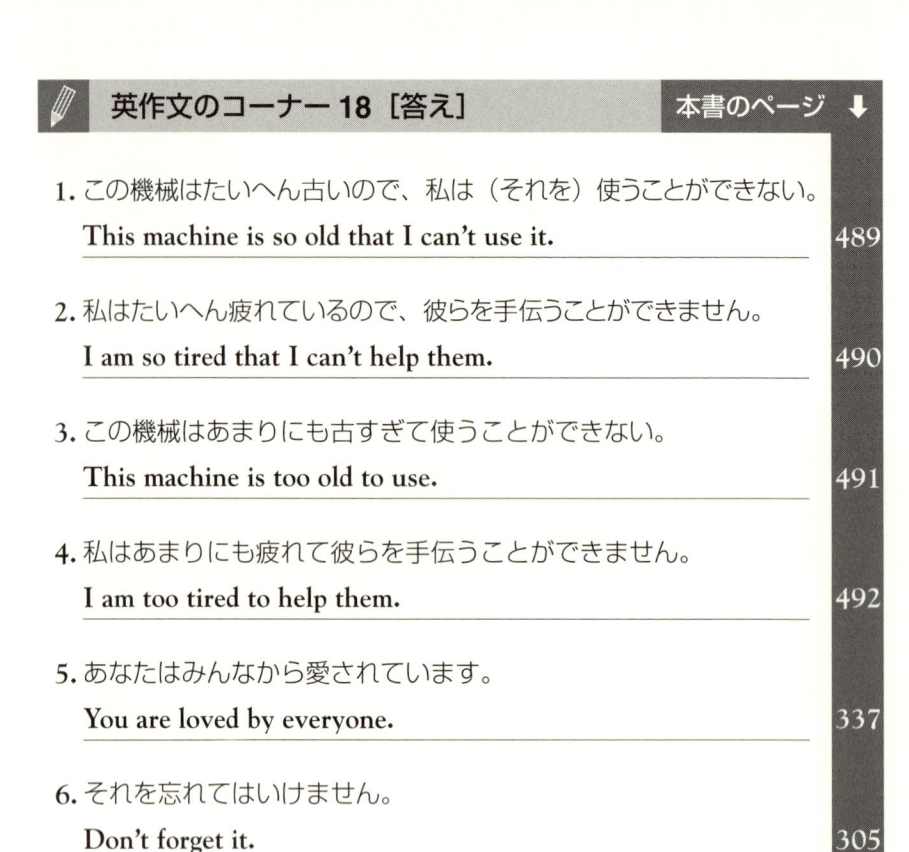

5. あなたはみんなから愛されています。
   You are loved by everyone.　　　337

6. それを忘れてはいけません。
   Don't forget it.　　　305

あとがき

　この本を愛読してくださいまして、誠にありがとうございました。
最後まで頑張られたみなさまは、本当に立派だと思います。
本書が、少しでもみなさまの英語学習のお役にたてていれば嬉しく思います。

　英語は簡単に学べば簡単に理解できる。私のモットーです。
　今まで英語がわからなかったとしても、あなたは何も悪くない。私の心の叫びです。自分に合った本や勉強方法に出会わなかっただけです。たくさんある英語の本の中から、この本を手にしていただけたこと、嬉しく思います。縁があったのですね。

　最後になりましたが、本書を通じてではありますが、この出会いに感謝いたします。どうぞ素敵な人生を英語とともに。

東後　幸生

著者紹介

東後　幸生（とうご　ゆきお）

1962年2月7日生まれ。兵庫県加西市に生まれる。
1988年～学習塾の講師として英語を個別に教えはじめ、どうすれば英語を簡単に説明できるかを今も考えている。

ポリシー：生徒に恥をかかせない。
口　ぐ　せ：英語は簡単に学べば簡単に理解できる。
座右の銘：夢はかなえるためにある、君ならできる。
趣　　　味：マジック。
心がけていること：縁ある人の喜びを自分の喜びとすること。
　　　　　　　　良い感情を使うこと。今を感謝で生きること。

語りかける中学英語

2008年 9月25日	初版発行
2019年 10月19日	第11刷発行
著者	東後　幸生
カバーデザイン	神部　えり
本文イラスト	井ヶ田　惠美
DTP	WAVE 清水　康広

©Yukio Togo 2008. Printed in Japan

発行者	内田　真介
発行・発売	ベレ出版
	〒162-0832　東京都新宿区岩戸町12 レベッカビル TEL.03-5225-4790　FAX.03-5225-4795 ホームページ　http://www.beret.co.jp/
印刷	モリモト印刷株式会社
製本	根本製本株式会社

落丁本・乱丁本は小社編集部あてにお送りください。送料小社負担にてお取り替えします。

ISBN 978-4-86064-204-4 C2082　　　　編集担当　新谷友佳子

イチから身につく
英作文ドリル

東後幸生 著

A5 並製／定価 1575 円（5% 税込） 本体 1500 円
ISBN978-4-86064-124-5 C2082　■ 352 頁

文法の基本事項を丁寧におさらいしながら、実際に手を動かして楽しく英作文していく本書。実際に書いてみることで文法事項もしっかり定着します。段階を踏んで少しずつ進んでいく本書のやり方なら、つまづくことなく最後まで到達でき、意外なほどすんなり作文できる自分に気づくはず！　楽しく英作文力をつけていきたい入門・初級学習者に最適です。

［書き込み式］イチから学べる
英文法ノート

東後幸生 著

A5 並製／定価 1575 円（5% 税込） 本体 1500 円
ISBN978-4-86064-076-7 C2082　■ 280 頁

『英文法をイチから理解する』など、わかりやすい解説に定評のある著者が、そのわかりやすさはそのままに、さらに愉しみながら知識を定着できる"書き込み式ドリル"を合わせて作成したのが本書。英文法をすっかり忘れてしまった人でも、この本なら鉛筆を片手に、たのしく英文法の基礎を復習できます。

CD BOOK イチからはじめる
英会話

東後幸生 著

A5 並製／定価 1785 円（5% 税込） 本体 1700 円
ISBN978-4-86064-021-7 C2082　■ 288 頁

文法解説のわかりやすさで定評のある著者の、はじめての英会話本。英会話に必要な文法を丁寧に解説した上で、その文法を会話に使っていく…という展開なので、大人のやり直し英語に最適。こんなにやさしい文法だけで、こんなに話せる！ということを実感できる内容になっています。肩の力を抜いて楽しく英会話を身につけたい人にピッタリの 1 冊です。